田野的技藝

——自我、研究與知識建構

郭佩宜
王宏仁／主編

第二部　田野尷尷尬尬——從文化包袱到文化體悟

第三部　田野非常政治

人類學的道德想像複雜化了田野研究，透過將人類學家帶入研究過程中無所不在的價值判斷，我們發現由被研究者構成的生活世界不僅是資料的來源，這個生活世界同時還是人類學自我塑造過程的一個重要空間。

生命在霎那之間消失，我有任何的研究「工具」能夠去記錄甚至去理解這樣的迫切而悲慘的狀態嗎？或是，我的研究在這個悲苦的情境中存在的「意義」是什麼？我能把這個研究轉變得有意義嗎？在什麼層次上？對誰而言有意義？

我想，田野的經驗讓我對研究對象有著「貼近感知經驗」，這是與資訊提供者的直接感知經驗；這與純粹以學術觀點論述研究對象的「遙距感知經驗」不太相同。以紀爾茲的比喻來說，前者可以說明恐懼，而後者要說明的是恐懼症。

第四部 田野和生命的協奏曲

新版序

郭佩宜、王宏仁

什麼是「田野工作」？人類學家與社會學家做的田野有什麼不同？十多年前，一群學界菜鳥決定以講故事的方式來面對自己，檢視研究的歷程，勇敢地把犯錯、掙扎、焦慮、喜悅與領悟，以平易近人的方式書寫出來。我們認為台灣需要這樣的一本書，相較於翻譯國外的田野讀本，台灣學者的經驗以及田野背景更能引起讀者共鳴。

二〇〇六年二月，《田野的技藝：自我、研究與知識建構》問世。

攤開台灣社會科學的研究入門或研究方法課程大綱，這些年來，《田野的技藝》幾乎是指定閱讀或參考閱讀書目的基本元素了。許多老師反映，書中的田野故事與議題，往往引發課堂上的熱烈討論；這本書也廣泛為橫跨許多學科的博碩士論文以及一般學術論文引用。台大人類系林開世教授指出，這本書「是國內目前對於人類學式田野工作過程中，研究者的經驗與民族誌知識建構之間的關係，提供最全面與最多樣的反省與檢討的作品」。[1]

十多年前我們催生這本書的初衷不但落實，而且歷久彌新，好的故事經得起時間考驗。

這本書並不只預設為課堂使用，而是希望能作為社會科學普及來閱讀。我們在導論一開始就說：「如果你不是人類學、社會學等學科的學生，也不打算跨進這個領域，只要你對了解異文化有興趣，對了解研究者到底在做什麼感到好奇，這本書還是很有趣。」全書從導論到每則故事，都「講白話」。

《田野的技藝》出版後約一年，謝國雄教授主編的《以身為度，如是我做：田野工作的教與學》[2]也面世，這兩本書經常被相提並論。《田野的技藝》以探討人類學的田野工作或社會學的質化訪談為主，作者群為在大學教書的年輕老師，《以身為度》則專注於社會學的訪談田野工作，呈現謝國雄教授與一群研究生的課程紀錄。不過兩本書最大的差別在於，後者相對而言較為系統理論化，而《田野的技藝》把篇幅留在說故事，有意識地克制引述理論的學術習慣。即使觸及許多田野研究的重要課題與面向，每個作者以個人敘事風格與讀者建立連結，而非全書統一口徑。這或許反映了師生團隊與同儕組合的差異，也可能是對閱讀對象的不同假想而致。

過去幾年，國立中山大學社會系有一門大三的必修課「社會調查」，是好幾位老師分別帶著五到七位同學，進行高雄市旗津或哈瑪星的調查。[3]在這一年實作經驗過程裡頭，不管是歷史材料的爬梳、面對面的質性訪談，或者量化的問卷調查，都有非常多的不確定因素，外在的社會會變化、調查的對象會變化，調查者自己本身也會在這個過程接受洗禮而變化，所以經常是計畫跟不上變化。在此情況下，老師學生都必須調整步伐來應對新局面，例如原本要做「漁民走私的調查」，後來卻變成了「社會如何論述過漁」。這些調查經驗，彰顯了田野過程的變化多端，我們經常必須走進意外旅程，本書非結構化的寫作風格，也恰恰表現了田野過程的多樣面貌，讓這個技藝呈現複雜多元的可能。

重讀第一版的導論，裡面提及出版這樣的一本書可能冒著被批評「不學術」的風險，現在讀起來，不禁莞爾。的確，《田野的技藝》開了風氣之先，當時多數作者們還在助理教授、助研究員層級，大家以熱情投入寫書計畫時，還真有點擔心被批評為不務正業。幸好此書出版之後頗受好評（雖然還是有一篇書評批評此書學術理論深度不足），但在教室與學生群中獲得的迴響，讓大家受到莫大鼓舞。合作過程中建立的革命情感，除了讓我們繼續進行第二本「非常」學術書籍的寫作：《流轉跨界：跨國的台灣．台灣的跨國》[4]，更促成多位人類學成員共同在二〇〇九年創辦了「芭樂人類學」部落格，帶領了台灣社會科學共筆部落格的潮

1 林開世，〈什麼是「人類學的田野工作」？知識情境與倫理立場的反省〉，考古人類學刊八四：七七～一一〇，二〇一六。引文出於頁八一。

2 謝國雄主編，《以身為度，如是我做：田野工作的教與學》，群學，二〇〇七。

3 趙恩潔主編，《看見旗津：大學生社會調查實錄》，國立中山大學社會學系，二〇一八。

4 王宏仁、郭佩宜主編，《流轉跨界：跨國的台灣．台灣的跨國》，中央研究院亞太區域研究中心，二〇〇九。

流，間接促成數年後「巷仔口社會學」的成立。台灣至今已有多個學科共筆部落格活躍，而《芭樂人類學》[5]、《巷仔口社會學》（一、二）[6]等更結集出版成書。現在人類學家、社會學家參與社會科普寫作已經受到肯認，最近中央研究院民族學研究所也開始出版學術普及類叢書，由該所研究人員共同撰寫的《人類學家的我們、你們、他們》[7]，亦從自身田野故事介紹人類學重要概念。追溯起來，《田野的技藝》可說是過去十多年來的新一波普及書寫浪頭的先鋒。

《田野的技藝》中講述的故事，在一齒年後的今日讀來，一點都不過時，它涉及田野工作最核心的幾個課題，故事依舊感人，想要更深入對照田野與知識建構的讀者，不妨將故事搭配每位研究者的學術論文閱讀。我們很謝謝巨流出版社陳巨擘主編當年的慧眼，以及沈主編的成全，同意左岸出版社改版重出這本書。我們大致保留原來文字與全書結構，包括兩位主編的幾段賦格曲對話。此外有些作者也添上後記，敘述自己研究的轉變，以及讀者們最想知道的、故事中角色的後續發展。隨著近年台灣社會的劇烈轉變，以及新生代研究者、研究課題的浮現，加上國際學術思潮的影響，田野工作也面臨了不同的挑戰。《田野的技藝》重出江湖之際，我們也策畫了第二輯姊妹作——《反田野》，邀請讀者們兩本田野故事對照閱讀，一起琢磨田野的技藝。

5 郭佩宜主編，《芭樂人類學》，左岸文化，二〇一五。

6 王宏仁主編，《巷仔口社會學》，大家出版，二〇一四；戴伯芬主編，《性別作為動詞：巷仔口社會學2》，大家出版，二〇一七。

7 余舜德、張珣、劉斐玟主編，《人類學家的我們、你們、他們》，中央研究院民族學研究所，二〇一八。

導論：非關田野，非關技藝

郭佩宜、王宏仁

這本書是人類學家和社會學家對他們田野經驗的反思。田野不就是「田野工作」嗎？帶了筆記本和相機，到異地觀察和訪談蒐集資料的苦工。然而深刻的田野不只是自外的「工作」，田野或多或少轉化了研究者對知識、對世界和對自我的認識，也是自我追尋與成長的歷程。我們在這本書裡要講的，是需要經過十年沉澱才寫得出來的田野反思，不限於田野，也超越技藝。

如果你不是人類學、社會學等學科的學生，也不打算跨進這個領域，只要你對了解異文化有興趣，對了解研究者到底在做什麼感到好奇，這本書還是很有趣。裡面有爆笑的窘狀、有悲傷的別離、有恐懼和徬徨的時刻、也有自剖和深邃的體悟。酸甜苦辣，不光是田野工作的寫照，也是人生的滋味。

田野工作與書寫田野

「田野工作」（fieldwork）的誕生是一段膾炙人口的傳奇。波蘭裔人類學家馬凌諾斯基（Bronislaw Malinowski）前往巴布亞新幾內亞的初步蘭群島（Trobriand Islands）做研究，原本只是短期調查，然而一次大戰爆發，殖民該地的英國與波蘭分屬不同陣營，他因此被迫留在當地超過兩年，因緣際會，發覺長期田野工作對於異文化的研究助益良多。在早期，研究者仰賴訛誤甚多，甚至充滿偏見的二、三手的航行和傳教士紀錄，坐在火爐邊的搖椅上，想像遙遠的奇風異俗，被戲稱為「搖椅人類學家」。之後部分人類學者開始到異地從事短期調查，然而資料可靠性依舊有限。一九二二年是人類學的發展歷程中劃時代的一刻，馬凌諾斯基出版他在初步蘭群島研究的第一本書《南海舡人》（*Argonauts of the Western Pacific*）後，長期的田野工作——與當地人共同生活、學習當地語言和文化、參與觀察——成為人類學方法論與認識論的核心。「田野」成為人類學者的成年禮，沒有經歷超過一年的田野洗禮，就無法「轉大人」。

簡化地說，田野工作的理想是透過經驗的接近（experience-near）甚或同理心（empathy），讓人類學者能掌握「土著觀點」（from the native's point of view），而非侷限於研究者自身的文化框架。這是人類學的重要挑戰和貢獻，也是人類學視角獨特於其他學科之處——人類學者是中介的，出入於文化內部觀點（emic）和外部分析（etic）。這兩者達致的途徑有時是矛盾的，但那是田野的本質，也是人類學的技藝精髓；早期人類學界對於這個技藝常視為理所當然，在學科訓練中，也多半著重於研究計畫書寫和資料蒐集的技術層面教學（工具書和研究方法課程），以及理論分析（其實就是每一門課！）。田野工作講求的「同理心」、「當地人觀點」和「內部觀點」要如何習得，其實很難在課堂上教學；它們就像謎一樣的神祕，只能靠自己摸索，彷彿在田野夠久，某一天就會突然「悟道」。至於如何在兩種觀點中切換？那就更無法言傳了。聽起來很玄，況且，也不是每個人都能修得正果，這讓田野工作更像神話，更有吸引力。

早期田野工作的論述基礎將其視為科學研究的途徑，研究者抱著客觀實證的態度，藉由田野累積可靠的資料，歸納整理後書寫出當地文化（稱為民族誌），並做理論分析。古典民族誌與研究論文的書寫中，研究者雖然試圖呈現當地人觀點，但自己還是「客觀」的，作者／研究者在書寫中基本上是隱身的，只有蜻蜓點水的出現，讓學術著作呈現「專業」的樣貌；甚至「作者現身」的片段後來還會被批評是為了建立權威，強調自己「到過、做過」（been there, done that）罷了。這樣的認識論立場，基本上假定了研究者的出現或是田野過程，並不影響到我們以「科學」方法調查所得的資料。

在這樣的典範下，田野經驗，尤其是田野中人性面的書寫，在學術界是被壓抑的。一九五〇年代出版的李維史陀《憂鬱的熱帶》（*Tristes Tropiques*）是異類，稍早布哈南（Laura Bohannan）以小說形式書寫田野工作的《笑聲回復》（*Return to Laughter*）可能是第一本這類型的書，出版時甚至還得用筆名發表。而田野工作的祖師爺馬凌諾斯基的私密田野日記，在他過世後被出版（*A Diary in the Strict Sense of the Term*, 1967），更是人類學界的震撼彈。日記揭露了他在田野中的另一面，有許多幽暗的情緒，和對當地人的抱怨。此書除了涉及個人隱私、其出版有道德問題外，一開始很多人類學者認為此書出版造成學科的「危機」，然而在接下來的幾十年間，看法逐漸改變。

其中很重要的是人類學的詮釋轉向（interpretive turn），挑戰了實證社會科學傳統，對田野工作的思考和書寫也截然不同。原本田野被視為尋求文化律則甚至人類普同理論的科學方法，然而新的理論走向質疑普同理論的預設，也否定了「客觀研究者」的宣稱，田野過程中研究者的角色、主觀經驗、與當地的互動、權力位階關係、政治歷史脈絡等，都會影響我們對當地文化的認識與詮釋。一九七〇、八〇年代興起的「新民族誌」、「反省式民族誌」（reflexive ethnography），實驗了不同的書寫方式，除了呈現田野過程中人類學者獲致知識的過程，也企圖透過新的書寫方式讓當地人發聲，並檢討田野背後的政治性。人類學界對這樣的嘗試褒貶不一，早期人類學者在作品中的假缺席，讓田野工作蒙上神祕的面紗；新民族誌作者揭露田野過程，卻常成為作品的主角，被批評為本末倒置，自戀囈語。

但無論如何，田野主觀經驗和互動過程的重新檢視與思考，貼近人類學／社會學知識論的核心；超越個人經驗層次、細緻地理解背後的意義網絡及其運作，將有助於我們對文化、社會以及文化交會的理解。這是本書緣起的理論基礎，然而我們距離這個目標還有一段距離。

還缺這一本書

編者之一（郭佩宜）在大學時代讀到李維史陀帶著濃厚個人沉思味道的非典型民族誌——《憂鬱的熱帶》，深受撼動，因而與人類學結下不解之緣。人類學的大學教育中，閱讀的多半是經典、傳統民族誌，或學術論文，在這些文本中，研究者與學術是抽離的。然而出過短期田野、做了學士論文後，對學術傳統異化式的書寫風格，總覺得摸不著學術研究的箇中況味。後來讀到休斯塔克（Marjorie Shostak）的《妮莎》（*Nisa*, 1981），以及黃樹民教授的《林村的故事：一九四九年後的中國農村變革》（*The Spiral Road: Change in a Chinese Village Through the Eyes of a Communist Party Leader*,1989），兩書透過相當篇幅描繪人類學者與主要報導人的互動，以及後者的生命史，生動呈現出田野的過程，以及從中對當地文化的了解。回過頭來看，這三本民族誌在編者的人類學啟蒙時期具有重大的影響。研究所時接觸了更多「新民族誌」，以及當代人類學書寫與理論的辯證；除了專書形式的反省式民族誌，歐美學界也出版了不少記述、討論田野工作過程的合集，用於課堂教學時甚受學生歡迎。

台灣人類學界和社會學界相關書寫還不多，多以零星短文或論文片段方式呈現。耕耘最深的是胡台麗教授，從《穿過婆家村》起，她一系列的書籍、散文和民族誌影片，用感情豐郁的筆調娓娓道來自己的研究經驗，是台灣極少數跨界至大眾閱讀的人類學家。李亦園院士的《田野圖像》是另一個例子，自傳式地呈現了自身的學術歷程。以田野工作為招牌的人類學界尚且缺乏中文著作，田野工作還不夠流行的台灣社會學界，相關書寫就更稀有了。我們發現，在學術的養成階段中，除了理論的滋養，對年輕人產生極大啟發的感動經驗，多半與學者「有血有眼淚」的生命歷程有關。許多學生是讀了胡台麗教授的文章與書籍，或李亦園院士的《田野圖像》，而對人類學產生興趣；幾年前翻譯成中文的《天真的人類學家》甚受學生喜愛；在二〇〇五年的人類學營中，學生認為收穫最多的是黃應貴教授主講的「人類學與我」，連同僚學者都聽得津津有味。上課發現學生開始精神渙散時，趕快信手拈來一段個人田野小故事，保證全班眼睛一亮！因此，出版一本台灣學者的田野反思，重新反省田野這門「技藝」，與自己、同僚以及年輕學生一起探索——這樣的使命感促使我們出版這本書。

在社會學方面，近幾年來台灣的社會學研究幾乎朝向質化方向發展，在二〇〇五年的台灣社會學年會上，機關刊物《台灣社會學刊》還大聲疾呼，需要有多一點的量化研究稿件，這可說風水輪流轉。我們在大學、研究所時代非常強調數量方法，但開始傾向質化，跟一九八〇年代社會環境的氣氛轉變有關。當時剛解嚴，出現許多社會議題，量化的研究方法常常無法抓住發展的血肉，因此逐漸開始透過歷史、社會調查、訪談的方式來理解社會的變遷。

就台灣社會學的傳統來看，一九八〇年代初有許多國外學成歸國的老師，這些老師帶進了許多不一樣的研究方法與視角，例如蕭新煌教授的台灣—韓國農業發展比較，柯志明教授比較台灣與中國的原始積累，謝國雄教授探討台灣的勞動體制，葉啟政教授對台灣／中國知識分子的研究，到陳東升教授所探討的派系金權政治，都是以訪談、歷史材料來進行學術研究。這大大影響了我們這一代的研究方法，例如在中國研究（劉雅靈、吳介民、陳志柔、陳明祺等），或東南亞研究（如龔宜君、張翰璧）、移民研究（曾嬿芬、趙彥寧、藍佩嘉、夏曉鵑）等領域，就很少看到以數量方法來處理相關的議題。

此外，文化研究的衝擊，也進入到社會學的領域，假如人類學出現「有了文化研究後，人類學還剩下什麼？」的質疑，社會學也不可能置身此影響之外。這是全球知識生產的巨大轉變，以前甚少被質疑的知識論問題，在文化研究風潮下，被逐一檢視，也因此傳統實證主義的科學觀不斷被挑戰，連帶也影響傳統以問卷、統計方法來進行的社會學研究。

雖然社會學界逐漸轉向以質化方式來進行研究，但很少有學術的專書談論此方法背後所隱含的社會／學術意義，或許在一些序當中可窺知一二，例如謝國雄在《茶鄉社會誌：工資、政府與整體社會範疇》的序言寫道：「時常在徬徨中摸索：或因為田野材料的不夠細緻而苦惱，或因為無法釐清理論上的思辨而煩悶，或因為無法讓二者有貼切的對話而擲筆，或無法提出原創的論點而望洋興嘆。田野苦，分析苦，寫書更苦……」其實田野調查豈止苦，有時個人情緒問題、人際網絡困境，甚至性生活，都是在學術報告中無法呈現出來的。

至於社會學的質化研究方法，與人類學傳統的田野調查有何差異呢？以質化的訪談方式來進行研究，從人類學的角度來看，只是「蜻蜓點水」而已，可能還被戲稱為「搖椅社會學家」。這裡我們無法回答此大哉問，讀者或可以從人類學者與社會學者的作品中感受到興味，也可從本書的田野經驗來體會，到底這兩個學門是否真的有這麼大的差別。在學科界線日益模糊的今日，本書中呈現的人類學與社會學田野，比較接近連續的光譜，而非清楚二分的類型。

那麼為何不翻譯一本國外出版的合集就好，而要集合台灣的年輕學者進行這項計畫？一方面我們覺得國內學者的研究歷程對本地學子較具親切感，無論是熟悉的地名如永康街、太魯閣、東勢和鹿港小鎮，毋須多做背景說明的排灣族、太魯閣族、客家和台灣漢人，台灣人都耳熟能詳甚或有親身體驗的九二一地震、社區營造、台商和外籍勞工、原住民族正名運動等議題，在閱讀過程中較能貼近本地讀者的經驗，而容易進入文中脈絡。此外，本書的作者都是台灣的年輕學者（開忠也算是「台灣人」），文中常提及的求學歷程（包括在台灣念大學以及在歐美澳等國留學）與研究軌跡也值得同學參考。另一方面，這些台灣學者的田野工作也因為「台灣」的關係，有不同於英美學界的特殊性。有些狀況是因為「台灣人身分」產生的，有些課題則是因為台灣社會現象而引發的。除了上述關於九二一地震、太魯閣族正名運動、台商研究等非常本土的議題，本書提及的一些海外研究也與研究者的「台灣性」息息相關。

例如雯勤在泰國研究國民黨孤軍，遇到泰方許可問題；開忠在台灣的求學經驗影響他對馬來西亞政治和白色恐怖的體會；佩宜被稱為「白人」而感到荒謬，與一般白人研究者的感受有所差異；宜君面對「華商」對其台灣人身分的懷疑，轉而研究「台商」；綺芳在竹富島遇見日治時期曾來台，會唱台語歌的當地人。研究者自己的台灣背景和認同，以及當地人怎樣想像「台灣」和「台灣人」，影響了這些研究者的田野——這是本書田野的特殊性。

雖然我們覺得理論上尚無法提出更深層的突破，此時出版這樣的一本書也依舊冒著被批評「不學術」、過度強調個人經驗的風險，但我們覺得跨出第一步還是必要的。同時，人生不只是學術研究而已，這本書希望與讀者分享的除了研究與知識建構的歷程，還有「自我成長」的體驗。

田野經驗到底對研究者的意義為何？就像人生經驗一樣，田野中發生的許多事情，需要時間的洗禮，才更能明白其蘊含的深刻意涵。為了這個計畫，大家又一次重新翻閱了自己剛進田野時的日記，閱讀那個青澀的「我」，和筆下田野生活的點點滴滴。赫然發現在田野當下記錄的事件和心情，與多年後再回顧反思相比，語調已然改變。若是在剛離開田野時來書寫田野，對田野經驗的敘述方式，和田野經驗對個人的研究與生命思索造成什麼影響的認識，顯然會深淺不同。這是本書十一位作者共同的感覺——在經過更多生命經驗的磨練，和學術閱讀與寫作的累積後，回頭看待過往的田野路，更能夠咀嚼出其中的韻味，也更能了悟。

本書的作者都還「自我認知」是青年人類學家／社會學家，或許等我們成為更成熟的學者後，對本書提及的種種田野經驗，又會有不同的詮釋，也更能參透其中的奧妙吧。

看透眾聲喧譁的知識後台

此書或可看成揭露人類學者和社會學者知識生產的後台，一窺研究者是如何蒐集資料、獲致研究論點、寫成學術論文發表。我們看到的是複雜的、衝突的、情感的、主觀的動態過程，而非條理的、理性的學術論文寫作。作者們有時不遮掩自己的糗態、不諱言自己情感的波動，有時也坦然承認自己當時犯的錯誤。多位作者也重述了自己如何在田野中透過錯誤的嘗試、當地人的點醒，以及自己的反省思索，卸下自己部分的文化包袱，達致對當地文化更深層的理解，而在研究課題上有新的突破。

對讀者而言，這是學術研究的後台，可以看到隱身在學術作品後面穿梭的、活生生的人，和他們怎麼找到那齣戲的靈感。然而對許多作者而言，卻不見得是後台——田野是我們生命體驗的一環，未必能夠清楚切換，出入田野也不是收放布幕那麼輕鬆。秀幸在老家做田野，何時是出，何時是入？邵武在九二一災後待在東勢田野地，他是災民還是田野工作者？綺芳帶著女兒去田野，參加女兒的運動會，是台前還是台後？在韻芳的經驗中，田野地親人的死亡，和父親去世的情感衝擊交疊，何者是何者？

到過國外旅遊、有異文化接觸經驗的讀者，應該不難發現彼此雞同鴨講時常鬧笑話，本書中也有不少這樣的場景，令人莞爾。然而書裡面也有很多挫折，和沉重的問號。這也是田野的本質！田野是生命經驗，是不斷自我辯證的過程，不是上了車、下了飛機、回到家就能輕易放下的。無論是一路丟丟撿撿的包袱，或是怎麼也放不開的臭毯子，都必須從自己內心去摸索，需要親自品嚐、咀嚼和消化。許多問題我們還沒找到答案，或許也沒有標準答案，這些就有待讀者與我們一起思索了。

同樣地，我們也希望這本書能夠對處於學術生涯和人生不同階段的讀者，產生不同的意義。初入門社會科學研究的新鮮人，上過研究方法論課程的大學生，實際做過短期或長期田野、寫過論文的研究生，或是田野工作的老鳥，在閱讀本書各篇文章時，可能有不同的共鳴感動、不以為然，或是恍然大悟。我們企圖在書中含括了不同面向的田野經驗，希望讀者能在不同的生涯階段，重新翻閱這本書，而有不同的收穫。

然而這個「後台」，也只是透過我們的記憶和觀點呈現出的「後台」。倒過來，被研究者又如何看待這些闖入的研究者？在雙方交會的過程中，被研究者又發現、體悟了什麼？我們無法代言，期待有另一本書的出現，由當地人來說說他們對「田野」這回事的觀點和故事。

田野技藝的第一門課

書寫時，我們預設這本書的主要對象是人文社會科學相關科系入門的學生。書中有各式各樣的田野情境、困難和解謎。這是田野的建構、解構，和重構的過程。在討論書名時，我們考慮過把它叫做「田野一〇一」——一〇一是美國許多大學對學科基礎課程的編號，任何一門學問的導論課，課號都是一〇一。這本書在很多方面是田野工作的「教戰守則」——有作者剖析她是如何決定到東南亞研究台商、找到受訪者（宜君）；有作者述說她如何「遇見田野地」的經歷，撰寫研究計畫以及申請研究許可（雯勤）。有作者描繪自己如何「參與觀察」（綺芳、佩宜）、如何面對當地階序概念與操作（坤惠）以及人際間的微政治（micro-politics）（雅仲）和研究者／被研究者的位階問題（宏仁、佩宜）。這本書不但是田野的「教戰守則」，也是「交戰守則」——我們在田野中和自己的成見拔河（宏仁）、和當地人的成見拔河（佩宜）、和自身情感糾結（秀幸、韻芳）、和「白色恐怖」交手（開忠），甚至賭上生命安危（邵武）。

但這本書不是田野指南或者技術手冊，我們不是要講怎樣找資料或怎樣訪談，我們談的「田野的技藝」不只是技術，也不侷限於田野當下，而是透過自我、研究與知識建構的三者共構，形成的學術實踐。田野的技藝是一門藝術，要細細品味，才能心領神會。

本書含括的研究地點範圍很廣——從台北市的永康社區、鹿港街頭、苗栗客家庄、東勢災區、花蓮和屏東的山村、越南的胡志明市、砂勞越的河港、泰北邊境、八重山島，到所羅門群島沿海聚落，每位作者研究不同的區域，面對不同的當地社會文化，和不同的研究對象，自然有不同的互動經驗——所羅門群島愛好平等的Langalanga人、排灣族的貴族與平民，和越南工人，面對外來的研究者，想法是不一樣的。而研究課題也是多樣的——從法律與地方制度、移民網絡、台商策略、社區運動、轉宗經驗、命名政治、民間宗教、地景與歷史觀，到舞蹈與身體經驗；如此豐富多元的研究主題，讓每個人進入田野碰觸的經驗殊異，觀看的視角分歧。

這樣的差異與多元，乍看缺乏一致性，然而那正是田野的特性！田野工作是研究者（及其社會文化）與當地人（以及當地社會文化）在特殊時空遭逢，相互碰撞的過程。一種米養百種人，何況我們研究的地方不見得吃米！當我們誠實地檢視田野工作，就必須承認研究者不是客觀的，而是主觀的；研究者介入研究過程，而被研究者也同時形塑了田野工作的過程和結果。這本書恰能呈現這樣的本質，也表達了田野工作沒有唯一的模式，多元性是田野工作的特色。然而這不表示每個人的田野工作缺乏任何共通性。相反地，書中多樣的經驗，也呈現出田野工作者幾乎都要面對的一些重要課題。

知識生產的飲食男女過程

如果這本書談的是人類學和社會學學術研究的後台，那當然也得同時揭露這本書知識生產的後台了。當我們連絡好可能的作者後，約大家第一次聚會見面是在二〇〇四年底，那時有哪些人選願意加入陣營，要寫什麼內容，其實都還不是很確定。當然，佩宜跟宏仁都在想：如果賣個百萬本，那麼大家下半輩子就靠這個吃飯了（真是不食人間煙火的學者！），所以找個通路好的出版社，對於達成此目標，應該有很好的幫助。因此我們先連絡了巨流出版社的巨擘兄，他當天也到場來聽聽我們的想法。根據他的專業判斷，這種以台灣學者田野調查／質化研究經驗為主題的書籍，市面上還沒有，應該有賣點，他的這一席話，鼓舞了在場的人。

我們許多人都是第一次見面，除了寒暄外，也談談自己打算寫哪個主題。雖然還不確認整本書的主題，但共識就是「先回去寫吧！」，許多的書寫是「形成」的（in formation），而非計畫中的，這就如本書作者們的田野經驗，許多非預期的因素，以及需要時間沉澱的經驗，很難依照規畫邏輯來預設目標，假如發生像邵武那種「危險的人類學家」，連田野對象都消失了，那怎麼辦？此次聚會令我們印象深刻的另一件事情，是綺芳從花蓮後山帶來了日本沖繩的黑糖，那種幼時甜蜜滋味，溫潤了在場每個人的心房，而綺芳這個「好習慣」在後來仍繼續保持，讓每次的討論都在愉快的飲食田野中度過。

第一次正式討論，是趁著舉辦二〇〇五年台灣東南亞研究年會時，我們順便把這些朋友都找來暨南大學當評論人，這次書寫的十一個人當中，在暨南大學任教的就占了快一半，在暨大開第一次會，似乎「很自然」。這次報告的人是開忠、坤惠與佩宜。因為第一次正式討論，所以如何進行，跟大家的田野經驗一樣，也是逐漸摸索出來。大家在討論前都已經閱讀過草稿，加上各人的田野經驗都很豐富，討論起來非常熱烈。開忠寫了恐怖的政治經驗，但在報告時，幾乎都是在講伊班人的民族誌，大家也就建議他把那部分恐怖的感受描寫得更多點，對於沒戒嚴經驗的新一代，應該有啟發性；佩宜專門說故事，講她的「我要去海邊溜溜」經驗時，笑翻了大家；坤惠談到了命名政治學，讓人驚訝於原來姓名也可以這麼政治，與最近剛聽到的事情很類似：「可以轉信伊斯蘭，但伊斯蘭教徒，不可能轉信其他宗教」，這是個嚴重的禁忌，那麼在中國人的家族信仰中，可以改姓嗎？這當然也是一個禁忌！

第二次的討論轉移到靠近核心的半邊陲地區：新竹的交大，由雅仲與秀幸負責場地與住宿的安排，時任客家學院院長的莊英章教授協助我們的研討。上次在暨南的時光，因為開會的前一天還必須工作（當會議主持人或評論人），因此少了「會前會」的討論，但這次的交大討論，我們先安排了前一晚的住宿會談。當大家坐在佩宜的房間聊天時，雯勤突然冒出一句話：這是我一輩子以來住過最豪華的飯店。原來人類學者跟社會學者還是有點等級差距的：宏仁跟宜君都住過更高級的飯店！宏仁猜想，人類學者應該都是住「滿天星」級的飯店吧！這種非正式的閒聊，是促進交流更重要的場合，很多想法也是在此激盪出來，跟日本人常說的「後啦！」（看吧！）意思一樣。隔天在教室裡的討論比較正式，雖然氣氛還是如朋友閒聊，但是經過一夜長談，整個空間給人的感覺就完全不同了。

第三次討論在六月移師到台北中研院，越來越靠近核心了（或說，已經在核心了？），由雯勤與佩宜組織，時任亞太區域研究中心執行長的蕭新煌教授贊助我們的討論與演出，蕭執行長不僅來開幕致詞，還聽了好幾場的討論，並且丟下一句話：「你們要告訴讀者什麼重點？」這句話讓我們在之後花蓮場的討論爭執許久、回味無窮。因為是亞太舉辦，所以由以前曾經在此做過博士後研究的宏仁與宜君報告，另外兩篇則是恰為對比的韻芳與秀幸。在「核心」果然聽眾很多，除了作者間的相互評論，也得到許多聽眾的回饋與建議，例如中研院民族所的馮涵棣教授，提出宏仁文章中所談的某個問題應該是研究方法的問題，而非文化的問題。或許此次討論另外值得書寫一筆的事情是去一〇一大樓的「Wasabi餐廳」大補一頓，我們猜雯勤會不會說，這是她吃過最貴的一餐？

到此為止，第一輪的討論算是結束了。接下來就是根據討論的意見來修訂初稿，而大家也都同意交稿的「死期」訂在九月初，找一個荒郊野外，把這群人關起來好好討論完稿一番。選在開學前去花蓮，這是大家都有空的唯一時間，但並非大家都乖乖地交稿。此次的聚會，真正全部完成且交稿的，只有最該負責任的佩宜、最敢茹毛飲血的韻芳、最有媽媽味道的秀幸，與最「真面目」（刻苦耐勞）的雯勤。四位男性作者只有最老實的開忠完工，其他都沒準時交稿：邵武的藉口是發生車禍，手掌縫了十幾針，無法動筆；雅仲的藉口是「還在想，書寫本書的意義在哪裡？」；宏仁的藉口是「所務繁忙」。另外宜君藉口是「出田野時身體不好」；綺芳前一天才剛從田野回來身心尚未完成轉換；坤惠沒出現，藉口是「在蘇格蘭的高原上思考人生問題」（還要秀幸幫她錄下太平洋的海濤聲）。

這次的討論由地陪綺芳負責，她始終如一的個性表達無遺：帶領我們去花蓮各地找好吃的東西，也買了一堆土產帶到住宿的地方與大家分享。這次我們把整個旅館包下來，大手筆！沒有啦，只是民宿，住在一個知名建築師設計的海邊民宿，沒有任何人來打擾，可以安靜地看海、聽海，討論海海人生與本書的出版意義。在正式進入討論前，雅仲提出「程序問題」：到底我們這本書出版的意義在哪裡？是否可以「有規畫」地把田野調查研究方法的重要議題一一寫清楚才好。大哉問！大家紛紛加入爭辯，同時也對每篇文章應該把「宗旨」寫得多露骨還是保持個別的文學性，爭論不已。解鈴還需繫鈴人，提出原始構想的佩宜建議大家回到原點初衷，上面寫的一些想法，就是那個時候討論出來的。

那些沒有完稿的人，被「命令」在隔兩週的九月底交稿。堂堂進入第六次的聚會，地點選在中研院。除了靦腆的雅仲抵死不從和坤惠仍在哈佛進修外，其他人都乖乖交稿。我們花了一整天討論四篇文章的完稿。這次除了討論文章內容，最重要的目標就是找出適當的書本標題，從「不天真的人類學家」，到「星座與田野」、「田野後台戲」、「田野一〇一」、「非關田野」，希望找出一個不是那麼傳統、嚴肅的標題，但卻可以傳達我們整本書的意念。我們也考慮到將來的使用者星座，或許雙魚座的會比較適合閱讀秀幸「祖先的凝視」，體驗內心的微妙轉折；金牛座的則適合佩宜那篇「我不是白人」，看看溜溜後的地方是否還有黃金（好冷！）。

除了六次會議，我們也不斷透過電子郵件，彼此評論、激勵（當然，還有開玩笑）。在這麼多次的討論過程裡，我們希望文章儘量可讀性高，不會有些讓人難以理解的地方；也曾考慮過大家的書寫格式能夠一致。但這樣的理想有兩個困難：一、每個人的寫作風格不同；二、某些田野的經驗，是不能、也不該寫出來的。或許有人會覺得書中各章差異性太大，容我們為此辯解——田野工作本就如此！不同的研究者——無論是性別、角色、學科訓練、家庭背景、個性，甚至星座差異，本就會在田野中會遇到不同的困擾，也有不同的書寫風格。當我們讀到彼此的文章時，都忍不住驚嘆：真是文如其人啊！在本書，讀者可以看到，非常具小說創作風格的開忠、具內心獨白散文風格的秀幸、具個人傳記書寫風格的韻芳、受劇本對話風格影響的佩宜、比較偏好學術文章風格的雅仲和坤惠……都以自己獨特的方式寫出他們認為最重要的田野經驗，透過個人的書寫過程，不僅傳達田野會碰到的困境與該注意的事情，大家也都在分享知識搜尋、建構的可能過程。這樣的過程不是單一方式達成的，而是多元與複數的途徑，這也使得文章的格式一致，有實際上的困難。而我們最後也決定在書中保存這樣的個人性，不要用學術論文制式的寫作方式將之抹殺。

閱讀本書的教戰守則

長達一年的討論過程中，我們互相閱讀文章時，會發現某些地方讀不太通，要經過作者的解釋才能理解，某些部分因為基於田野倫理的原則，而無法一五一十地全部寫出；某些時候，為了保護當事人，或者為了保護作者本身，我們必須割捨一些精彩的故事；有時候因為經歷的田野震撼太大，這樣刻苦銘心的經驗，在目前這個時點，作者們仍然無法完全沉澱，也因此無法以適切的語言來表達清楚，這是讀者們在閱讀過程中，可能會碰到的困難。但我們將這樣的隱晦不明保留下來，讓讀者有更寬廣的想像空間。

這本書含括的議題眾多，各篇之間有許多交叉重疊，可以來回對話，在分類上有千百種排列組合的可能性。然為了閱讀方便起見，我們將這些文章分為四個部分：「進入田野跌跤」（開忠、雯勤），這是所有開始田野調查的人都會經歷的過程，在真正開始「動手做」田野前，很多的準備工作看似當然，但卻非必然，搞不好一開始就注定做不了研究！第二部分「田野尷尷尬尬——從文化包袱到文化體悟」，囊括了宏仁、佩宜與綺芳的文章，這些文章檢視我們長久浸淫在本身文化，進入田野地點後碰到的「驚奇」，我們的思想與身體如何在兩個文化之間拔河，這種身心的拔河過程，又跟我們的研究有何關聯。第三部分是「田野非常政治」，有坤惠、宜君、雅仲、邵武的文章，他們都直接涉及田野在地環境的權力政治問題，性別政治、派系政治和道德政治，似乎是所有田野工作者都避免不了的。最後一部分是非常具女性氣質的「田野和生命的協奏曲」，透過韻芳與秀幸的細膩筆緻，來看田野經驗與個人生命歷程的關係。對於書中各篇的作者而言，田野的經驗都發生於人生的黃金青年時期，因此這段歷程也是所有人不可磨滅的記憶。

田野是一連串的對話。是研究者和被研究者的對話，也是研究者和自己的對話。此外，在學術研究傳統和專業社群的脈絡下，田野調查的過程中，其實也隱然是研究者和學術社群的對話；而田野經驗書寫，也是研究者和讀者的對話。因此在這本書裡，每個部分之後，也安排了兩位主編的對話——簡單的「補讀」，對於每篇文章的可能閱讀角度提出一些我們的想法。

但我們不希望這個部分變成讀書摘要，或是老師的教學手冊，而是希望讀者們可以用完全另類的角度來閱讀這些文章，也可以從中獲得一些不同的體驗與想法。它是人類學家和社會學家的對話，是女性研究者和男性研究者的對話，也是佩宜和宏仁的對話。但，對話不一定有交集，所有的對話嘗試，都有可能只是各說各話，那就留待讀者自己判斷了。我們建議讀者先讀文章，再看（或跳過不看）我們的對話。或者整本書讀完再看，因為我們也常指涉到其他部分的文章。這個對話錄不是「標準讀法」，更不是唯一的答案，只是拉出幾個可以討論的線頭而已。

千千萬萬個感謝

本書的成形與出版，要感謝的人很多。每位作者都有張長長的名單，限於篇幅無法逐一印出。總言之，每個人都謝謝他們的家人（包容這些跑田野做研究的怪胎），也要感謝田野地的朋友和「家人」（包容這些突然跑來做研究的怪胎）。此外，也謝謝贊助我們田野經費的各單位，以及在本書討論過程提供場地、經費資助的中研院亞太研究中心、暨南大學人類學研究所與東南亞研究所，和交通大學客家學院人文社會學系。另外，也非常感謝巨流的陳巨擘主編、中研院亞太研究中心的蕭新煌教授，和試讀的同學們給予的建議。

這篇導論雖然由兩位主編執筆，但其中許多概念和想法是在我們六次聚會，和更多的私下討論與群體電子郵件回應與分享時浮出的，編者不敢掠美（也不多領稿費，但願意負擔文責）。每篇文章都經過所有成員的多次閱讀，並相互給予建設性批評，和真誠的經驗分享。這本書是十一個人的集體創作，我們對彼此都有不需要言說的感激。

第一部　剛到田野就跌一跤

田野中的地雷：我的砂拉越經驗

林開忠

——————暨南國際大學東南亞學系

從歷年的計算中可以得到些什麼呢？且每一年的monthly report裡在Third Division的部分好像都沒有Belaga的，最多到Kapit。因此，表裡並無法推算出Belaga的物產、生產量等等。……我覺得從一些資料上的研究並無法滿足我們的要求，尤其是有關Belaga的部分，所以到當地去走走才是真的。（一九九四年一月十九日田野日誌）

長途跋涉到布拉甲

下來幾天的雨勢都很大，現在是東北季風影響的時候，幾乎每天都在下雨。砂拉越博物館圖書室馬來管理員Nora小姐告訴我說，現在這樣的季節不適合去布拉甲（Belaga），因為大雨帶來的雨量將使得拉讓江（Rajang River）上游急流遍布，非常地危險。還好二十二日開始放晴，早上我就迫不及待地搭車直赴快艇碼頭。快艇倒是取了個好聽的名字叫幸福（Bahagia），但它在啟程進入南中國海後，也只能在波浪中顛簸前進，一個半小時以後才進入拉讓江河口（Kuala Rajang）的門戶——泗里街（Sarikei），我則從頭暈船嘔吐到泗里街，一點「幸福」的感受都沒有，更別說沿途的景色如何了。在泗里街換上小快艇，一個小時後才抵達河上最大的市鎮——詩巫（Sibu）。從詩巫再往內陸加帛（Kapit）的船下午才開，先上岸安慰自己的肚子。抵達加帛時已經是傍晚時分了，從這裡開始，河流一分為二：一條是拉讓江上游，另外一條就是巴列河（Baleh River）。經過詢問才知道，每天早上六點都會有一班船從詩巫出發，八點就到達加帛，停留一個小時後，九點才從這裡出發前往布拉甲，全程大概是四個小時。

布拉甲是拉讓江上游的最後一個小鎮，船隻必須經過一段有名的急流，叫做伯拉古（Pelagus）。當船隻駛進伯拉古急流的時候，由於水流湍急，船隻忽左忽右，以閃躲水中的漩渦。布拉甲是一個只有兩排店屋的小鎮，這裡大概就是華人開墾和分布的最終點，再往上走就只剩下當地華人稱為「番仔」所居住的長屋了。砂拉越（台灣俗稱「砂勞越」）福建裔華人的日常用語裡，將非穆斯林的土著分

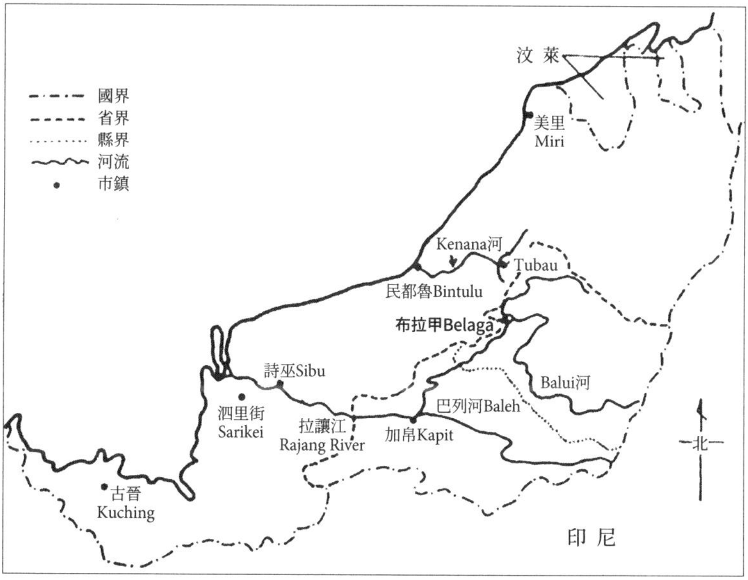

圖1-1——布拉甲位置圖。

為兩種，一種稱為La'a（或稱La-kian、拉仔），這是指涉達雅族（Dayak）的伊班人（Iban）或畢達友人（Bidayuh）；另外一種稱為番仔（或稱huan'a、huan-kian），那是指拉讓江上游的內陸民族（Orang Ulu），即Kayan-Kenyah-Kajang這個族群叢內所有大大小小的部族。

Rumah Neh和Rumah Lasah

當地的華人商家都知道布拉甲這裡有一位專門協助旅客安排上游長屋之旅的導遊，這人叫John Eddie或Eddie，他在布拉甲街頭咖啡店二樓租了一間辦公室。對於布拉甲地區，我只隨身帶了一本叫做*Logging against the Natives of Sarawak*的書，書裡頭有一篇由一個稱為砂拉越研究群（Sarawak Study Group）所做的調查報告：Logging in Sarawak: The Belaga Experience。這篇文章談的是：一、一九七〇年代開始，伐木公司取得布拉甲地區森林的樹木開採權；二、馬來西亞的森林砍伐權是由各州政府所控制的，因此森林砍伐成為砂拉越州政府主要的稅收來源，但是州森林局是由最大的執政黨——土著保守黨的要員——占據了要津；三、因此，在砂拉越，森林的開採是一個集政府官員／政黨要員，和地方／社群領袖，尤其是隸屬於土著族的貴族階層，再加上本地華人，特別是來自詩巫的福州裔華人伐木商，所組成的巨大利益共同體。[1]

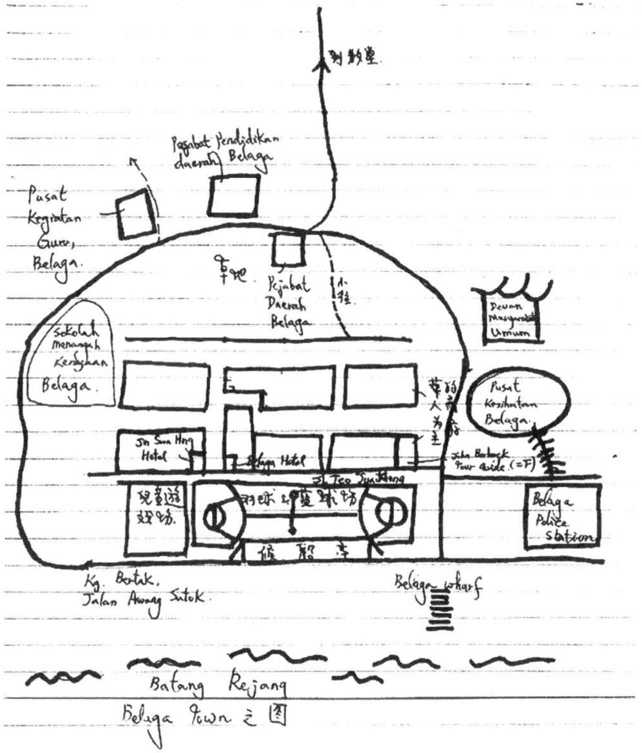

圖1-2——作者手繪的布拉甲鎮平面圖。

1 Sarawak Study Group, "Logging in Sarawak: The Belaga Experience", in *Logging against the Natives of Sarawak*, 2nd edition, INSAN & et.al, Petaling Jaya: INSAN (The Institute of Social Analysis), 1994, pp. 1-30.

二十四日早上到John/Eddie Belarek的辦公室談論導遊費用以及行程安排的問題。John是一名三十出頭的年輕人，他的英文很好，因為他接洽的客戶大部分都是歐美紐澳的白種遊客。他首先介紹了有關布拉甲地區的族群分布，最後我們談定了五個長屋（兩個Kayan、一個Kejaman、一個Lahanan和一個Kenyah族的），要價一百馬幣。John本身是Uma Kahei的半Kayan、半Kejaman的後裔，據他說，他的家族屬於貴族階層。他除了當導遊，也兼差當建築工人。他還活躍於內陸民族協會（Orang Ulu National Association, OUNA），亦自稱是環保分子。

出發前我們先到雜貨店買了一些罐頭、腐竹（乾的豆腐皮）、菸草等，以作為拜訪長屋時送給屋長（Tuai Rumah）的見面禮。之前一位華人商家告訴我，到長屋去，除了喪葬儀式外，其他的都可以參觀。這可能只是一般華人對死亡和喪葬儀式的文化偏見。對內陸民族而言，死亡及其所伴隨的儀式卻是很公開的一件事。麥特卡爾夫（Peter Metcalf）在Berawan族的村落裡目睹了整個死亡的過程以及其相關的儀式就是一個很好的例子。[2]巧的是，我們到達的第一個Kejaman族的Rumah Neh就遇到一位老太太去世，正要舉行出殯下葬的儀式。村子進口的地方插滿了各色三角旗子，John問過村子的人後我們才進去，拜訪屋長以及參加逝者的葬禮。逝者名叫Ipan Sepir，女性，根據身分證上的出生年月得知享年六十九歲，但這有低估的可能，因為很多內陸民族由於居住偏遠，很少會在小孩出生的那一天就到警察局或國民登記局申報。Sepir已經入殮，死亡的過程我並沒有親眼目睹，現在擺在我眼前的只有她的棺木，一具對我來說非常特殊的棺木：顯然這棺木是將原木中間挖空，做成船隻的外型，並在這船棺外做紅白兩色的紋飾。從花樣紋飾來看，Sepir應該是平民階層。

> 棺下是用一墊毯，大概是死者生前使用的，上蓋一張布。棺的四周用四枝樹幹架起來，上面掛有各式各樣的布料。棺木旁邊靠牆的地方有一些放置東西的籃子和箱子，據說是死者所有。在外面的地上有一個架子，用粗木頭以藤綁起來。左邊的架子上靠著一把槳，寫著1994. 1. 18 Ipan Keping的字樣。……棺木上面放著幾本聖歌的冊子——Pujian Tuhan（讚美主）。在棺木外面掛了一些東西，有綁著很多捲好的菸草的木製犀鳥，還有珠飾的大圓帽和一些紗龍布料。（一九九四年一月二十四日田野日誌）

葬禮在基督教牧師禱告、吟唱聖歌之後開始，河面上人們已經將兩艘船用樹幹搭建綁在一起，以便有足夠的空間來放置棺木，然後運到斜對岸的墓園埋葬。所有在屋角的架子和布料，還有死者生前的東西，都一併拿到運送棺木的船上。船上也搭起了一個架子，布料就鋪

2 Peter Metcalf, *A Borneo Journey into Death: Berawan Eschatology from its Rituals*. Kuala Lumpur: S. Abdul Majeed & Co, 1991, pp. 33-45

蓋在上面。我跟隨另外一艘船前去Kejaman族專屬的墓園，往墓園的路上插滿了各色三角旗子，在那裡墓穴已經挖好了。人們把木雕犀鳥綁在面向河流的看板上，John跟屋長的兒子Senen一起過來，他們試圖告訴我傳統上Kejaman貴族祖先的Salong埋葬方式，即豎立起充滿雕飾的巨大原木，再在原木上方放置一座小屋，貴族死者必須經過二次葬的撿骨程序，將骨頭放入陶罐，再將陶罐以及其他的陪葬品置入小屋中。在Rumah Neh有兩座這類的墓柱。年久失修加上盜賊的偷竊，很多在墓園Salong上面的陪葬品都掉落在地上，或被偷走了。

參加完Sepir的葬禮，我們又回到長屋喝米酒吃山豬肉，席間一個老村民借酒壯膽跟Senen吵了一架。John告訴我說那是因為一些村民反對這裡的水力發電計畫而起，他們認為這個計畫只對村長這些貴族後裔有利。還好沒有釀成打架的局面，老村民憤憤地離開。可見水力發電計畫在這裡是一個很勁爆的議題。原本說好要參觀至少五家的長屋，可是在第一個長屋時就遇到葬禮而耗掉我整天的時間，沒辦法，只好先回布拉甲再說了。

Rumah Neh的喪葬儀式的確很吸引我，我決定在第二天自己搭船到更上游的長屋去。我聽說有一個叫做Rumah Lasah的長屋，也是Kejaman族的長屋，而且是Rumah Neh的祖屋，即後者是從前者分裂出來的。二十五日下午一點半，船隻等所有的座位都差不多坐滿了才啟動。售票員知道我要到Rumah Lasah，就叫我跟著一位黃衣的少年一起下船就對了，那少年的名字叫Paul。到了Rumah Lasah，原本我們想先找村長，但村長不在。Paul就直接帶

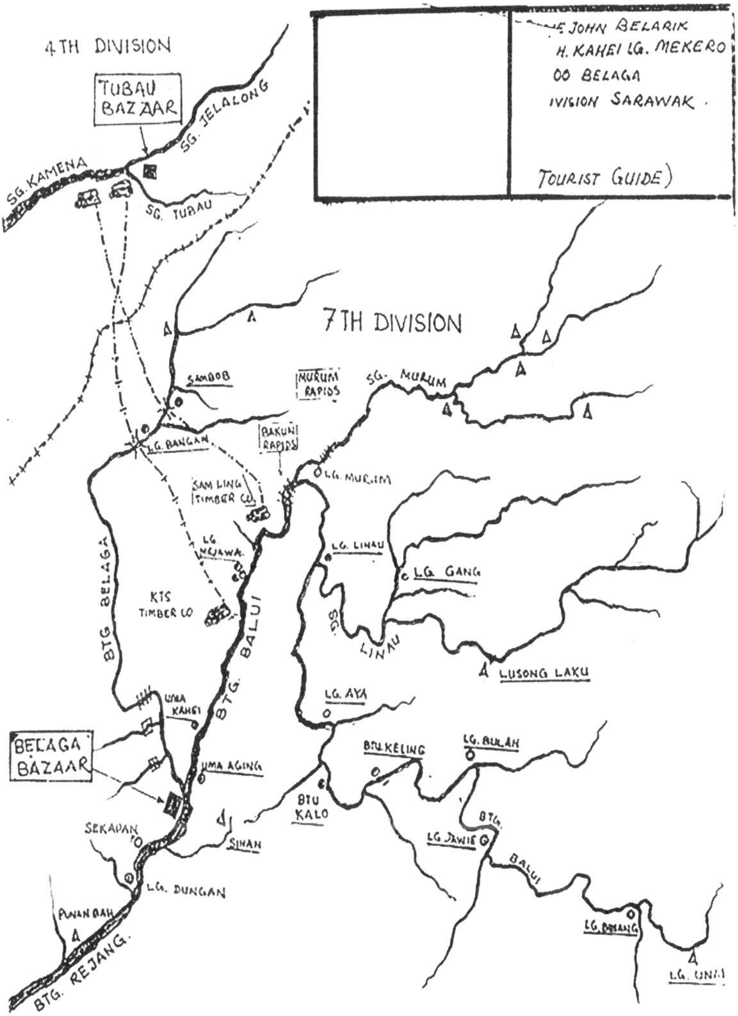

圖 1-3——導遊提供的拉讓江內陸長屋分布圖。

我去找校長：

校長，微胖，蓄鬍子。他進來，我說明來意（說自己對Orang Ulu有興趣、是個人興趣），他似乎懷疑或說要很確定每一個來訪者的目的，所以他說如果可以的話，要出示一些證件給他。我告訴他我沒有證件。他說他害怕如果是帶我到處走而又因我的目的而讓政府知道，他也會受罰。（一九九四年一月二十五日田野日誌）

對於這樣不是很友善的詢問，我當下的反應是這可能只是標準公務員的態度，加上自己其實並不知道到這裡做研究必須先向政府申請，有了證件就能通行無阻，所以也就沒有跟他辯駁。

心裡想，既然校長要如此麻煩，不如住在長屋裡，否則又得跟他解釋多多。從Paul家出來，經過頭目的家門，遇到一個熟面孔，是在Rumah Neh（參加葬禮）遇到過的Louis，他是兩個孩子的爸；談了起來，一方面是有關校長的要求，他對校長似乎不是很滿意（或高興），說不需要任何的證件，可以住在他家。（一九九四年一月二十五日田野日誌）

很顯然地，Louis並非閒著沒事幹，找個像我這樣的遊客去他家住。他給我的感覺是那種經過長屋旅遊業（longhouse tourism）洗禮的當地人。這裡所謂的長屋旅遊業是指砂拉越政府大力提倡的一種旅遊型態，結合環境與文化的旅遊形式：訓練大量的長屋居民當導遊、組織長屋的稻米種植觀光、長屋傳統舞蹈團等，這一系列的東西我將它稱為長屋旅遊業。當然並非所有的長屋居民都是如此。我後來有機會認識Paul的哥哥Jidan，根據Jidan的說法，他說長屋裡就有像校長和Louis這種人，喜歡從遊客的身上刮一些錢；他們的村長很愛喝酒，常常喝得頭腦不清不楚。感覺上這長屋裡有許多不同的聲音，裡面可能有利益的糾葛，比如Louis跟Jidan家都有輾米機器，兩家都開小零食店等，所以推測可能有生意上的競爭問題。我在Louis家住了一晚，就講好搬去Jidan那邊。

二十七號晚上，Louis從布拉甲回來，就來到Jidan家，跟Jidan的哥哥說了一些悄悄話。之後，Jidan的哥哥就跑來坐在我的旁邊，開始問我的職業、年齡，和來這裡的目的等等。似乎Louis告訴他一些我之前老實跟他講的，關於校長對我身分的質問，這讓我覺得很不是滋味。二十八日早上，揮別了Jidan的父親，我搭上快艇回到布拉甲。從這裡的華人商家口中得知，原來到內陸最好去警察局申請一紙准證。

政治部找上我：我被跟蹤了

我從內陸回來的消息已經在當局的掌握中，因此回到飯店休息之後不久，就有人來敲門，是John。他說政治部（Special Branch）的人員要見我，問我要不要他陪，我說不用，他就先走一步了。

馬來西亞警察局內部有一個部門，叫做「特別部門」，在馬來西亞人的一般語彙裡我們都用「政治部」來形容，而這部門的工作人員就稱為「便衣的」。「特別部門」會讓人不知道那是個怎樣的部門，只知道它很特別。但是，如果用「政治部」就比較貼近事實了。「政治部」，顧名思義當然是管控政治的問題了，可見這樣的部門跟政治思想犯的關係。這樣的設計其實是英國殖民者留下來的。在英國，為因應德國在歐洲的權力擴張，當局於一九〇九年設立了三個與情資和安全有關的部門：一個是對外的情治單位，稱為軍情六處（The Secret Intelligence Service，SIS或MI6）；一個是專門管控資訊安全的政府通訊總部（The Government Communications Headquarters, GCHQ），兩者都隸屬於外交部；第三個就是掌管國內情報事務的英國安全局（Security Service），又稱軍情五處（ＭＩ５），專門蒐集與評估國內「對國家進行威脅的祕密組織」之情資，隸屬於內政部門。[3]其中執行ＭＩ５任務的，就是警察局內部的特別部門或政治部，每一地區警察局的特別部門最後都會將情資匯集到警察總部的特別部門內。[4]英國人將這樣的組織型態帶到它殖民過的國家，如馬來西亞，尤其在面對一九五〇年代的共產活動時，許多違反人權、惡名昭彰的法令就是在這樣的情境下立法，並在獨立後成為馬來西亞政府面對異議分子的利器。[5]在馬來西亞，警察總長（Inspector General of Police, IGP）是管理整個皇家馬來警察組織和行政的最高職位者，在IGP底下區分成犯罪調查組、緝毒組、內部安全與公共秩序組、特別部門（安全情資）組、管理以及後勤組。這樣的歷史關聯性，對於一個像我這樣十九歲就離開馬來西亞到外面闖蕩的境外公民而言，似乎有點陌生。我只依稀記得比較具有政治意識的長輩們，以及後來我一些參與社會運動的朋友們，常在言談中提到有這樣的一個部門。但那似乎距離我很遙遠，直到我自己親自面對了它以及它的便衣們，才能夠體會那種感覺。

我獨自走到警察局，裡頭有一間叫做「Cawangan Khas」（也就是馬來語的Special Branch的意思）的辦公室。John正在裡面接受詢問，我進去，他跟另外一名警員就出來。

3 Peter Chalk and William Rosenau, "Confronting the 'Enemy Within': Security intelligence, the Police, and Counterterrorism in Four Democracies", in http://www.rand.org/pubs/monographs/2004/RAND_MG100.pdf, 2004, p. 8.

4 同前註，頁十二～十三。

5 Observatory, "Malaysia 'The Boa Constrictor': Silencing Human Rights Defenders", http://www.fidh.org/lobs/rapport/2003/my0104a.pdf, 2003, pp. 7-12.

看樣子這是在使用個別訊問，以防止我們串供。我跟裡面的分局長說明來意並出示我所有帶在身上的證件，包括我的馬來西亞身分證和護照。必須說明的是，我是馬來西亞國民，但我出生的地方是在馬來半島（或稱西馬）。砂拉越在婆羅洲島上，跟西馬隔了一道南中國海，它跟沙巴合稱為東馬。這兩州是在一九六三年才跟西馬的其他州屬合組成馬來西亞聯合邦，根據當時合組馬來西亞聯合邦的憲法協商，西馬出生的國民到東馬，必須像外國人一樣持有效的護照入境，簽證的有效期為三個月，可以延簽。反之，東馬人到西馬去只要一般的身分證就可以了，據說這是為了保護當時在政治經濟上還落後西馬許多的東馬人之利益，不會因為組成聯合邦而被比較冒險、進步的西馬移民，占據了東馬的資源、商工業利潤和工作機會。這樣的憲法條文直到今天（二〇〇六）還在砂拉越執行，沒有改變。

分局長說我雖然是本國人，但還是必須先向州祕書處（District Office，馬來語 Pejabat Daerah）申請許可證。所以，我被要求在警局內留下紀錄，之後便被另外一位「便衣的」帶去州祕書處。路上，這「便衣的」告訴我，他聽說我去了 Penan 族的住處，我撇清說沒有這回事，前幾天我都只待在 Kejaman 族的長屋裡。容我在此說明一下：Penan 在官方人口統計裡被歸為 Orang Ulu，過去多從事森林游居的生活。晚近由於伐木公司對森林的開發，造成這些游居者的生活環境大受影響；一九八〇年代初，瑞士環保分子曼瑟（Bruno Manser）進入內陸地區，與 Penan 族人住了六年，教導族人對抗各種破壞森林的抗議行動，並將 Penan

人的心聲，透過國際環保組織昭告全世界，使得馬來西亞聯邦與砂拉越州政府非常頭痛。一九八七年曼瑟終於被州政府逮捕，並被驅逐出境；可是一九九〇年，他又潛回砂拉越，最後行蹤成謎。二〇〇〇年開始陸續傳出曼瑟已經過世的消息，直到目前為止，沒有人可以證實他的死活。[6]曼瑟的介入使得砂拉越的反伐木運動受到國際環保人士與媒體的注意，可見州政府對外人進入Penan地域之緊張，其來有自。

州祕書處在另外一頭，到了那裡，「便衣的」先進去，不一會他出來了，叫我進去。看上去州祕書應該是一個很官僚的人，他說這裡很敏感，任何人要到內陸去，都要得到州政府的批准。然後他告訴我有一些外國人或本地的環保分子都試圖進到內陸製造混亂，所以有准證是比較好的。我承認自己沒有想過申請准證的問題，並請教他該如何是好。他說若要做研究就必須先取得Unit Penyelidikan Sosioeconomi的准證，也就是說，研究者要進入這地區進行研究，必須向州政府的經濟規畫單位（Economic Planning Unit）內有關社會經濟研究的部門提出申請。從州祕書處的辦公室出來，我請教了外面的兩位女祕書，她們告訴我如果只是觀光的話，就得在加帛的駐地辦事處（Resident Office）或縣府拿到一紙准證，這樣的話就不會有問題了。了解這樣的程序後，我想我除了回加帛或詩巫，沒有別的選擇了。

6 "News Archives: Bruno Manser", 2005.

回到投宿的旅館，我發現隔壁好像新住進了一個人，那人把電視開得超大聲，就像擔心別人沒聽到似的。傍晚時分，當我從房間出來，打算到鎮上用餐時，我警覺到隔壁的男子也立即衝出來，跟在我背後。他著白色的上衣，很年輕：

他的技巧太拙劣以至於我都可以知道。……我站在店外，那白衣土著也衝下來，往大路探看。我們四目交會，我知道他來路不小。然後我一直站著，他也一直站著，但有點不自在。他先往前走。我到隔壁的 Belaga Hotel 喝一杯茶。面對大路，計算每一個行色匆匆以及「有特定目的」的人，我發現至少有三位：一位微胖，看似華人，蓄鬍，幾乎每一天都可以看到他在路上逛，不像是精神病患（多有趣的寫照），且眼神在注意每個人；另一個是土著中年人，微胖，一身打扮乾淨，穿皮鞋；再來就是住在我隔壁的白衣年輕土著。（一九九四年一月二十八日田野日誌）

這一切好像都來得很「自然」：首先是被政治部官員訊問，然後是下榻旅館隔壁的可疑人物，最後是自己心裡開始注意鎮上的「可疑」人物。是什麼驅使我逐漸步入這樣的處境呢？回想起來應該就是我過去的生活經驗了：我們從小就被灌輸遠離「危險」的政治，當然到了我們這個時代，所有過去轟轟烈烈的政治鬥爭已經是過眼雲煙了。但是在人們的心靈深處，卻還是留下了無法磨滅的一個「幽靈」。每當有什麼風吹草動，大人們就會緊張兮兮地跟雜貨店的老闆訂貨，舉凡可以囤積的日常生活用品就會出現在我們家裡，這樣的情形，尤其出現在熾烈的選舉期間。但大人們心裡的「幽靈」是什麼，很難從他／她們守口如瓶的嘴巴裡透露出任何的蛛絲馬跡。不僅家裡如此，整個學校的教育也是如此。這些印象後來在自己長大後，離開了家鄉，才從國外（台灣）的圖書資料中找到了部分的答案。

我終於明白了大人們不願重提舊事的原由了，那是發生在一九六九年（我還很小的時候）五月十三日的一樁「悲劇」，在馬來西亞的歷史上稱之為五一三事件。從我後來取得的各種報章報導和文字資料記述中得知，那是馬來西亞發生族群（馬來人 vs. 華人）流血衝突的日子。有的人說那是有政治預謀的一場暴動，不管這預謀是共產黨、私會黨或幫派、華人或馬來人的野心政客所引起的；有的人則把暴動的遠因推得更遠，認為那是二次世界大戰日據時期，由於日本人差別對待當時馬來西亞的華人跟馬來人，製造兩個族群之間的相互仇恨，因此戰後兩者之間的相互攻擊有增無減，種下了一觸即發的流血暴動的遠因。林林總總的說法，都遮掩不了人們在五一三當日，以及之前和之後幾天，栩栩如生的各種謠言、宵禁，以及精神上緊繃之經驗。那是磨滅不了的，但這事件卻是執政當局執意封印的檔案，即便經過了三十六年，那還是一個模糊的政治禁忌和執政者用來「恫嚇」人民支持政府的政治工具。另外一項更為幽暗的記憶可能存在於我們的父母心中，那是一九五〇年代為了殲滅共產黨而採行的遷村隔離計畫，他／她們都是在這樣的政治—軍事策略下，從山區被遷到這裡：籬笆圍起來、出入要攜帶當局發的證件，以及宵禁等。也難怪長輩們總會諄諄教誨，勸戒我們遠離政治，因為那事件在他／她們心裡變成了可怕的夢魘：一直徘徊不去的「幽靈」。「政治」在我們家裡變成是大人們只有關起門來才會高談闊論的東西，它頂多出現在「咖啡店」——一種專賣咖啡等飲料的店面——那樣的公共空間裡，它走不出那樣的範圍。另外一種「政治」則變成那些政黨要員盡情表演的舞台，那裡充滿了利益糾葛和派系鬥爭的劇目。

從我懂事開始，我就經常在私領域的家裡，聆聽大人們的「政治」演說。也許正是這些負面多過正面的政治論述，在我心裡移植了他們的「幽靈」，雖然在我們這一輩的心裡，那「幽靈」更面目可非了。這樣的「幽靈」正在作祟，它似乎是可以無限擴充、關聯的一種東西。

我為這樣的市鎮下了一個有趣的標語，叫做「監視的小鎮」（a town of surveillance）或政治部的小鎮（a town of Special Branch）。可是跟蹤者或監視者的行動實在太拙劣了，為什麼要這樣呢？我後來從Observatory的國際人權調查報告中得知，馬來西亞政府在對付人權捍衛者或政治異議人士時，採用了兩種策略，一種是以違反人權的惡法如內部安全法（Internal Security Act, ISA）、煽動法（Sedition Act）、官方機密法（Official Secret Act）等等，來達到逮捕和消音的目的。另外一種策略則是比較細膩地製造恐懼氣氛或害怕的文化（a culture of fear），這種文化一旦養成，就會使得媒體工作者、非政府組織人員、律師、法官、政治異議分子和工會運動者等，產生自我設限或檢查或心理的警總。這樣的害怕文化氣氛除了來自警察監禁的威脅，更直接的威脅則來自對個人經濟或事業等的報復，[7]尤其是對個人的威脅和恐嚇：

> 一個 Anwar Ibrahim 辯護律師團的律師，說明在審判中和審判後，都有兩名特別部門的便衣被安置在他的律師樓外固定的地方：「他們甚至沒有躲藏起來——我們事實上最後幾乎成了朋友了。」他說。[8]

所以那根本就不是跟蹤技巧的拙劣，而是製造害怕氣氛的一種有效工具。誠如 Observatory 的報告中指出的，它的目的並非是祕密地跟蹤目標，而是要目標知道你被跟蹤了、你被日夜地監視著，進而使被跟蹤者的心裡產生恐懼感，以阻止被跟蹤者從事它所不欲的事情或活動。[9]在馬來西亞一些談論政治議題的學術研討會上，也經常會碰到這些便衣，只要是被認為「可能有問題的」研討會，這些人都會被上面派來出席，他們會當場做紀錄。但他們的穿著打扮使他們有很高的可辨識性，可見他們的易於辨認事實上才是他們的目的，而不是他

7 同註五，頁七～十三。
8 同註五，頁十七。
9 同前註。

們的祕密性，後者是我們過去受到美國間諜電影影響的結果。[10]

但這些都是我事後的分析和解釋，我在當下的反應卻是無能為力地掉入那張已經編織好的「恐懼」之網而不能自拔。誠如害怕的英文字眼fear在字典裡所載明的：那是一種當你認為你正在危險之中的不愉快的感覺，重點就在於「你認為你正在危險之中」。而造成我認為我正在危險之中的，正是那模糊但卻會增生和關聯的「幽靈」，我毫無抵抗地掉入了當局所設下的害怕氣氛中。我開始對這地區的人，幾乎所有的人，都產生了懷疑，認為保護自己最好的策略就是不要太過明顯地表現出與當局觀點的衝突，因為結果可能會危及自己的生命。我如此寫道：

> 在布拉甲與人聊天要非常謹慎。第一不要急於表達跟「當前」不同的意見，尤其是政策和發展計畫方面，最好是以「當前」的觀點一筆帶過；第二要有有限的好奇，不可對「真的有趣的事」充滿無限的好奇；第三要會察言觀色，對人、事物要能用計算、形容、描述來掌握。（一九九四年一月二十八日田野日誌）

回憶下午發生的事情，也讓我更細膩地發現了：

我在想，剛才在police station（cawangan khas）填寫紀錄時，我正在算自己是什麼時候來時，那officer已告訴我是二十三號。顯見當地的hotels的紀錄其實是警方情治單位的第一線民，因為它們有最完整的紀錄。另一個就是便衣的四處遊動。第三個可能是Express（指載客的船）的被監視，以及整個地區大大小小的人都可能是。而現在最敏感的課題是：一、伐木；二、土地；三、生存權；四、普南人；五、電力發展。任何的「研究」必須先「去政治context化」一次才開始取得permission。（一九九四年一月二十八日田野日誌）

我也更確定了自己的確是被「便衣」跟蹤了：

大概從五點開始那些小蚊子就出來作祟。六點多左右我回到hotel。想不要見任何人，尤其是John。……隔壁有人回來，「順便」拉一下我的門把，以確定裡面有人（因為一般人都會應聲）。然後他把收音機開得很大聲。我看我的書，才不理他呢。約十點多，想說明天早上五點就得起床，不如早點睡。可是也許是想太多了，反而睡不著，一直要

10 "Malaysia: Towards Human Rights-based Policing", 2005.

到凌晨兩點吧才睡著了。（一九九四年一月二十八日田野日誌）

這種「確定感」是很有力量的，因為它讓我心裡的「幽靈」能夠衝破自己的「理性」，並在當局那張已經編織的「恐懼」之網中自我複製，「恐懼」的網越編越大，它不只影響了我的睡眠，還深入我的思緒中，舉凡我過去交往的朋友、談過的話、參與過的活動，像走馬燈一樣，在我的腦海中一項又一項地閃過，而我似乎無力阻止這些腦部活動停下來，即便我強迫自己閉上眼睛。這就是「幽靈」的增生能力，它讓我無法抗拒，好像它已經變成了主體，而我只是被困在「恐懼」網中的獵物，等待它來吞吃。而旅館房間這時候就像牢房一樣，我只能把自己鎖起來，在那有限的空間裡做我能夠做的事情。他的確定我在房間裡，等於是將我關進了牢房，我的一切都變得不自主起來。而他故意放大的收音機聲音，都在告訴我：「你被監視了。」我無處可逃，因為天黑了，在這樣的小鎮裡，所有的店七至八點就打烊了。旅店的老闆也已經拉起了鐵門，騎著他的摩托車回家去了。看上去我們這一層或甚至整棟旅館就只有我們兩間住著旅客，因為我聽不到有其他旅客的聲音，而且在這樣的內陸小鎮，根本沒有什麼旅客會上來。小鎮安靜得似乎只剩下我們兩個人，隔壁傳來的聲音是我確定他存在的唯一證據。

越是想睡就越是睡不著，腦部的活動比白天更活躍：

想太多了。我想到ＸＸ以前跟我說他（在台灣戒嚴時期）的經驗，令我毛骨悚然。想起我的一舉一動、一言一語，從台灣到大馬，參與的朋友、活動、談的話題，這一切似乎都是久久不能退去的影子。又想到很好笑，因為所謂的「政治犯」、「思想控制」等就是如此被不斷擴大的。（一九九四年一月二十八日田野日誌）

所有的思考都會不由自主地朝著「危險」的政治——不論是意識或活動——方向前進。我來到台灣的時候剛好是戒嚴的最後兩年，當時在台灣的校園裡已經逐漸有了一些改革的聲音了，但是戒嚴的氛圍還是很濃。以一個毫無「政治意識」的外國人（雖然在官方的定義下，我們是「偉大」的革命之母——華僑的後裔）來到一個這樣氣氛的國家，對我而言，就好像讓我也經歷了我父母他們那一輩，在五〇年代英國殖民政府剷除馬來亞共產黨的那種氣氛，當然台灣那時候已經接近解嚴，戒嚴的氛圍已經開始被衝撞。我一方面對台灣的這種氣氛感到好奇，也許是在我們這一輩的馬來西亞人，因為無法得知過去的戒嚴、被禁止認識五一三事件等等，使得我開始關注這些議題。我們舉辦了小型的五一三追思會、撰寫五一三事件始末、參加抗議華小高職事件（指馬來西亞教育部派遣不諳華語的行政人員到華小擔任高職）委員會，在台北各大學舉行說明會、抗議大會等等。而在台灣邁向解嚴的時刻，我們也努力地幫忙發海報、綁黃布條以象徵自由。這些在戒嚴末期的台灣並不算什麼，但在如今心理上猶戒嚴的馬來西亞，這可是跨出了一大步。當時自己在做這些事情時，只有一股熱情和年輕人的理想，根本沒有想到自己是否已經是政治部的黑名單了。猶記得第一年從台灣回馬來西亞過寒假時，在海關被官員請進了辦公室，隨同的還有一名學弟。官員問我們在台灣是否有從事任何政治活動、是否有參加中國國民黨之類的問題，可見馬來西亞當局對於所謂的「留台生」並不是很放心，但是它是否也在留台生中安排了特定的「職業學生」就不得而知了，反正所有過去的活動、行為跟言論，一幕幕出現在腦海中，雖然我很清楚這就是「思想控制」與「政治犯」的處境，但我沒有辦法阻止自己不這樣思考。

除了上述這些過去和現在的種種，無名的「恐懼」也讓我對自己的「未來」產生了害怕，一方面未來是未知的，但另一方面我心裡的「幽靈」卻可以無限地關聯到接下來將發生的事情。第一個浮上腦海的是死亡，即恐懼當局可能會置我於死地，這樣的恐懼其實是所有恐懼之最，因為那是對生命的直接威脅。可以說那一整個晚上，我在旅館的房間裡，逐漸陷入當局所埋設好的害怕文化之網，欲罷不能，而且還繼續擴大。令我害怕的人就住在我的隔壁，我知道他的存在，也了解他的任務，但是我心裡的「幽靈」，無法抹去對未知或接下來將發生什麼事情的恐懼，而且這恐懼還不斷地擴大，久久不能散去……。

田野、地雷與政治幽靈

田野裡的確有許多的地雷，有些地雷甚至連土生土長的人都不知道，更何況是我這種隔了南中國海彼岸的「半島人」(Orang Semenajung，這是東馬的土著對西馬人的統稱)，更難理解那在發展政治(politics of development)下錯綜複雜的利益糾葛，而我所碰觸到的神經正是那充滿爭議，還上了國際新聞的「伐木與水壩」的議題。可是地雷會引爆，卻是我內心深處的政治幽靈作祟之結果，這個幽靈是那麼靜悄悄地從我們的父執輩那裡傳承下來，變成了我經驗的一部分，雖然他們當時所面臨的情境、事件的來龍去脈，在種族和諧的大帽子下變得越來越模糊；但我們的害怕、恐懼和無助確實與日俱增。顯然情緒狀態可以是普同的，事件或歷史的模糊性更增添或更成為我們跟父執輩之間那種情緒結構和狀態的關聯。這不只是我和我家族的事情，它甚至是整個族群的集體情緒和記憶的一部分。當維持歷史的模糊成為政治手段或統治技巧時，我們是維持了表面上的「種族和諧」，但卻壓抑了我們的情緒狀態，而讓政治的幽靈占據和增生。只要幽靈繼續存在與肆虐，我們的日常生活(田野只是其中的一小部分)將會充滿地雷，你永遠不知道它是不是，除非你引爆它。

林開忠
Khay-thiong Lim

朋友們都愛說我是台灣的白領外勞，有時候我倒不會太過在意我的外國人身分，因為就像人類學家到一個自己不熟悉的地方做田野一樣，我的身分剛好可以讓我從台灣這個田野中獲得某些資訊或啟發。大學時發現心理學無法說明很多的社會文化現象，所以研究所轉考人類學；靠著邊緣的成績以及一些些的運氣，我擠進了清華的社人所。畢業後參加了中央研究院的東南亞專題研究計畫，開始接觸東馬來西亞砂拉越的人事物，從陌生到被深深吸引。但是也因為這樣的既熟悉（都是馬來西亞的一部分）又陌生（畢竟我是西馬來西亞長大的孩子）的環境，構築了我在田野摔的第一跤，也就是本文所談的重點。後來負笈澳洲格里菲大學深造，畢業後曾經回馬來西亞短期待業，最後還是來到台灣這個田野中，目前在國立暨南國際大學東南亞學系任教。

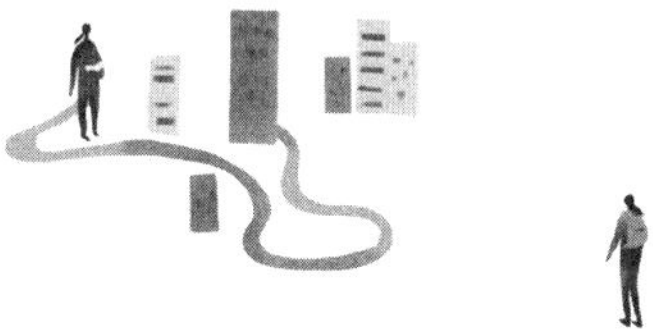

遇見田野，遇見官僚體制

張雯勤
——————中央研究院人文社會科學研究中心

邂逅田野

現在回想起來，我可以進行泰緬地區雲南移民的研究，似乎冥冥中有所安排，我也常在一些關鍵時刻適時地遇到一些機緣，得以深入探究這個經常在移居中的雲南族群不同的生活樣貌。我知道我這麼說是違反學術界的科學態度，但我不想隱藏我自身所受的文化背景影響，同時我也不想隱藏自己在研究中曾有過的情緒起伏與自我質疑，因為這些都是我研究的一部分。

那是一九九二年的夏天，我剛在比利時荷語區魯汶大學拿到人類學碩士學位，那時我已離開台灣兩年了，計畫回台過暑假，一解鬱積已久的思鄉之情。回台的飛機會先在曼谷降落，我因此安排先到曼谷觀光一圈，算是犒賞自己過去兩年來的努力。我沒去過泰國，僅有的印象是廣告上的泰國傳統舞蹈與金碧輝煌的佛寺；泰國除了是一個觀光業發達的國度，在學術上它還是東南亞區域研究的一個重鎮，好幾位國際級大師專精於研究泰國的人類學、歷史學、政治社會學等等。在預計停留的一個星期中，我僅規畫了曼谷的行程，希望一窺其堂奧；到了曼谷，我依旅遊指南 Lonely Planet 找到了青年旅館，每天先跟工作人員問好如何搭乘當地公車，再出發去預定地參觀。但我很快地便發現我無法適應曼谷交通的壅塞、到處林立的高樓與過多的高架橋，那是一個容納六百萬人口的大都會，我無法放鬆自己在這樣過度開發的城市閒逛。幾天後我接受旅館工作人員的建議，乘坐十三小時的臥鋪夜班火車到清邁旅行。

清邁是泰國第二大都市，也曾經是蘭納（Lan Na）王國的首都，而它的人口只有約十六萬，相較於曼谷的喧囂與現代化，清邁則是安詳許多。我很高興來到這個古城，雖然當時我一句泰語也不會，但卻很自在地遊走於清邁市與鄰近城鎮；我喜歡北部純樸的感覺，以及隨處映入眼簾的山景，這或許是因為我來自於一個多山的島嶼。我把原本一星期的假期延長為兩星期。

有天我乘坐客運從清邁市往芳縣（Fang）方向去，目的地是過了芳縣之後約半個小時的一個小鎮——大端（Thaton），它已是清邁省的末端，緊鄰泰緬邊界。從清邁到芳縣約一百五十公里（要經過許多彎曲的山路），從芳縣到大端約三十公里，車程加上檢查與休息時間需要近五個小時。這條公路線因鄰近緬甸，路上設了幾個檢查哨，在經過其中一個檢查哨時，有一位軍人手持戰鬥步槍上車臨檢，有人因為沒有證件而被押下車。當時以一個旅人身分，我也只是把這樣的情景當作異國情調，殊不知在日後有次我也因忘了帶證件而經歷了同樣的際遇，不過這是後話了。

抵達大端時已近黃昏，我在公路邊一個便宜的旅店歇下，準備隔天坐渡船沿果河（Mae-naam Kok）上溯去探訪一些少數民族村。那個黃昏我獨自在鎮上散步，周圍盡是幽美的田園景色，有山有水，渲染一股中國山水畫中那種飄渺悠遠的意境。我當時深深被大端的自然美所吸引，我的心靈安於鄉下的恬靜，旅行時的疲憊也得到一種釋放。就在走回旅店的途中，我不經意地被一張用毛筆字書寫在紅色紙上的中文告示所吸引，上面寫著某年某月某日某時台灣的佛教法師將到村裡為過去的戰士亡魂舉行超渡法會，猛然地我意識到自己正身處一個台灣所謂的「泰北難民村」，腦海中浮現自一九八〇年代初一些台灣媒體與慈善機構送炭到泰北的報導畫面，頓時覺得自己沉浸在一種歷史感中。這些落居在泰北的中國人在台灣被報導為「忠貞的泰北孤軍」，是在共產黨「竊據大陸」之後從雲南流落到泰緬地區、生活困頓的難民；報導總是強調他們與國民黨政府的連繫，以及他們堅決反共的愛國情操。雖然報導印象與眼前的田園景致、大端鎮上的小康情況有些出入，但就是這樣一張告示轟然一擊啟發我去探索這群人的遷移歷史、其定居過程，以及後來又再延伸出的泰緬雲南移民貿易網絡的研究，那時真是一個偶然的邂逅啊。

當然大端鎮的告示交織著我在比利時所專注的移民與族群研究背景、泰北豐富的多元族群現象與文化色彩、當地迷人的風景，以及那份旅人的浪漫情懷，這些不同因素的匯合激發我去思考到泰北研究孤軍移民歷史的可能性，這是一個讓我自己興奮的期許。在結束兩個星期的泰國之旅回到台灣後，我開始蒐集相關的泰北孤軍報導，拜訪曾經前往泰北的團體，並取得了一些連絡名單與當地村落分布資料。其中一個團體與我過去從事社會工作的單位相關，很願意幫我做連繫，並把他們過去數年來的檔案資料、與泰北往返的信件借給我翻閱。

一切進行得很順利，回比利時之前我又規畫了一趟兩個星期「順道的」泰北之旅。

出發前，在一個剛下過雨悶熱的台北午後，我躲進了開封街的麥當勞，坐在二樓臨窗的座位寫了一封給指導教授的信，對我來說那是一個有意義的時刻，我清楚記得臨窗望去外頭那繁忙的街景，交錯著曼谷壅塞的記憶、泰北喀倫族住家的火塘、在大端旅店房間打死的大蜘蛛、那張紅色的告示……，蒙太奇的印象混合著冰紅茶的滋味與一種期盼的心情；我告訴教授我在暑假所進行的探索、在泰北的際遇，以及即將再次前往泰北的安排。

我回到了泰北並住到了一位「將軍」家，「將軍」是「泰北孤軍」弟兄給予這位德高望重領導的稱呼。借助他的安排，我匆匆走訪了四個村落，也聽他用那濃濃的雲南騰衝鄉音

圖2-1——泰北清邁省前國民黨三軍位於塘窩村的忠烈祠，建於1960年代中期，是當地弟兄的精神象徵，但現已頹圮。

述說了好些故事。聽他如何帶著弟兄為泰國打仗，泰皇又是如何感念他們殲滅泰共的英勇事蹟，以及他們對國民政府的忠貞情操，這些述說很符合我在台灣蒐集到的報導資料。但研究背景的訓練也讓我在心底疑問著，這個有軍事背景的雲南移民團體是如何被當地主體社會所觀看？而他們又是如何觀看泰國人與泰國這個國家？在他們多數所定居的自立村落與泰人或其他族群的互動層面有哪些？他們又如何在交錯的歷史事件中定位自己與下一代？他們的遷移記憶只限於當代的經歷，或連繫著更深遠的雲南歷史與大陸東南亞的地形關係？當然，在短短的兩個星期中我只進行了非常粗略的幾個訪談，上述的沉思仍是不成形的問題，但重要的是這些訪談已強化了我的疑惑與好奇心。

回到比利時，我和教授約了星期六下午見面，我們在魯汶老市集廣場（Oude Market）的一家露天咖啡館談我的研究計畫，我的檸檬熱紅茶對著教授的 Stella Artois（魯汶當地釀的啤酒，與魯汶大學並列該市的歷史標記），教授對我在泰國的經驗很感興趣，也認為這個「戰士難民團體」（warrior-refugee group）[1]很具研究價值。教授當時除了魯汶大學的職務，還負責政府部門的外來移民事務，而在加入政府部門之前的二十多年他就不斷地參與關心比利時的外勞、非法移民問題；他告訴我學術界有關軍事團體移民的研究相當少，能成功在移民國以團體性方式定居的個案更少；泰北的「國民黨孤軍」團體移入泰國已超過四十年，而且他們大多以自立村形式聚居的情形是很值得研究的。星期六的魯汶少了年輕學子的喧囂，到處瀰漫著一股慵懶的氣息，而我的心情是振奮又有點飄飄然，透過交談，彷彿教授的Stella Artois也蒸發到我的腦神經。

我在魯汶還有一年的博士班先修課程要修，在這一年我開始著手準備博士論文研究計畫，以備在課程結束後提出，而我首先要找出是否有人已做過這個群體的研究。魯汶的圖書館資訊系統不是很發達，查詢起來頗費工夫，一筆一筆資料的核對過程就好像是在對獎，不同的是內心祈求著千萬不要對中。後來在一本東南亞研究書目上，我赫然發現希爾（Ann Maxwell Hill）在一九八二年完成的博士論文題目，〈熟悉的陌生人：泰北的雲南華人〉[2]，當這幾個字映入眼簾再把訊息傳導到我的腦海，我的背脊開始發涼；我來回讀了好幾次確定它的意義，看來有人已早我二十多年開始泰北雲南移民的研究了。我一邊請圖書館幫我館際合作借閱這本論文，一邊追蹤希爾之後的發展以及其他可能性。希爾的論文在兩個星期後才從英國的圖書館寄過來，我還得繳交六百塊比利時法朗費用。匆匆拜讀後，我卻發覺其論文並

1「warrior-refugee group」一詞來自：Aristide R. Zolberg, Astri Suhrke and Sergio Aguayo, "International Factors in the Formation of Refugee Movements." *International Migration Review*, 20(2): 151-69, 1986; *Escape from Violence: Conflict and the Refugee Crisis in the Developing World*, New York: Oxford University Press, 1989.

2 Ann Maxwell Hill, "Familiar Strangers: The Yunnanese Chinese in Northern Thailand." Ph. D. dissertation, University of Illinois, at Urbana-Champaigns, 1982. 亦可參考同作者的 *Merchants and Migrants: Ethnicity and Trade among Yunnanese Chinese in Southeast Asia. New Haven: Yale Southeast Asia Studies*, 1998.

沒有論及國民黨孤軍，她的田野似乎只集中在清邁市區，並把所研究的一般雲南人與有軍事背景的邊境雲南人截然劃分。之後我又找到了牟復禮（F. W. Mote）一九六七年的文章，發覺他曾去過兩個泰國邊境雲南村子，但只待了一個星期，他同樣也主張村民與國民黨軍無關。[3]為何牟復禮與希爾會有這樣的論點？又為何他們不直接研究國民黨軍？就我當時手邊的資料與做過的幾個訪談，我確信前國民黨雲南軍隊在泰北的勢力廣布，其與一般雲南移民（civilian Yunnanese）關係糾結，並不是毫不相干的兩個團體，並且牟復禮所拜訪的村子就是國民黨軍與泰方協調後最早設立的難民村之一，這其中有盲點。

身在比利時我無法直接去問村民答案，在尚未搜尋到其他研究資料時，我盡可能翻閱相關中英文報導，在當時這是相當耗時的工作，但每找到一筆資料都可以讓我非常興奮。漸漸地，我拼湊出一些線索。這些泰北邊境前國民黨軍村落在過去有其自身勢力，部隊一直維持到一九八〇年代末期才解散，一般外人沒有管道是無從進入的；牟復禮在文章註腳也提到他當時的走訪是受託於泰國負責山地民族事務部門，去調查這些雲南人與山地民族的關係，他很可能是因此才得以進入村中訪談。日後進入田野研究，我才知道這些被默許進入泰國定居的雲南難民，大多一直到一九八〇年代才陸陸續續拿到身分。在這之前，他們對於外來的訪談總是極力隱藏自己如何進入泰國的背景。

為了更確定既有研究的背景，我寫了信給希爾請教她的研究經驗，但並無回音；後來我從網站上抄下她系辦祕書的電話，鼓足了勇氣打過去。說明來由後，祕書告訴我希爾不在系上，但熱心地把她家的電話給我。我又再次鼓足勇氣打去她家，終於接通她本人，也向她提出了我心中的一些疑問。希爾說她有收到我的信，但從她的語氣中聽得出來她有點訝異接到我從比利時打來的電話，她簡潔地說她並沒有做國民黨軍的研究，因為當時的環境無法允許她進入這些人的網絡，她還說就她所知也還沒有人做過這個族群團體的研究。聽了這些話，我極力按捺住自己狂跳的心，有一點不知所云地謝謝她對我的指點。至此，過去疑惑的研究盲點有了較可靠的解釋。

那一年的研究延續了好多次檸檬熱紅茶與Stella Artois的對談，斷斷續續我又找到了一些相關資料，我和教授都對這個研究的開創性抱以莫大的期待；在人類學界，大多數的社群都已被重複研究過數次，要找到還沒有人做過、且具有研究價值的社群實在太難得了，我深深慶幸自己的好運。然而我也知道我的前置作業仍然薄弱；在魯汶我能蒐集到的資料相當有限，因此在完成博士班先修課程，並成為所上的博士生後（一九九四年七月），我隨即前往英國牛津大學、美國康乃爾大學與加州柏克萊大學補充相關資料，其中康大的圖書館資訊系統尤其令我感到深入寶庫，得以搜尋到更完整的檔案資料、相關報導與學術研究。每一天我

3 F. W. Mote, “The Rural ‘Haw’, (Yunnanese Chinese) of Northern Thailand.” In *Southeast Asian Tribes, Minorities and Nations*, vol. 2. Peter Kunstadter, ed. Princeton: Princeton University Press, 1967, pp. 487-524.

不停地閱讀資料、影印資料，原本不能外借的資料也好說歹說借了出來影印。沉重的行囊隨著我從一個機場轉到另一個機場，一個多月後轉回到台灣。

研究申請

離開魯汶時，指導教授叮嚀我千萬不要浪費時間，每一個階段要盡全力在預定時間內完成，他說有些博士生做了十年研究，論文仍然出不來，拖得越久就越無法完成。回到台灣我待了兩個月，十一月初我申請了泰國觀光簽證就再次前往泰國，這次行程仍然是前置作業，我給自己一個月的時間到泰國學術界「依親」，希望找到管道取得長期居留的身分。從過去一年來的閱讀，我知道「泰北國民黨孤軍」在台灣雖然是「忠貞愛國的」異域中國人，但在泰國社會卻有很多的負面評價，尤其是一九七〇年代的泰國媒體經常抨擊這個外來的軍事團體侵入泰國的領土，從事非法的邊境走私活動，指控他們在泰北的存在是褻瀆泰國的法律與主權，類似的報導到了一九八〇年代仍然偶爾出現。為了避免不必要的麻煩，我不想從正式管道向泰國政府提出研究申請，我希望能找到「依親」的教授或研究所，讓我以研究生的身分留下來。可是想的簡單，做起來卻不容易。首先魯汶的人類學研究所在泰國沒有任何據點，也沒有任何學術連繫關係，我只能自己試著去找關係。從泰國最有名的曼谷朱拉隆功大學（Chulalongkorn University）開始，我拜訪了相關的研究所與研究中心；後來又到清邁大學（Chiang Mai University），拜訪不同的行政層級與研究單位，現在想起來也不知道當時哪來的勇氣與臉皮。

一個月內我接觸了好多教授，大部分都是那麼和善有耐心，但後來卻都卡在一些規定或其他因素無法收留我。原本有幾位有信心的教授對我說他們系上接受過外國學生，應是沒問題，他們會去上面了解一下程序，可是後來又都出現不同的技術運作問題。其中有一個可能是在清邁大學的一個國際課程中正式註冊，但那要繳十多萬泰幣的學費，當時的泰幣還比台幣高呢！我的獎學金有限，只能找最陽春的方法。看著一個月的觀光期限就要屆滿，我越來越感到挫折，一些負面的情緒也開始出現，之前就聽說泰國人看起來很熱心，但卻不可靠，我很不喜歡這類我族中心主義式對他族所下的尖酸刻板印象評語，但幾個星期耗下來，我發覺自己開始受到這類評語的影響。當時我不懂泰文、不懂泰國學校的行政運作方式，但「直覺」認為接受一個外國研究生不應該有太大困難。現在想起來當時真是天真的無知，其實就連台灣的學校要接受一個外國學生所需的複雜程序我都不清楚。就在任務似乎不可能完成時，一位也是在魯汶獲得學位的年輕教授（但在魯汶時並不認識），熱心地帶我去見一位她說是很熱心、很有能力的亞洲研究中心主任——Seksin 教授。當時我心冷冷的，只是告訴自己再試一次。依然是一個午後，好像重要的因緣都發生在午後。見到這位教授談了十分鐘之後，他說他帶我去見另一位絕對可以幫上忙的朋友——Bhansoon教授。我們一起走到隔壁棟大樓，上了樓我才發現他是帶我去一位正在上課的教授課室外。Seksin教授請他的朋友先暫停一下授課和我商談，我有點不知所措地簡短重複一次我的研究計畫，Bhansoon教授溫和地告訴我他可以幫我，並約好隔天早上再見一次面詳談。就這樣，我帶著半信半疑的心情回到在清邁大學下榻的學校旅館。

十一月的泰北氣溫和煦，這時正是泰國的冬季，也是乾季，泰國的氣候分三季：乾季、雨季、熱季，但外國人總開玩笑說，那三季是hot、hotter and hottest，因為即便在所謂的冬季，白天氣溫通常也超過攝氏二十五度，而到了它的熱季那就是超過攝氏四十度的火熱了。那個黃昏散步在清邁大學校園的大湖畔，心中又有一種寧靜的感覺。一直沿著湖畔的路走去就是校園與清邁動物園的分界，可以清楚地聽到動物的叫聲；那片分界地帶風景幽美，有許多大樹，迂迴的路徑上錯落著幾棟有庭園的教職員宿舍。那些房舍雖然老舊卻是那麼自然地鑲崁在這一小片世外桃源的疆界上，每家的庭園都栽種著繁茂的花果樹木，有龍眼樹、波蘿蜜、芒果樹、蓮霧、茉莉花，橘色、白色、紫色、紅色的花……，那麼燦爛又那麼恬靜；湖水的漣漪映照著黃昏的霞光，耳邊傳來一陣陣動物的唱和聲，那種有律動的鳴唱彷彿隨著輕風搖動著大樹上的枝葉，再連繫到水面上的波光。那一刻我沉浸在一種與自然融合的寧靜中，感受到一股神祕的傳導力量，我來來回回地走著，直到夕陽漸漸隱去。

翌日我依約去見Bhansoon教授，他告訴我，我必須依循正常管道向泰國國家研究委員會（National Research Council of Thailand, NRCT）提出申請，他願意當我的推薦人與擔保人，之前他也協助過一位日本博士生取得研究許可。我很猶豫，這樣的方式不就是我一直要避免的嗎？我只好更清楚地對他說出心中的顧慮，Bhansoon教授卻回答我說，他是教政治學的，現在已經是「後冷戰時期」了，泰國也比以前更加開放，這個研究不會有問題。既然有他如此誠摯的保障，而且看來也沒有其他方法可走，我就趕在離泰前幾天把申請案件——泰北國民黨雲南人的族群認同研究（The Ethnic Identification of the KMT Yunnanese Chinese in Northern Thailand）準備妥當，依Bhansoon教授的建議親自把申請案送去曼谷的NRCT。行前，Bhansoon教授在他的名片背面寫下一些關照的話，叫我帶著去見他在NRCT的一位朋友，再請那位朋友帶我去遞交申請案。我在離泰前順利完成這項工作，依正常審核作業，NRCT會在三個月內通知審核結果。

回到台灣後，我正好趕上大弟的結婚喜宴（時間安排得真好），那場婚禮結合了宗教莊嚴的儀式進行，辦得好風光，我像是個見習的田野工作者，很興奮地觀察每一個步驟，卻全然幫不上忙；在喧囂的晚宴上，隨著家人向一桌桌不熟悉的親戚朋友致敬茶水，內心卻升起一股時空錯置的疏離感，幾個月來我的身分與所置的場域一直不停地流轉，跟不上節拍的心情仍然停留在泰北的田野計畫。參加完婚宴後兩天，我帶著NRCT的申請案影本向台北的泰國經貿辦事處提出申請非移民簽證（non-immigrant visa），辦事處也核准了，這個簽證可以居留三個月，只要回泰後能在三個月內順利拿到研究許可，就可以在當地延長居留期效而不需出境。我已計畫好利用等待研究許可這段時間開始學習泰語，一切都算好了，一點也沒有浪費時間。

返台一個星期後我再次回到泰國，在清邁找到AUA語言中心，排定了一對一的密集語言課程，每週上課五個早上。我原本以為這還好，當初到魯汶念書，雖然研究所的課程都是用英文授課，但為了生活上的方便，我去了之後就上了一個暑假的密集荷語課，一週五天，每天六個小時也熬過了。可是實際上學習起來卻是困難重重，我原本記憶力就不好，現在又比學荷蘭語時老了三歲，覺得舌頭硬了點，有些音就是發不好，新學的字詞往往需要重複N遍才記得住；加上泰語有五個音，中文只有四個音，多了一個音就讓我經常混淆說錯話。我越是努力卻越覺得疲累，時常心緒黯淡充滿挫折感。還好，這樣的自閉心境在兩個星期後，當我學會了運用最基本的日常會話應付生活飲食所需的互動而慢慢有了改善；坐當地的雙條車（songthaew）也懂得講價，不會再被敲竹槓，那時才覺得有一些獨立自主的喜悅。漸漸地膽子大了些，有時上完泰語課就到處閒晃，我尤其喜歡逛傳統市場，在那裡品嚐各種小吃、泰國甜點，還可以接觸一些山地民族販賣手工藝品，市集裡的林林總總彷彿沖散了我先前的挫折感，有時和商販的短暫交流都能讓我興奮許久。

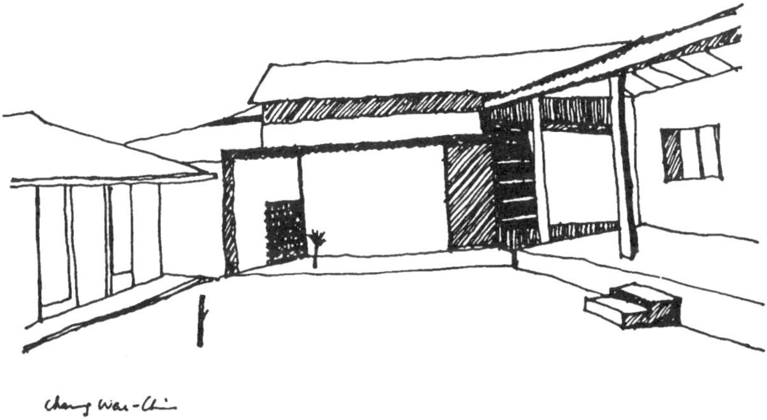

上｜圖2-2——泰北清邁省熱水塘新村，一位張大媽家，
房子建於1960代中期，為中式建築；
圖為主要建築部分，中間是家堂（也是客廳）兩邊是房間。
下｜圖2-3——張大媽家，正面是柴房，左側是廚房，右側是圖2-2主要建築部分。

此外，這個仍處於兒童階段的語言學習還伴隨著許多的生活守則，泰語老師教導我身為年輕女性應有的謙卑，包括如何洗滌、晾曬衣服，如何有禮貌地與人打招呼，尤其是對男性長輩的尊敬；如何在自己生氣或不耐煩的時候依然保持冷靜；記得從人前經過時一定要彎腰而行……。這些看似簡單的規範，實踐起來卻覺得怪怪的，它們讓我更意識到身為年輕女性較為低下的社會身分，我那原本具有女性主義思考的個性卻不得不做調整、修飾。

有時我也回清邁大學找 Seksin 教授和 Bhanoon 教授，他們又熱心地介紹更多其他教授給我認識。同時我也開始走訪一些雲南移民在市區的據點，例如：雲南會館以及清邁夜市（Night Bazaar）附近的雲南回民社群。我覺得很自傲，田野研究已提早在進行。

幾個星期後透過泰語老師的介紹，我搬去了一個當地的寄宿家庭，屋主是潮州後裔。第一天去他家，他就在一張卡紙上用中文寫下他的祖姓「陳」，從此他和他太太成了我在泰國的義父義母，而他們當時上高中的一對兒女就成了我的弟妹。義父喜歡我問他任何我不懂的問題，他是一個很有權威的家長，家中一切全由他指揮作主，有意思的是他喜歡用英文和我交談，我的泰語練習只能留著和義母，或弟、妹進行。在這段時間我的生活相當多元，每天接觸不同的人與社群，包括華裔、泰北人、從其他地區搬來清邁的泰國人、南亞移民、山地民族、雲南漢人、雲南回人、大學中的高級知識分子等等。這些生活中片片段段的接觸不斷地激盪我去洞視泰國這個看似同質性文化的佛教社會，其底層許多的異質宗教文化特色。當時手邊正在閱讀的瓦提裘提斯（Michael R. J. Vatikiotis）的博士論文〈泰北清邁市的多元族群結構〉[4]，也加深我了解清邁市萬花筒般的族裔現象。

在義父家我恪守泰語老師教的生活規範，也盡可能幫忙家務的勞動，義父義母也很欣賞我的勤勞，並常提醒他們的小孩多跟我這個姊姊學習。他們待我如同家人，要去哪兒總帶著我同行，所有的鄰居街坊以及親戚都知道他們多了一個台灣來的女兒。我真心感激這樣的融入，可是有時也覺得過多的人際應對有點吃不消。不過最大的挑戰倒不是面對眾多的親友鄰里，而是我義父權威性的論述；就自己的研究來說，幾次我對義父提起，他卻表示不明白我為何要去冒那個險，他告訴我邊區的村子不安全，那些雲南人也很危險，說他們專門從事一些非法走私活動，泰國人叫這些人*Ho*，視他們為一個野蠻的山地民族。我努力去說明這些刻板印象不是客觀的，但義父並沒有接受；後來我也發覺這樣的負面認知普遍存在於市區泰國人印象中，包括市井小民與大學的教授，然而這些當地的看法卻更刺激了我的研究欲望。

4 Michael R. J. Vatikiotis, "Ethnic Pluralsim in the Northern Thai City of Chiangmai", Ph. D. dissertation, University of Oxford, 1984.

遭遇官僚體制

日子在多元的學習過程中流逝，雖然泰語仍然生硬，但人際關係的延伸以及生活習慣的適應（是的，原本的規範已漸漸成為習慣），幫助我進入在地化的生活情境，我對自己的研究更是充滿期待，計畫著一等研究許可發下來，就立刻前往邊境的雲南村落選擇參與觀察的田野地點。NRCT那頭還沒有消息，我有點心急，怕萬一那邊的作業太慢，許可在我非移民簽證到期時還沒下來，那麼我又得再出境一次。我回清邁大學請Seksin教授幫我打個電話去NRCT那邊催一下，Seksin教授爽快地應允。我們走到一間行政辦公室，那裡的電話才可以接通外縣市。然而站在旁邊，我卻聽到一些似懂非懂的對話，Seksin教授像是在跟對方確定一些什麼事，感覺不太對勁；隨著陌生泰語字詞的累積，我的腦袋慢慢在發漲，背部麻麻的，兩腳也麻麻的，我的焦慮症狀開始出現。

Seksin教授放下電話轉身對我說有一些問題，他還要再確定看看，就又撥了兩個電話。我很著急，覺得不應該出錯啊。之後Seksin教授鎮定地對我說NRCT那邊不準備通過我的許可，因為我申請前往研究的兩個省分，其中清萊省政府已拒絕我做這個研究，而清邁省政府雖然沒有拒絕，卻多方保留。「什麼叫拒絕？什麼叫多方保留？我不懂這是怎麼一回事，不是NRCT批了就好嗎？」Seksin教授解釋我的申請案中註明做研究的地區在清邁省和清萊省境內，NRCT必須將申請案送到這兩個省去做評估，之後他們那邊再做最後決定。「那為什麼會拒絕呢？不是說這個研究沒問題嗎？」我的焦慮、緊張讓我的疑問變成了質問，一下子心好亂，我的語言已失序。Seksin教授耐心地對我說先不要急，他們會盡力幫忙；「天啊！我怎麼不急，我已經準備了一年多就為了這個研究，每一個步驟不是已經都OK嗎？現在不應該出錯，不可以出錯。」我在心底叫著。

Seksin教授隨即打了電話給Bhansoon教授，Bhansoon教授趕了過來，見到Bhansoon教授時，我已經焦慮得說不出話，再說就要哭了。這一切太意外、太突然，這兩個多月來放鬆的泰國心情一下子全被擾亂，腦袋一片混沌，不能想像這個研究要被迫放棄。Bhansoon教授馬上打了通電話到清邁省政府那邊去了解，那裡的官員對他解釋，他們的保留態度來自於我的台灣身分，他們擔心我的研究會影響中泰兩國的外交關係，因此建議NRCT向內政部做最後的諮詢。天啊，我怎麼從來沒想過我會有如此大的影響力，我的申請案甚至已經驚動了泰國內政部，這下不是全完了嗎？以後會不會連進出泰國都有問題？

Seksin教授和Bhansoon教授商量後要我隔天親自跑一趟NRCT去說明，他們會幫我準備一封上呈給NRCT總長的解釋信函讓我帶去。隨即Seksin教授招來我不久前才認識的晶晶（Wantana）教授，負責隔天一早送我去機場搭飛機。晶晶去年剛從台大中文研究所畢業，我們認識後就成了談得來的好朋友，那時AUA的泰語課程正好出了問題不得不停課，晶晶就成了我義務的泰語老師。Seksin 教授又打了電話到清邁省政府那邊關說，請他認識的相關人員，也是之前在清邁大學修週末碩士班的行政人員，打電話去 NRCT 解釋，說明清邁省政府並沒有真正拒絕我的研究，只是態度較保留。Seksin 教授對我說清邁省政府裡很多公務人員都是他們社會學院週末班的碩士生，他和 Bhansoon 教授都是這些學生的老師，他們會幫忙的。最後 Seksin 教授又打了電話去 NRCT，告訴那邊的人我隔天中午前會到。看著這一切的網絡連繫，我原有的沮喪似乎也隨著網絡分散了部分出去。

在 Seksin 教授高效率運作之際，Bhansoon 教授以他慣有的緩和態度對我說，這樣的結果很令他感到意外，這已經是「後冷戰時期」，他不明白為何中央官員還如此保守。連繫完後，Seksin 教授又細心地交代晶晶送我到機場時，順便買兩盒當時泰北新採收的時尚草莓水果禮盒好帶去 NRCT。

那夜我睡得很不好，整個心思都繞著我的研究計畫打轉，我想到一年多來的努力、想到過去的平順與突如其來的打擊、想到可能再過不久就得打包回台灣，我不甘心，我一定要找到辦法，我一定要繼續這個研究……如果真的不能做……如果我被驅逐出境……如果……我的心緒好煩亂，我想哭又忍著不哭，我和義父的女兒同房，我怕她知道後告訴她父母，而原本義父就不支持我所做的研究。我覺得好無助，我無法預知隔天去 NRCT 的景況，那晚就在漫長的焦慮中度過。

到了NRCT，我去見那位當初遞交申請案的行政人員Suphan女士（化名），偌大的辦公室排放了許多辦公桌，這個場景把我拉回小學時到老師辦公室的記憶，當下我彷彿又變回了小學生的身分，戰戰兢兢地去見老師。Suphan女士的辦公桌就在進門後右手邊的角落，她年約六十，沒有笑容地坐在辦公桌後，她知道我的來意，我對她合掌行泰式禮敬，之後在她桌子前的一張椅子坐下（我感覺自己渺小）；我遞上要給總長的解釋信函，然後一再對她強調我的純學術性研究沒有不良企圖，我是純粹要去了解雲南移民的遷移歷史與生活文化、從前並沒有人對這些人做過深入的研究，我的田野正好可以幫助泰國社會建立對這些人較客觀的認知等等。Suphan女士繃著臉對我說這些人有泰國軍方研究，不需要我一個外國人來研究，這些人是有問題的，泰國不歡迎外國人去這些地方。在那天的日記，我追憶記錄了我們的對話。

我：但我的研究可以幫助泰國政府更清楚認識這個移民族群。

Suphan：不，不需要，我們有軍方去研究他們。

我：但這個不同，我是一個學生，這是學術的研究，而且在一九六七年（牟復禮）和一九八二年（希爾）已有兩位外國人從事過雲南人的研究。

Suphan：那是很久以前。

我：如果過去可以，現在泰國政府應該是更開放才是。

Suphan：不，不是這麼說……

我：拜託妳，我只是一個學生，我沒有任何危險性，我的研究並不牽涉到政治，它是關於社會文化的融合……

Suphan：那你為什麼一定要研究雲南人？為什麼妳不研究中國人？（原來雲南人不被視為中國人）

我：拜託你，我已經花了好多時間去準備研究計畫，如果要更改，我就必須再飛回比利時和指導教授討論，這對我來說是很大的困難。

Suphan：在你來之前你就應該探清這些問題……

我：但是一九六七年和一九八二年已經有人做過雲南人的研究了啊。

Suphan：那是很久以前。

我：我可以跟總長談談嗎？（真是令人無法相信的愚蠢問題）

Suphan：不！沒有必要。

我：那麼我可以自己把信函交給他嗎？（天啊!!）

Suphan：不！如果你不信任我，你就不要再跟我連繫！

她簡短而果決的話讓我全然無迴轉餘地，我試著再做說明，卻找不到話語，我想著我的博士生涯將就此夭折，竟然控制不住地在她面前哭出來！那淚水彷彿是潰決的情緒，我實在不知道自己這麼不夠堅強，竟然在最不應該哭的人面前哭。不記得用了多少張她桌上的那盒面紙，只覺得哭完卻有一種舒暢的感覺，告辭之前我才記起來遞給她那兩盒草莓。

回到清邁，Seksin 教授等人繼續幫忙，他們建議我準備兩封解釋信函，一封給清邁省政府，一封給 NRCT；Bhansoon 教授與清邁省政府的副省長（也是他以前的學生）已經溝通過，副省長答應將親自處理我的申請案。但隔天省政府那頭來電要 Bhansoon 教授也附上一封親筆說明信函，因為他們需要更多信息來審理我的案件；我真的覺得訝異，實在不懂為什麼需要這麼多信函，看來事情已經複雜化了。我深深為我的申請案對 Seksin 教授與 Bhansoon 教授帶來的麻煩感到萬分不好意思，尤其是 Seksin 教授正趕著準備到日本開會，還要幫我處理申請案，原有的沮喪心情因而轉換為一種內疚。

幾天後事情依然膠著，Seksin 教授很果決地對我說，趁 NRCT 正式否決的公文還沒發出，我最好趕緊修改研究計畫，看來這是唯一的出路了。我在幾天之內趕好另一個研究計畫——清邁省華人移民的融合：三代移民的文化認同轉變（The Integration of the Migrant Chinese in Chiang Mai Province: The Transformation of Their Cultural Identity Among Three Generations），新計畫進行區域只有在清邁省，原先的「國民黨」（KMT）和「雲南人」字樣都不見了，這是申請策略，先拿到研究許可再說。申請案需要重新送，為了方便我跑清邁大學和省政府，另一位好心的Kosum教授建議我去住她家（義父義母家離這兩個地方都遠了些）。從此，Kosum教授家成了我另一個中途之家。每天她帶我一起去清邁大學，需要時Kosum教授或Seksin教授再帶我跑省政府那邊。不記得我總共去了省政府幾次，每次去，拜會的人士層級似乎越來越高，但每一位行政官員都是那麼客氣而又尊敬地對Kosum教授或Seksin教授合掌致意；我們的停留都很短暫，我也從來沒有送過一份禮給這些官員。最後的一次拜會對象是一位年輕而挺拔的官員（我記得他的氣宇軒昂，卻忘了他的官階），他很坦誠地對我說我想研究的課題會對泰國政府很有幫助，因為他們一直很難真正進入這些人的區域從事深入的了解，他提醒我做好研究後一定要把論文寄給他們，我心虛地回答一定會。

搬去Kosum教授家後，我的生活世界又打開了另一扇窗，她的家住在風景幽美的蘋河（Mae Nam Ping）岸邊，是清邁近郊的一個村子，村人大多是道地的泰北農夫，與義父義母家附近的小商圈很不一樣。Kosum教授的先生——Ekamol教授找出他們家不騎的腳踏車，修好後讓我騎；又帶我去參加廟會，介紹我認識一些鄰居。純樸的村人竟也稱呼我「教授」（aajaan），自己的社會地位一下子突然提高了許多，實在很不好意思。

申請案送出一個多星期後，NRCT就來電通知申請案通過了，那時離簽證到期日就只剩兩天，隔天我又飛去曼谷的NRCT簽約繳費（這回我帶了兩把泰北出產的蒜頭和一些香腸）。再次面對Suphan女士讓我覺得很尷尬，但她的態度已較先前和善。拿到許可證後，我又跑了一趟曼谷移民局和清邁移民局。

雖然依研究許可，我的研究範圍只有在清邁省，但我已經學會了策略性的應用，每個月拿著研究許可到移民局辦理延簽，至於研究我還是依著原來的計畫在清邁省和清萊省不同的雲南村落進行了大約一年半的田野調查；雖然依研究約定，我在每次進入研究區時都必須先去地方政府報到，可是我從來就沒有去過，地方政府也沒有追查過。進入田野後我又遇到了許多不同的挑戰，但有了先前的挫折，讓我更珍惜得來不易的研究機會；至於田野中的種種困境都成為不同的磨練，雖然也有一些情況讓我懷疑自己是否有能力完成研究。

網絡的延展

回想起來，如果我一開始就先擬一個毫無敏感問題的研究申請案，很可能清邁大學的教授和我後來就不需要費那麼大的勁去補救，但如此一來我也會失去好多意外的學習和收穫，尤其是學習到置身在不同場域應有的應對進退態度。再度翻閱日記，推開自己過往的種種，往事點滴傾洩而出，實在難以置信未經田野洗禮前，那份天真的耿直與青澀，說穿了是不知天高地厚的憨膽。事實上，那個曲折的申請過程讓我經驗到地方與中央不同的官僚體系，與他們對我所研究的社群仍舊存在的「冷戰時期」見解；更重要的是，這個過程讓我更加敬愛泰國這個多元文化的社會與處處存在的寶貴友誼；同時它也讓我初探人際網絡延伸的動力（dynamism），種下日後我對雲南移民團體在緬甸與泰國之間，在人、物、資金與訊息上網絡流動的追蹤。

藉由村民的介紹，我從一個村的研究點擴展到泰北二十五個村，後來又再延伸到緬北瓦城、東枝、臘戌等地，每一個據點的延展都承載著許多的人情與關懷，也不可免地經歷一些冒險故事，這些歷練映照出自己的潛能與限度，同時也漸漸轉化自己從局外人的身分到網絡流動中的一分子。田野地的朋友們

圖2-4——1995年清明節期間，參加泰北清萊省美斯樂村，
一位大媽拜祭亡夫的祭祀活動，之後家人親友一起在墓前吃午飯。

有時也託我帶禮物和訊息給另一端的親友，縱使往往旅程遙遠，有時甚至舟車難抵，但我樂於扮演信差的角色，因為一點土產、幾句話語就足以蘊藏無限的思念與驚喜，跟隨而來的是許多友誼延伸出的生命史述說。記得有次在泰北一個村落幫一位自緬北來打工的女孩帶口信給她家鄉的母親，之後我又幫她母親錄下了叮嚀的話語帶回泰北給這位女兒，那幾分鐘的錄音不知讓她反反覆覆聽過多少遍。另一次幫緬北一位大媽到泰北探視她四十多年來未再見過面的姊姊，老邁的姊姊見了我聽到我帶去的訊息，就告訴我她昨晚夢見了隔天會有親人來看她，她悠悠地對我訴說她和家人來泰北的故事，她和妹妹的分離……，她把我當家人，哭著告訴我看到我就是看到她妹妹（是她四十多年前年輕的妹妹吧）。還有人曾問我是否可以幫他帶熊膽來台灣賣，也有人約我做玉石生意……，儘管有些事我無法幫忙達成，但人際網絡的延伸觸動了好多深層的感情記憶，帶我穿梭在時空的交會中，田野採集的資料不再僅止是資料，而是脈動著許許多多生命的悲歡離苦，驅策我去探索網絡深層的流離意識與文化意涵。

從田野初始到現在已十多年了，這一切因緣際會的偶然豐富了我許多的閱歷，也不斷在琢磨自己的個性；一路上的溫馨接送情遠遠超過紙筆所能記錄的，這些感動的記憶是我心靈的良藥，幫助平衡我繁忙的研究與行政工作，也讓我期許下一次田野經驗的到來。

後記

對了，在我獲得博士學位後到中央研究院民族學研究所做博士後研究之初（二〇〇〇年三月），我意外地收到比利時指導教授轉來一封NRCT催討我的博士論文信函，告知我依照當初研究合約第四條，我必須在完成合約計畫之後三年內繳交研究論文，期限正是二〇〇〇年的三月。我完全沒有想到會有這樣的後續發展，我本以為已經結束了與NRCT官僚體系的不愉快關係，下意識根本就把繳交研究論文這回事忘記了，我要如何躲過這次論文的催討呢？我想不出辦法，只能透過電子郵件詢問清邁大學的教授該怎麼辦。沒想到，他們卻說論文一定要給。沒有辦法，我只得依照先前簽訂的合約寄去三份。寄出後我的心情一直忐忑不安，擔心NRCT發現我所執行的研究計畫與申請案不符後，會把我列入禁止進入泰國的黑名單；過去在泰國所有的努力將成為過往雲煙，從此也將被迫另闢新的研究計畫。約一個月後，我收到NRCT寄來的一封信，拆開前我做了最壞的打算，打開後信上寫著：

親愛的張小姐，

我們泰國國家研究中心很感謝您寄來的研究論文，您的研究「Beyond the Military:

The Complex Migration and Resettlement of the KMT Yunnanese Chinese in Northern Thailand」使我們有機會對這個陌生的社群更加了解……。

信上並附上一張一百二十美元的支票，是當初我與NRCT簽約時所繳交的押金。這真是意外的美好結局，當下真有中了頭獎的狂喜。

此外，Seksin教授目前已升任為清邁大學社會科學院院長，他似乎永遠有著用不完的精力去幫助別人解決各種疑難雜症。原先在NRCT審查出了問題後，我對Seksin教授說若真需要花錢，我是願意的，但Seksin教授說不用。我後來認識到這是他公正不阿的人格特質，他自己不喜歡賄賂的文化，也不讓我走這樣的管道，即使是送給NRCT的禮物也僅限於禮貌性的土產，自始至終他是那樣熱心地幫助我。Kosum教授現也升為社會科學院副院長，每次回清邁，我仍去她家小住幾天，村人每回見到我仍喊我「aajaan」。義父仍然不懂我為什麼要做雲南人的研究，他仍然努力傳授給我他的生意經，可惜總是進不到我的腦袋裡。Bhansoon教授在四年前因為心臟病發突然過世；教我泰語的好友晶晶也在去年突然因病離去。每每想起他們每一個人對我的好，心中總是充塞滿滿的溫暖。

二〇一八補記

時隔多年再一次閱讀當年的田野記述，那份青澀的傻勁依然如此鮮明。自二〇〇〇年始，我將田野延伸到緬甸，尤其是撣邦與喀欽邦，許多地方位於偏遠的山區或邊境地帶，所需要克服的挑戰也更多。然而一切都是緣分，人與人的相遇和交流似乎皆有跡可循；在幅員廣闊的地域上繞來繞去，總是可以連接上已經熟識的雲南移民網絡。那些驚喜一路擴展我的田野視野，也深化我對這個擅於移動的族群的認識。二〇一五年我出版了國際上第一本緬甸境內與境外當代雲南移民研究的民族誌專書——《邊境之外：來自緬甸雲南華人的移民故事》，[5]我採用敘事書寫方式，爬梳探索自一九四九年以後雲南移民如何從中國西南逃難到緬甸，而部分移民又如何從緬甸再遷居到他國的歷史，以及他們所從事的跨境商貿活動。我論述在變動不安的時代際遇過程中，行旅移動是該移民群體開創生計與成功的基本要素；他們越境跨域往來於廣袤的地域（涵蓋雲南、緬甸、泰國、台灣、香港、廣州等地），而在這過程中，他們所跨越的不僅只是地理國度的疆界，同時也是社會地位、階級、傳統性別制約，以及身體上的疆界。

過去大量海外華人研究都聚焦於從中國東南沿海一帶經由海路的遷徙，而忽略了從中國西南取道陸路的遷移，因而有關雲南移民的研究在學術界非常稀少。而這個缺憾一方面導因於緬甸自一九六二年軍政府上台後對外長達幾近三十年的封鎖，另方面在一九九〇年之前，泰北邊境一帶也難以讓外界學者進入進行研究，而這兩個國度卻正好是雲南移民的主要分布地。然而這個長期以來不被研究的事實卻也形成無論是在民族誌內容或理論分析上的大好研究潛力。我深切期盼未來能有其他學生、研究者的加入，共同來耕耘這塊豐沛的田野園地。

5 Wen-Chin Chang, *Beyond Borders: Stories of Yunnanese Chinese Migrants of Burma*, Ithaca: Cornell University Press, 2015.

張雯勤
Wen-chin Chang

我在台灣台南府城出生長大，但從國中畢業後就離家到外縣市讀書，從此生活一直不停地在移動。大的移動包括離開台灣到比利時念書，之後再到泰國、緬甸、中國雲南做研究；後來又相繼去了美國康乃爾大學和哈佛大學進行兩年訪問研究。環境和語言與生活文化的不停轉換讓自己覺得像是個移民者，常有田野中的朋友問我是不是雲南人，我總回答：「上輩子是雲南趕馬人。」我的主要研究議題包括在泰國與緬甸的雲南移民遷移史、軍事領導認同、玉石貿易、跨境走私、流離主體性意識與性別經濟研究，請參考網頁：https://www.rchss.sinica.edu.tw/people/bio.php?PID=45

賦格曲一

進入田野前的想像

宏仁說：

進入田野似乎也沒啥，只要準備好研究計畫與主題，找到一個感興趣的田野地點，裝備齊全，就可以出發探險了。

確實是探險，因為在旅程開始前所規畫的路線圖，可能在過程中全無用武之地，最後甚至身陷險境，這就是開忠、雯勤兩篇文章給我們的第一印象。雯勤雀躍的心情，找到一個沒人研究的主題，再依照規畫的程序申請泰國的官方研究許可，結果是心情跌到谷底，有人不讓她做研究：這真的不可思議，單純的學術研究怎麼扯上這麼複雜的政治因素？開忠的狀況更慘：以國民的身分進入本國地區做田野，怎麼也想不到國內的政治因素搞得個人的研究不成，還身陷被暗殺的恐怖氣氛中。原來我們的田野研究跟政治過程這麼息息相關，而這也讓我們可以反省一下：原來想像的「象牙塔」研究，還是必須放在一定的社會政治脈絡下，才可能出現某種的知識。

佩宜說：

田野是什麼？從一般教科書的敘述看來，田野是人類學和部分社會學研究取得資料的調查方式，然而開忠和雯勤這兩篇文章告訴我們：很多事情在還沒進入田野，或剛進田野，尚未真正著手蒐集資料時，就開始發生了。要談田野的技藝，可不只是研究方法，或沉浸於其中時的操作藝術，我們得從「找到」田野地、準備進行田野工作，和「進入」田野談起——小心，要進去，可不是在平地上走路那麼簡單！

宏仁說那似乎也沒啥啦，但雯勤可是很緊張，告訴我們「找到田野地」不是當下看到、只要我喜歡就好，而是一連串學術考量和作業才能確定的——從遇見田野地、和指導教授討論、準備研究計畫、蒐集相關文獻等前置作業，花費不少時間，她的文章就像教戰手冊一樣。除了學術理由，我們也看到很多個人的因素——例如執著於探查尚未被深度研究的群體是她個人偏好，其實有些研究者是反向操作的。

進入田野與官僚麻煩？

佩宜說：

申請研究許可，這對在台灣出田野的人可能很陌生，有時候看起來很麻煩又官僚，不過從另一個角度看，有時也可以是保護當地人的一項措施，研究者須在計畫審核申請中保證自己的研究不會損害對方的利益，美國大學對此要求十分嚴格。然而當地被研究者和其所在地政府（往往是許可審核者）立場和利益未必完全一致，開忠和雯勤的文章都觸及這樣的困境——砂拉越當地族群和馬來西亞政府、泰北的國民黨雲南移民和泰國政府，在政治上關係緊張，甚至衝突。此外研究者自身和這兩者的關係也不同，雯勤來自支持泰北國民黨的台灣，開忠則是在馬來西亞長大的「本國人」，但是從西馬到東馬做研究。此時研究者要如何拿捏？（謝世忠教授曾在《當代》寫過一篇文章討論這個問題，〈民族誌道德與人類學家的困境：台灣原住民運動研究的例子〉，值得參考）。即使與研究許可申請無關，研究者和自己研究對象之間也未必抱持相同的理念，此時要如何處理？後面宏仁和宜君的文章也討論到這個矛盾。

但宏仁說：

還可以從「台灣—東南亞」的國際關係角度切入觀察此兩篇文章，會被搞得如此心亂如麻，是因為當地的官僚問題嗎？還是台灣的國際地位問題？開忠說：「自己其實並不知道到這裡做研究之類的必須先向政府申請」，這是否因為台灣的研究者要向國外申請研究准證太難了（被國際關係孤立），所以國內學者很少這麼做，也因此才傻呼呼地去探險？而處在一種「不正常國家」的狀態下，泰國因為害怕中國，擔心台灣人研究泰北軍事團體會引起中國不悅，所以不管是雯勤還是其他的研究者，其實一樣會碰到相同的困境？

個人經歷與知識建構

佩宜說：

雯勤的文章讓我們和她一起栽進冗長瑣碎的交涉中，感受面對官僚的不耐與疲憊，而開忠的文章則是更巨大的震撼——他面對的不只是官僚體制，而是白色恐怖。文章一開始，他就像個平靜的研究者，有點置身事外地敘述進入田野的行程（這點和雯勤是對比），然後是喪禮儀式的民族誌紀錄。但接下來，想不到的麻煩發生了——他被約談、跟監，最後只好離開。我們看到他的田野日誌，一開始想的是對事前資料的推論，然後是「客觀」的觀察紀錄，但幾天後卻開始出現劇烈的轉變，日誌裡出現越來越多的「我」。開忠觀看的對象改變了——本來是砂拉越、長屋和儀式，再來變成打交道的當地人，然後則是他自己。當恐懼之網鋪天蓋地襲來，田野工作者赫然發現，自己在當地不只是個學術研究者，而是帶著整捆自身歷史、身分認同、政治理念的人。在田野遇到政治部，才認知到自己內心的警總。人要摔跤才知道自己哪裡會痛，這本書很多作者都是如此。

宏仁則說：

探險本身就存在一種未知的恐懼，因此出國觀光最好還是參加團體旅遊，可降低恐懼感（在東南亞越南、柬埔寨、寮國，幾乎看不到台灣的背包客）。田野工作者是否也可以整團去呢？那保證一定失敗！開忠是經歷「政治部」的威脅，開始產生恐懼感，雯勤則是一種對於「前途茫茫未知」的恐懼感（所以才會在泰國的官僚面前放聲大哭），這樣的恐懼感是人生的新經歷，也建構了田野工作者的個人主體性與認同，並且影響著未來的研究策略與知識建構。跟佩宜想法差不多：從哪裡跌倒，就從那裡站起來，而且可以站得更穩，體會得更多。

第二部　田野尷尬——從文化包袱到文化體悟

我不是「白人」：一個人類學家的難題

郭佩宜
——中央研究院民族學研究所

那是一個炎熱的早晨。太陽很大，在這個南緯五度、貼近赤道的太平洋小島，除了陰雨時，沒有一天不是烈日當空。我剛在美國的大學修畢人類學博士班課程，通過資格考和研究計畫，選擇了大洋洲的一個小社群——所羅門群島的Langalanga人——作為研究的對象。我在Langalanga的一個海邊村落安頓下來，準備進行看起來像是很「傳統」的人類學田野工作——在沒水沒電沒瓦斯沒電話（嘿，當然也沒網路！）的偏遠小村落，與當地人一同生活一年以上，學習當地語言，研究當地異文化，作為博士論文的基礎。

剛住進村子沒幾天，我就迫不及

圖3-1——Langalanga礁湖區的人造小島。

待地展開初步調查了。戴了棒球帽遮陽，入境隨俗地穿了長裙，帶著筆記本和相機，開始一戶一戶地走訪。濕熱的空氣中，全身都是汗臭，而為防瘧蚊和毒辣的太陽，不斷噴灑防蚊藥和塗抹防曬油，與汗水混合成怪異的味道跟揮之不去的黏膩，然而我的「氣味」和當地人帶椰油成分的汗水味顯然格格不入。

我的出現在村中是項大新聞，雖然很多人在前日的教會禮拜時見過我了，然近距離的接觸還是頭一遭。沿著村中主要道路走著，很快就吸引了一群小孩跟在我身邊。比較害羞的，保持距離好奇地瞧；膽子較大的，則跑過來「順道」摸一下我的衣服和手臂，然後咯咯笑著飛奔而去。我停下來，蹲下身，想和他們打招呼，拉近距離。一個小女孩靠過來摸了我的頭髮，發現「沒事」，馬上有一群小孩跟進，蜂擁而上用小手感受我的臉、手臂和任何可以摸到的地方。我覺得自己像是誤闖小人國的格利弗，楞楞地不知如何反應。這些肢體接觸讓孩子們開心極了，有幾個趕快跑去通知其他小孩也過來玩，他們一面狂奔一面高喊著：「Waetman! Waetman!」

我皺了皺眉頭，waetman？

「Waetman! Waetman!」孩子們更大聲地呼喊，對這個稱呼非常興奮。

我忽然聽懂了，他們講的「waetman」是所羅門洋涇濱（Solomon pijin），那是有數十種不同語言的所羅門群島居民，在殖民時期發展出的通用語言。洋涇濱使用當地南島語的文法，融合許多本土化發音的英文字彙。「waetman」源自英文的「white man」，意思是「白人」。

我試著用洋涇濱加上比手畫腳，想跟他們解釋：「我不是waetman（白人），我叫佩宜。」

然而孩子們不懂洋涇濱，只懂得洋涇濱裡的名詞「waetman」，繼續開心地喊著：

「Waetman! Waetman!」

顯然是徒勞，我放棄解釋，繼續往前走。前方有個小女孩，約莫五、六歲，抱著她稚齡的小弟弟；小寶寶睜著大眼睛，又好奇又膽怯。我走上前去，想要逗逗他，誰知道我一靠近，他就大哭了起來。

只聽到圍觀的小朋友們更興奮地呼喊，還沒學當地話的我完全聽不懂，只聽到「waetman」不斷出現在他們彼此的對話中，我猜大概是在講我這個「白人」弄哭了小寶寶的「事件」吧？

我無奈地匆匆離去，儘量別再弄哭小孩。然而這樣的場景幾乎天天上演，也算不清到底嚇哭多少小孩了。我安慰自己，可能因為我是陌生人，小寶寶才會哭，不是因為我的膚色。往好處想，我為更多小孩提供娛樂與歡笑，不是嗎？

然而小孩子一直喊我「waetman」，還是讓我耿耿於懷。我實在無法想像自己被歸類為「white」（白皮膚／白人），況且，嚴格說來，我根本不是「man」（男人），我是個「woman」（女人）！

有天我把自己的疑惑提出來，與教我當地話（Langalanga語）的老師塞勒斯討論。他只淡淡地說：「小孩子嘛。」但我還是困惑。小孩會以「waetman」一詞稱呼我，最直覺的解釋為：或許那是他們對外人的描述方式，以明顯的膚色差別來標誌。雖然所羅門群島也有東方人——幾代以來從廣東移民的雜貨店老闆、日本商人和青年志工，以及馬來西亞華裔的伐木公司人員。但超過一世紀殖民經驗的歷史中，英國、澳洲、歐洲，甚至美國的白人人數最多、影響力最大，「waetman」一詞大概也是由此而來的吧？然而，當地人不區分黃種人與白種人嗎？

塞勒斯認為，小孩子不懂，但大人都清楚這些膚色的差異，並未混為一談。

「但是有特別的詞來稱呼我這樣膚色的人嗎？」我問。

似乎沒有。後來塞勒斯也提到，有些所羅門群島的族群，使用「araikwao」一詞來指稱外人，主要以歐洲人、白人為主，但有時也廣義包含了亞洲人。我要研究的Langalanga人倒是沒有這樣的慣用詞彙，而是採用洋涇濱的「waetman」一詞，因此當地小孩才會這樣稱呼我。

這個回答很有意思，似乎也符合過去在文獻中看到的說法。對「外來者」以特殊標誌來統稱、分類，在南島語族中很常見，例如台灣原住民常稱漢人為「白浪」（據說源自福佬語的「壞人」），而大洋洲許多民族也有類似的例子。因此waetman／white man的重點可能不是「white」，而是非我族類的「他者」（the Other），而且是有政經權力優勢的外來者。一個初入田野的人類學者被如此歸類，大概無法避免吧？

而實際上，我自己在田野的第一天也曾強烈意識到膚色差異。那天晚上我到教堂參加安息日開始的禮拜，在昏暗的燈光下，赫然發現我的膚色和當地人對比，竟是那麼明顯地白！我驚訝地發現彼此的膚色差異如此鮮明，還特別在田野日誌中記錄了那一刻的震撼（shock）——原來我的不同是那麼地刺眼！光是膚色的對比就給我那樣強烈的感受，其實，我不也依照自己的文化慣習，以膚色差異來做第一層認知？

既然當地人所說的「白人」是他們分類人群的一種方式，而膚色其實也是我的文化包袱中認知他人的一種系統，那麼我為何對自己被標誌為「白人」還是覺得不太舒服？我想了一下，或許是在美國念書幾年後，特別覺得用膚色來標誌一個人的「類別」，是政治不正確吧？尤其是當那樣的分類同時又隱含、對應了政經的權力位階的時候，格外觸動許多人的神經。

「白人」的稱呼讓我頭一次省思Langalanga、還有我熟悉的台灣與美國文化中的人群分類概念與政治後，這個問題就暫時放下了。然而，這樣的「定位」，對我這個懷抱熱情且天真的人類學者，還是不免耿耿於懷，總覺得是不斷被提醒的階級身分差異，如同原罪一般整天無奈地揹著。傳統人類學的主張，認為田野工作是透過學習當地語言、長期與當地人一同生活，慢慢進階理解當地文化，甚至「成為當地人」（becoming natives）。如果我只是個「白人」，那就很難真正進入當地文化脈絡去思考，也不可能做出好的人類學研究。這樣的「理想」在近年受到許多批評，我也不再天真地認為透過一年多的田野工作有「成為當地人」的可能；但或許儘量「去白人化」是我該努力的目標吧？當下我也只能朝著那漫長而忐忑的路走下去，看著辦了。

雖然不再超級在意「白人」的稱呼，但那樣的刻板印象卻是我每天生活直接面對的。從進入村子的第一天開始，我是誰——當地人如何看我，而我想做一個什麼樣的人，就是田野的實際課題。我翻了田野日誌，回想起數天前——經過幾番波折，連繫、等待，終於到了搬入村中的日子。我被安排暫住於牧師家，那是村中最「高級」的住宅，為南島語族常見的杆欄式建築。一樓充當幼稚園，二樓是居住空間，包括客廳和幾間臥房，因為大兒子在外地工作，有一間空房能租給我使用；牧師夫婦英文流利，也解決了我初期語言不通的問題。剛把行李搬進去，對面鄰家的年輕媳婦就過來打招呼，熱情地詢問。我很開心地接受她的善意，羅莎琳是村中少數能自在講洋涇濱的女人，我在田野前自修過所羅門洋涇濱，因此基本溝通無礙。

聊沒幾句，她說：「你衣服拿給我洗。」

我楞了一下，不確定這句話的意思。

她解釋：「我可以幫你洗衣服。」

我急忙說：「不用了，我自己洗就好。」

她再度表示沒關係，讓她洗就好。我還是推辭了，覺得很尷尬。在所羅門群島僱工很便宜，從殖民時代開始，當地人就常受僱於英國、澳洲等外國人，擔任打掃、煮飯、園藝等工作，同時，廣東移民來的商人很快地都開店當老闆，僱用當地人當店員。「waetman」一詞在洋涇濱裡有個同義語，是「mista」，源自英文的「Mister」（先生），即反映了殖民的權力對等關係——白人被尊稱為「Mister」或「boss」（老闆），而當地人則是「house boy」或「house girl」（男傭／女傭）。這樣的權力結構在所羅門群島於一九七八年脫離英國殖民而獨立後，依舊難以改變。在城裡，人口比例低的非原住民普遍經濟階級高於原住民，幾乎每戶都聘了當地人幫傭。或許羅莎琳因此覺得我也會請個「house girl」吧？

然而我對這樣的階級結構感到很不舒服，同時，作為人類學者、從事田野工作，不就是要和當地人過一樣的生活，才能進入當地的脈絡？因此我壓根不考慮請人洗衣服，很快轉移話題，免得不好意思。

我希望與當地人一起生活，因此決定搭伙，房東家吃什麼，我就跟著吃。午餐時間到了，牧師太太煮了白米飯，還有泡麵。當地賣的泡麵是最陽春的那種，只附了一小包調味料，有幾種口味選擇。她另外還炸了地瓜條，我超愛吃炸地瓜薯條，聞到味道食指大動，但發現白飯和泡麵是給我和牧師太太的，炸薯條則是給牧師讀小學的兒子和女兒。面對看來有點奇怪的一餐，我不太確定要怎麼吃——是要扒白飯，還是吃泡麵？人類學者學習能力最強，所以我按捺著，想先看狀況再拷貝「正確禮儀」，很快發現泡麵是「一道菜」，用來配飯吃。

當下覺得這真是非常有「創意」的吃法，但不合我的口味，只能客氣禮貌地吃一些，同時看著薯條流口水。我發現小朋友似乎很想吃我的那份，就建議大家一起吃一起分享，於是我也吃到了薯條，覺得很欣慰。接下來好幾餐，牧師太太還是煮了白飯和泡麵給我，我感到頗為難，雖想當個不挑嘴的好客人，但又很納悶——為何每餐都吃這個？後來我還是忍不住探探牧師太太的想法，終於搞懂了——他們以為「白人」一定不喜歡當地食物，地瓜很廉價，而白飯和泡麵都是進口食品，牧師太太為了特別照顧我，於是每天準備「大餐」伺候。我趕快解釋，只要照平常煮就好了，不要麻煩，我什麼都可以吃，食量也不大。

因為沒有自來水，這裡家家戶戶都在屋簷下擺了盛接雨水的容器，一般多是原本用來裝石油的大鐵桶。不同的容器乾淨程度不同，最乾淨的雨水用來煮飯洗碗，其次用來沖澡和洗衣。傍晚時我提了桶水快快沖了冷水澡，然後問牧師太太在何處洗衣。牧師家的洗衣用水就在門前的方形廢棄冰櫃中，村子裡沒有電，冰櫃是他們先前住在城裡時用過的。於是我把髒衣服和肥皂、刷子放在菜市場買來的藤編籃中，開始在門前洗衣——其實也不過是內衣和T恤、長裙罷了。不一會聽到大聲笑鬧和嘰哩呱啦的聲音，抬頭一看，屋前路邊聚集了很多人，大家正在「參觀」我洗衣服！婦女們指指點點，興奮不已，她們七嘴八舌問了牧師太太，牧師太太急急地講了什麼，似乎有點緊張，但大家又很快笑成一團。我有點吃驚，心想是否犯了什麼禁忌，做了什麼不該做的事情？難道在Langalanga洗衣服要偷偷洗，不能給別人看到？還是女人的衣服要偷偷洗？

看我一頭霧水，牧師太太很熱心地翻譯和解釋。原來剛剛幾個婦女從田裡回來，看到我在門口洗衣服，她們覺得很新奇——「看，白人在洗衣服耶！」因為牧師家位於村中主要道路旁，從學校回家、從田裡回來的人大都會經過，於是聚集了一群人，像看馬戲一樣開心。有人問牧師太太怎麼讓我自己洗衣服？她怎麼沒幫我洗？於是她急忙解釋，是我堅持要自己洗的，可不是她怠慢。另外她也順道八卦了我中午不愛吃白飯愛吃地瓜的怪事。

我鬆了口氣，幸好不是做了什麼蠢事，只是打破了當地的刻板印象。她們第一次看到「白人」洗衣服的事情很快就傳遍村內，連續好幾天，我都是在眾人圍觀和大笑的狀況下洗衣服。幸好新鮮感很快就過去了，人們只會在經過時和我打招呼：

—妳在洗衣服阿？（Koe sau kaleko o gi?）

—對阿，我在洗衣服。（Eo, la kae sau kaleko gi.）

這也是我很快就學會的「實用會話」。人類學田野工作強調學習貼近當地人的生活與思考方式，關鍵的工具就是當地語言。在文化的研究上，許多概念必須要透過母語，才能精準地呈現，因此學習當地語言對深度了解當地文化是不可或缺的。在實際使用的層面也是如此。雖然曾受英國殖民，目前義務教育的小學課程也有英文，但大部分村民鮮少使用英文。所羅門洋涇濱是各族間的通用語，然而村中女性多半不願意說。村民的對話都是以Langalanga語進行，因此若只會英語和洋涇濱，往往只能鴨子聽雷。我在進入田野前已經先自修過所羅門洋涇濱，田野初期進行的基礎家戶調查需用到的簡單問句「你叫什麼名字？你有幾個小孩？年紀多大？」等，以洋涇濱和大部分成人溝通不是問題，但真正要研究當地文化，不學當地話是不行的。

Langalanga語是所羅門群島八十幾種語言之一，使用的人口大約五千人，這麼小的群體可沒有現成教科書或語言學資料可用，一切得自己摸索。我一到村子就開始尋找能教我Langalanga語的老師，牧師太太立刻自告奮勇。首先是簡單的招呼與問候，早安、午安、晚安——這個容易。但接下來她立刻要我跟著重複長長的句子，結果聽到句尾時早就忘了句首，根本是不可能的任務，這樣教我實在學不來。幸好過了一週，找到了理想的老師——塞勒斯。第一次見到他就印象深刻——他個子矮小，光著腳，留著像雷鬼歌手的髮型，穿著自己手染的波西米亞風彩色T恤，但講話非常溫文，與造型截然不同。他是村中少數能說流利英文的人，但更重要的是，他是公認懂得深奧而古典的Langalanga語的人；大家認為我應該要學習最正確、最優美的Langalanga語，而他是最恰當的人選了。於是我開始每天早上到老師家的走廊上課，下午則做基礎家戶調查，有空就背單字和句型。由於沒有課本，雙方都沒有經驗，塞勒斯與我一起摸索，幸好在研究所上語言學時打好了底子，倒也順利愉快。猶記國中英文課時老師教我們背每日一句，從實用的句子入手，我也把這招帶進來。那麼要學什麼實用對話？很快地我發現要先背好下面的句子：

—你要去哪裡？（Koe la i fe?）
—我要去海邊。（La kae la i asi.）
—你剛剛去哪裡？（O io mae i fe?）
—我剛去了海邊。（Lau io mae i asi.）

每天平均要進行上述對話四至五輪，每輪遇到五到六個人，大家都會問同樣的問題，因此我每日總共重複二、三十次這套對話，背得滾瓜爛熟，作夢都會夢到。的確，這裡的海景很不錯，落日尤其迷人，但不是我超愛「去海邊」——其實在Langalanga語中，「去海邊」是「上廁所」的文雅說詞。Langalanga是靠海生活的民族，聚落臨海而建，如廁處自然選在海邊，讓海水帶走所有不要的東西。一般村民都是走到村子南邊的紅樹林，選擇隱密處如廁，男人一區，女人一區。現在比較有錢的人開始學城裡的做法，在海邊蓋「小廁所」，有門有牆，甚至還有馬桶——但沒有沖水功能，要自己舀海水沖掉。

無論去哪種「廁所」，都得往海邊走。我住的地方距離廁所兩百公尺左右，上個廁所可是大工程，半夜要去的話就慘了，還得找伴拿手電筒摸黑去，因此我精密的算好飲水與如廁時間，降低跑的次數。每次去廁所，一路上大家總是問候個不停，「你要去哪裡？」就和台灣人問「呷飽沒」來打招呼一樣，大洋洲很多地方流行問「你去哪裡」。剛開始我對於這樣的問候覺得很新鮮有趣，而且使用頻率很高，很快就能流利地背出那幾句對話，假裝一副好像學會Langalanga語的樣子，很有成就感。而且有些人聽到我說「去海邊」，還很讚賞那是優美的Langalanga語，而非粗魯地回答「去上廁所」(kabara)。

然而一陣子之後覺得有點厭煩了。距離廁所太遠，每次來回都得不斷問答，讓全村都知道我要去上廁所，或是剛剛解放過，實在是很沒隱私！而且小孩子發現這是我們唯一能「溝通」的語句，更不放過這麼好玩的事，他們特別愛問，沒完沒了，然後笑成一團。

有一天，我忍不住和塞勒斯抱怨此事。

「你也可以回答別的阿。」他說。

對啊，我怎麼沒想到呢？真是死腦筋。就像在台灣，路邊歐吉桑隨口問「呷飽沒」，也沒必要認真回答「我從早上忙到現在都還沒空吃東西快餓死了」。但在這個人際互動密切的小村子裡，亂答很容易拆穿，要如何不撒謊地回答？

「就說你溜溜罷了。」(Liliu mola.)

於是那成了我最喜歡的制式答案。而這個問候語的小困擾，再度成為我一窺當地文化的窗口。我對於這樣的文化差異感到很好奇，什麼樣的文化特性，會以到過哪裡、或要去哪裡作為相互問候語？(同樣地，為何傳統台灣人愛問「呷飽沒？」)後來我發現，「liliu」(走走、溜溜)在所羅門群島是很重要的一種人的移動——無目的、休閒性的閒晃，但具有建立並維繫人際網絡，以及交換資訊的功能。而Langalanga的問候語也是有重要文化意義的——一個人去了哪裡，是連結人、地方和歷史的記憶機制。在Langalanga文化中，人在地景上的作為——旅行遷徙、建造房屋、開墾農田、種植作物、命名地方等，都是個人力量與能動性(agency)的展現，祖先的遷移尤其是當地歷史記憶的核心。在反覆練習問候對話時，我完全沒預料到看似簡單的語言學習第一課，竟啟發了我對Langalanga文化認識的重要突破，而人與地景的關係後來也成為我博士論文探討的核心課題。

除了開始學習語言，我也同步展開基礎研究，決定先從「戶口普查」開始，建立每一戶的基本資料，包括家戶成員、人名、年齡、學校教育經驗、收入來源等，並繪製村落地圖。所羅門群島沒有戶政機構，村戶基礎資料的建構得從零開始，但這個過程除了資料蒐集外，也有認識村民、建立人脈的功能。而村落地圖更別提了，我剛到所羅門時曾到許多政府單位去繞了一下——偶爾有幸遇到上班的職員，卻發現連Langalanga礁湖區有幾個村都找不到清單，也沒什麼地籍圖之類的東西，看來一切都要自行建置。反正人類學田野工作的開山祖師馬凌諾斯基即主張剛進入田野時從建立家戶資料和繪製村落地圖開始，想到這點倒也有些忠實承繼祖師爺傳統的自我加持。我很認真地看待這項初步調查，以皮尺、步距，和角規測量，並繪製每戶家屋的座落與村落地圖。一開始只覺得那是基礎工，不見得會直接應用到論文裡面，沒想到後來研究轉而與人群遷徙有關，每一戶房屋的建造與村落的發展歷史成為我論文的一章，而這些詳細的村落地圖和戶籍紀錄，也使得研究能奠基於實證資料之上。不過我當時卻沒有想到，戶籍普查與書面紀錄，還有土地測量這樣的事情，其實在當地文化中並不存在，過往是殖民者為治理目的才有的作為，我如此大咧咧地蒐集資料，是否也更印證了我是個「白人」的刻板印象？

圖3-2——地景上的移動。

在一戶一戶調查、漸次認識村民的過程中，我總是自我介紹是「佩宜」，請大家不要叫我「郭小姐」（Miss Guo）——就和「Mister」具有「白人」和階級意涵一般，「Miss」也是類似的身分標記，而那正是我想要儘量避免的。「郭小姐」聽起來好像是殖民時期對殖民者的尊稱，當地人一般是不會這樣互稱的，而我就是希望打破這種「外來客=殖民者=要求被尊敬=在稱呼上有象徵性堅持」的刻板印象，而換成親近平等的相處模式。

然而「推廣」名字卻不如想像中簡單。在遷入村子前，我曾三度拜訪牧師安排居住事宜，但在搬進去那天，他連續問了兩次，「對不起，妳說妳叫什麼名字阿？」真是令人納悶，我的名字怎麼那麼難記住？根據修習語言學課程的印象，「p」、「e」和「i」是任何語言都有的子音和母音，照理說，「佩宜」實在不難發音啊。

隔天是每週一度的安息日禮拜，牧師一大早拿了張紙來。

「妳可以把妳的名字寫一下嗎？」

他在禮拜開始，向全村介紹這個新「村民」時，依舊吃了螺絲，無法脫口說出我的名字，得照著紙上拼字很努力地唸出來。嗯，好像有不好的預感。

果然，在這個沒有隱私、消息傳得比火還快的小村莊，我的到來是大事一件，但在接下來的好多天，儘管村民都很熱情友善地招呼，卻幾乎沒有人記得我的名字。我不斷地重複說著名字，也努力把一群人的面孔和名字連起來。唯一的安慰，是既然大家還記不得我的名字，那麼我叫錯對方名字時也比較不尷尬啦，大家扯平。

過了幾天的一個午後，我照例步行到村子的另一頭去「海邊」，頂著大太陽在路上走著，忽然聽到有人在喊著什麼，一時辨別不出來，就繼續踱去。

「呸！呸！」

這是髒話嗎？大概不是吧。反正不干我的事，就不理會了。

「呸！呸！」

我回頭，原來是認識的一個村民，她正向我招手。咦，是在叫我過去嗎？

「呸！」她很開心地拉著我。她到底在說什麼？我忽然很驚訝地發現，她是在叫我的名字，「佩宜」！

我的名字並不難發音，但當地人多半無法在「佩」之後接著講「宜」，他們一開始總覺得「佩」就夠了，通常要花好多力氣才組合成「佩宜」，而且許多人花了好一段時間才記起來。後來我才知道，Langalanga語中沒有和「佩宜」發音類似的詞，所以他們被迫硬記一個外來語。

田野兩個月後，小孩子比較少叫我「waetman」了，他們看到我出現，會大聲地喊：「佩宜來了！」（Pei-yi e la mae!）同伴們聽到了就迅速聚集，有的小孩會故意跑來我身邊想吸引注意，或試著跟我聊天，我的Langalanga語還不行，常常雞同鴨講，學他們講話又發音怪異，這成了他們的新笑柄。

「至少我現在是一個有名字的人，而不是籠統的『waetman』了啊。」這總是一項進步吧？我再度自我安慰一番。

＊＊＊

完成了村落普查和地圖之後，我想把認識的範圍擴大，含括村民在居住空間之外的活動領域——最重要的區域就是田地了。Langalanga人以地瓜為主食，大部分的田都種地瓜，田地分散在幾區，離村子有一段距離，路上不太泥濘時大概得走上十五到三十分鐘。雖然去過幾次，但所知還很模糊，同時對重要的農作活動也還沒有太多了解，於是我問了塞勒斯的太太拉菲是否能跟他們到田裡去工作？

過了兩天，拉菲和兩個剛放學的女兒要去田裡，招呼我一起過去，我一看——正中午，還沒吃飯呢，現在去田裡不嫌太熱？但我還是很興奮地跟去下田。小時候家裡旁邊就是農田，挖地瓜難不倒我，不過以鋤頭鬆土耙成適當小丘以便植苗可就困難了點，需要技巧和體力。

工作了幾個小時，在一旁休息時，一位鄰村的太太笑著告訴我，她的三個小孩沒見過我，正躲在旁邊的矮樹叢偷看。我覺得很好玩，裝起鬼來：「我是『agalo』（祖靈）……」。在大洋洲，剛接觸白人時，有些當地人以為白人是他們祖先的靈魂回來，脫去了黑色皮囊，變成白色。我一時興起，拿這個來和小孩開玩笑。大家都覺得我很滑稽，笑成一團。後來才想到這樣會不會觸犯禁忌啊？有人告訴我，如果老人家在的話可能會不高興，因為祖靈可能會生氣，而懲罰大家。幸好當時在場的都還年輕，也都是基督教徒，比較沒有這些禁忌。真是嚇出一身冷汗，做田野工作時得要更謹慎才行。

工作告一段落，拉菲堅持送我一大袋地瓜，實在無法推辭——我已經學到，在Langa-langa推辭別人送的食物是很失禮的，不過這是另一個故事了。回到村子，發現我去田裡工作的事情已經傳遍全村，成為當日茶餘飯後的熱門話題。造訪田地不是第一次了，但在田裡工作，又是一項「白人」稀有的作為，因此連續幾天，人們都很興奮地問我：「聽說你去田裡工作？」

日後我有空就隨著拉菲他們去田裡，深切體會農作的辛苦。當地採取的是山田燒墾的方式，墾地是很粗重的活，要砍伐樹木、清除雜草，燒掉做肥料後，還有鋤地整地的工作。照顧農田也是持續不斷的勞動，收成的地瓜沉澱澱地放在袋子裡，由婦女頂在頭上或扛在肩上搬回家。後來我慢慢學到，這樣粗重的體力勞動，在當地人的歷史記憶中，常對比於「白人」當老闆指揮的殖民經驗；當地人用身體勞動去換來的微薄收入，也對比於「白人」源源不斷的外來財物。塞勒斯教我唱一首歌，歌詞講的是一早起來沒好好吃飯，就去綁木柴為白人的伐木公司工作；到了晚上哭著擔心自己的身體，但錢要經過汗水裡才會湧出來，也只好洗洗身子，洗洗腳罷了。短短幾句話，道盡了對「白人」的刻板印象背後隱含的不平等和無奈。我到田裡工作雖然看似努力做個「非白人」，但我心裡明白，那只是插花罷了，結構並沒有改變。

＊＊＊

田野持續著。語言學習還是進展很慢，雖然分析整理出基礎文法，背了很多單字和句型，然而大部分時候還是鴨子聽雷，除了硬背的每日一句，也還沒能力臨場造句、表達自己的意思。我開始有點焦慮——我真的學得會嗎？偶爾聽懂一句別人說的話，有點成就感，但大部分時候都是挫折，每週參加教會禮拜，牧師布道一句也沒聽懂。

一直到快要三個月時，有天睡前我準備去刷牙，拿了牙刷和牙膏，隨口跟牧師說：「我要去刷牙。」（La kae sau lifogu.）

忽然，我發現這個句子從來沒在上課時學過。我學過「洗衣服」（sau kaliko），也背過身體各部位的名稱，包括牙齒（lifo），而且Langalanga語中有關身體的詞彙要隨指涉對象加上反身尾詞，例如講自己時要在字尾加上「-gu」。不知不覺中，我自由地運用了學過的句型、單字和文法規則，自己組了句子！這樣順口的「造句」只有掌握了該語言的一定語感時才能做到，而我忽然做到了！我想起海倫凱勒在學語言時，有天忽然將摸到的水和「water」一字連結起來的那電光火石的一刻！雖然情況不同，但道理是一樣的——經由不斷地學習，就像是在氣球內灌水一樣，總會達到臨界點，爆發出來！

十分神奇而戲劇性地，就從那次刷牙之後，我開始加減聽懂大家在講什麼，也開始能以簡單的句子與人聊天了。我在村中不再是Langalanga語聾啞人了！

＊＊＊

跨過了語言的第一道屏障，漸漸習慣熱到四肢無力和每道都是椰子口味的食物，也慢慢學會怎樣避免被可怕的沙蚊（sandfly，類似小黑蚊）和瘧蚊叮得很慘後，田野也有了較大的進展。在我還無法以Langalanga語溝通時，許多婦女很害羞，不敢與我講話；一旦我能理解，並以當地話淺顯表達自己之後，大家對我的態度有了很大的轉變，我也更自在地到處串門子——這真是田野工作的不二法門，很多靈感和絕佳的評論都是在閒聊八卦時冒出來的。聊得越多語言進步也越快，彷彿等比級數的成長。雖然交了朋友，但她們卻幾乎不曾到我住的地方來找我聊天，都是我去找她們，這件事讓我有點納悶。於是有天我用半開玩笑的語氣和幾個女孩子「抱怨」：

—你們怎麼都沒來我住的地方找我講話？

—牧師家我們才不敢去呢。

這讓我非常驚訝，而她們也比較坦白地告訴我一些想法。牧師的房子的確是村中比較新而「華麗」的，但也不是什麼豪宅，因此我一直低估了一般村民和那棟房子，以及房子裡的人的距離。Langalanga在人類學傳統分類上，屬於平權社會，相對於階級社會（有世襲的頭目／國王、貴族、平民之分），平權社會沒有與生俱來的頭銜差異，要當上領導者，得靠個人努力和能力競爭。在大洋洲，尤其是美拉尼西亞區域，平權社會的領導者常被稱為「big-man」——這個詞很難翻譯成中文，big-man是社會上有聲望、有影響力的人，他們往往有較多的財富，但富人不等同於big-man，big-man藉由分配財富、幫助別人，和高明的口才，來成為社會領袖。Langalanga就是這樣的社會類型。

做了三個月田野後，我已經感覺到這個傳統平權的社會對於不平等非常「敏感」——財富、位階、某些「知識」的差異時時刻刻被檢視，而big-man社會的道德觀——有財富有能力者要謙遜，要慷慨分配出去，才能獲得聲望的傳統觀念，與受西式教育影響甚深的牧師一家人的作風大相逕庭，因此他們的人緣並不好。重點不是他們住什麼房子，而是他們怎樣與他人互動。我發現，住在那裡違背了我對田野工作應貼近一般人的信念，雖然對牧師一家很抱歉，但我很快地決定搬家。剛好有對老夫婦沒有生育，有空房間可以出租，我就搬到「平民」的房子去了。

＊＊＊

與牧師一家不同，新的房東夫婦幾乎只會講當地話，因此營造了更好的語言學習環境。他們常常到其他村的親戚家串門子，我也跟著到處跑。由於我的研究主要課題是當地的人群遷徙歷史與歷史記憶，隨著研究主題的開展，只在一個村莊做研究無法獲致較全面的理解，我慢慢地擴大地理範圍，有計畫地造訪Langalanga礁湖裡的各個大小聚落。每到陌生的村莊，不免又重複上演嚇哭小孩和被小孩稱為waetman的劇情，不過我也漸漸習慣了。然而很欣慰地，因為語言能夠溝通，我總是很快就被接受，研究進行得非常順利。新的房東太太非常得意我會說Langalanga語，我常常成為她的「展示品」，讓大家驚奇不已。「白人」學Langalanga語可是第一遭呢，很多老人家這樣告訴我。這個區域先前只有一位美國人類學家在六〇年代末做過一年多的田野研究，而我不斷地被拿來和他對比——他只會講洋涇濱，聘用house girl，而我則不同，我是稀珍的動物。

田野過了八、九個月，有一回，與房東太太在市場巧遇她的遠親，她們兩個人嘰哩咕嚕地寒暄後，對方問說這個白人是誰，房東太太講了一堆，大致是在講我住在她們家，在這裡研究文化等等。我禮貌地站在一旁好一陣子，房東太太才想到跟我解釋那是她住在某村的某某親戚。我伸出手，自我介紹：「我叫佩宜。」（Ratagu a Pei-yi）

對方嚇一跳，驚呼：「喔……這個女孩會說Langalanga語（saena i Wala）阿！」這是房東太太最喜歡的把戲，她就是等這一刻，真是得意極了。於是對方開始東拉西扯，房東太太也八卦了我「怪異」的行徑：和他們一起吃飯、自己洗衣服洗碗、到田裡工作等等。好容易通過一連串的語言「測驗」之後，她稱讚我：「你現在是『Langalanga女孩』（geli i Wala）了阿！」

當下我真是受寵若驚。日後在許多場合，我陸續被稱為「Langalanga女孩」，漸漸地成為一種新的綽號。努力了這麼久，我在當地人眼中，終於有了被認可的位置。在田野過程中，我漸漸了解到Langalanga文化非常重視人的行動——一個人到底是誰、該如何給予評價、如何被記憶、有怎樣的聲望和權力，與其天生的一些特質——血緣、膚色等未必等同，重要的是她／他怎麼做，做了什麼。我剛進入田野時，當地人只能用過往對外來者的刻板印象來將我納入他們的分類範疇，於是我是個「白人」。但漸漸地，透過觀察我的行動，透過彼此更多的認識，我是「佩宜」，不是一個一般的「白人」。甚且，我朝「成為當地人」的方向在努力，而當地人也看到了。

到那時候，我才赫然想起指導教授曾經講過的故事。他在巴布亞新幾內亞出田野時，當地有位美國軍人在執行任務，他是個黑人。那位軍人的所有作為——從食衣住行到對待當地人的方式——都和殖民者沒有兩樣，因此他雖然和當地人一樣是黑皮膚，卻被稱為「黑白人」（black white man），表示他是黑皮白骨。我的指導教授是義大利裔的美國白人，但他和當地人一起生活、學習當地語言，還被當地家庭收養，與殖民者截然不同，因此他被稱為「白黑人」（white black man），是個白皮膚的「黑人」。在他研究的 Abelam 文化中，重要的也是一個人的行為，而非他的表相膚色。

一年多的田野接近尾聲了，我覺得有點欣慰，至少我不再只是「白人」了。然而和指導教授一比，我想到他被當地家庭收養，有田野的「爸爸」、「姊姊」等等，這在人類學田野工作中相當常見，許多研究台灣原住民的人類學者也都有類似的「擬親」關係。而我卻沒有！我開始想，在沒有子嗣的房東夫婦家住了這麼多個月，常和他們一起到鄰村去走動，也有人開玩笑指著我說：「那是你們的女兒嗎？」他們卻從來沒想要「收養」我。這是怎麼回事？沒有被「收養」，是不是就不夠進入當地社會，被當地人接受？後來我發現，雖然收養在許多大洋洲社會非常普遍，但在 Langalanga 卻不是很盛行，不同文化的人有不同接納外來者的方式，每個田野都是獨特的。

那麼，另一個常見的「人類學者被田野地接納」的重要「指標」——擁有當地名字呢？猶記得大學時我們班到排灣族出田野，才兩個禮拜，就有好幾個人有排灣名字了呢。（另請參見本書顧坤惠、邱韻芳的文章）我在Langalanga一直就是以台灣名字「佩宜」被稱呼，似乎沒有人提過要給我個Langalanga名，頂多有幾個女孩子暱稱我「佩宜納」（Pei-yi-na）——在名字尾巴加上「納」（-na）的尾音是Langalanga常用的暱稱方式。但那畢竟不夠「當地化」，既然是「Langalanga女孩」了，怎麼沒有Langalanga名字？

轉眼田野就要結束了，這讓我有點不甘心。於是有天和兩名很熟的老爺爺在閒聊時，提到這件事。他們覺得沒什麼必要，原來在Langalanga文化中，並沒有為外來者取當地名字來將之納入當地體系的習慣。然而我還是很想要個Langalanga名，於是我們開始討論，要怎樣取名才好。

「叫Gelimae如何？」意思是「女孩（geli）來（la mae）這裡」。

這個名字和牧師太太一樣，似乎不太好。

「那叫Geliatale怎樣？」意思是「不一樣（atale）的女孩（geli）」。

這個也不太好吧，雖然我確實在當地人眼中是很怪的人——怎麼一個女孩子二十幾歲還在當學生，還沒結婚，甚至還獨自跑到遙遠的地方去研究人家的文化？

大家又思索了好一陣子。最後有個爺爺建議：「那叫Torikwala吧。」這個名字的意思比較複雜，大致是「一直在寫的人」。他解釋，我在做田野的時候，常常不斷地記筆記，這個名字很適合我。

大家都覺得很貼切，我也很喜歡這個名字。這樣的命名討論也再次印證了Langalanga文化重視「行為」的面向。他們對我的描述，是外來的，不一樣的，而且一天到晚都在寫字的！的確，那就是我田野工作的寫照啊！

很可惜，這個好名字並不「流行」，幫我命名的兩位老爺爺也在幾年後相繼過世，我在Langalanga還是「佩宜」。我沒有Langalanga名，相反地，Langalanga有個小孩以我為名。

在我住進村子三個多月的時候，對面一個快要臨盆的女性朋友告訴我，如果生了女寶寶，要叫作「佩宜」，如果是男寶寶則叫「佩頓」（Payton），也算是有「佩」這個音。不久，她生了一個小女兒，「佩宜」算是她的「英文」名，而傳統名則承襲去世不久的祖母。一開始我有點不知所措，趕快到處問人：「如果小孩以我的名字命名，我有什麼義務和責任嗎？」

許多人都笑笑告訴我，沒有特定的關係啦。並不因為使用我的名字，就會產生「擬親」關係，也不會有特殊的權利義務。通常人們都是以祖父母輩的名字來命名小孩子，但有時也採用其他的名字，例如過去曾有位他島過來Langalanga教書的老師，也有小孩以他的名字命名。在Langalanga語中提到自己的同名者，稱為「rata lau」，就是「我同名者」的意思；對話者提到時，則說「rata o」（你的同名者）。一般而言，名字被被採納為小孩名的人，會覺得很開心。

小佩宜出生後，我有空會去看看她，送她一點禮物，也沒有特別照顧或在意，對這樣的命名並沒有想太多。有時小佩宜也被稱為「佩宜寇」。尤其是在喊她時，大家常常發出拉長飆高的「寇……」尾音，一開始讓我很疑惑，不解其意，後來才知道當地人不會發「郭」的音，雖然大家習慣稱我「佩宜」，小佩宜卻常冠上「佩宜寇」的「全名」。

博士論文田野結束後數年，我終於有機會再回到田野地，繼續原先的研究。當我一回到村子，大家熱切地歡迎我之外，很快都會提到：「你有好多年沒回來了，小佩宜現在都長這麼高了喔，很會唱歌呢。」

很快地，我也與另一位「佩宜」重逢。她瘦瘦高高，頭髮捲捲的，有點害羞。我發現，她是當地人記憶過去的「事件」——也就是一位人類學家的造訪——的方式。看著小佩宜，時時提醒著那位「大佩宜」的故事，而小佩宜有多大，就知道從我那次田野工作又過了多久。

這時候，我才赫然了解了，Langalanga 人不是藉由給予當地名字來納入外來者，而是透過將外來者的名字納入當地的名庫（name pool），以之來記憶過去，和外來者產生永續的連結。

Langalanga 人用他們的方式來認知我，也用他們的方式來接納我。

我又再次被這樣的體悟震撼了。原來我一直無法釋懷的——沒有被收養、沒有當地名字——其實是我的「人類學家包袱」，是我在受人類學訓練的過程中不知不覺習得的「理想型」，形成了另一種文化包袱，也一度阻卻了我看到當地文化的某些面向。然而Langalanga人用行動教導我，那是他們文化傳承的方式。

* * *

這些年來，每次重翻田野日誌，回想Langalanga的田野經驗，總會有新的領悟。無論在學術研究上或生命經驗層次上，讓我受惠最深的，從來都不是那些訪談的筆記，而是這些生活中的片段，許多意義都得經過沉澱，過了好幾年才赫然想通。那一年多的田野生活中，我跌跌撞撞不斷地試圖「漂黑」自己，原本只是對階級關係的反省和抗拒、對人類學田野工作古典方法論的服膺，和對人以及對文化的求知熱情，然而卻意外地遇見所羅門王的寶藏，而在上述幾個面向都有了更精進的體悟。在文化上很重視個人行動的Langalanga社會裡，我恰好以自己的行動試圖做一個「非白人」，在每日生活的磨合過程中，我挑戰了當地人對外來者的刻板印象，而他們也一再讓我看到自己的文化包袱，帶領我解構概念的枷鎖，更進入當地文化的系統。人類學田野教科書總是強調「參與觀察」(participant observation)，那是仙丹等級的、用以進入當地文化的重要田野方法，然而只是到了當地看看問問，難道就是「參與觀察」？在田野中，透過彼此日常的行動——學當地話、講問候語、吃飯、洗衣服、上廁所、命名等——以及其後的反思，我才意外地碰觸到許多Langalanga文化的核心，也才真正明瞭了許多前輩們奉為法門的「參與觀察」是什麼，能夠達致怎樣深度的理解。那是只念教科書不能真正體會的。

但有些是無法輕易真正參與的。雖然有了「Langalanga女孩」的頭銜，但那不過是種讚美罷了，我心裡很清楚彼此的距離——我身上的相機、錄音機和筆記型電腦，都再再提醒我這個差距。而我也不斷地被詢問，坐飛機到台灣要花多少錢？他們也想來看看。每次我都非常汗顏，深知那個數字是大部分村民一輩子都不可能實現的夢。我心裡明白，雖然曬黑了，但膚色是不會變的，許多差異也不會消失，我不再天真地以為能抹去那些常常覺得不舒服的差異。我還是「白人」，然而在那之外，我不只是個白人而已。

＊＊＊

續篇：二〇〇六年七月二十七日田野筆記

今年初，〈我不是「白人」〉文章印出不久後，三月時我回田野地一趟觀察國會改選；村裡的小孩依舊叫我「白人」。現在我可老油條了，不會生氣，還反問他們怎麼沒去上學，難道是每天放假嗎？

沒想到才剛離開田野地，所羅門首都發生暴動，聚集在國會外期待新政治的群眾發現總理選舉結果換湯不換藥，氣憤抗議，針對性地燒毀部分華人商店。新聞報導裡提及華人在當地被稱為「waku」（瓦庫）。嘿，這還是我第一次聽到這個詞呢！這是哪裡來的？

真是令人尷尬，我才剛寫了文章提到在Langalanga沒有特殊詞彙稱呼黃皮膚的人，這下像是被打了一巴掌一樣。

或許因為我的研究主題是當地人的文化，從來沒想過要研究移居所羅門的華人，才會如此無知。還沒到所羅門前，我曾在旅遊指南上看到首都有區「Chinatown」，當時非常好奇，抵達後曾按圖索驥去找過一次，發現不過是一條不長的街，擠著華人開的老舊商店。店內昏暗且散發著怪異的臭酸味，店主多是從廣東來的華人，坐在高高的收銀機後面，監視當地人店員和顧客，所有收錢找錢的手續都要透過華人老闆，當地人店員無法經手。除了Chinatown，其實首都大部分雜貨店都是華人所有，也都是一樣的調調，沒什麼特色，感覺每家賣的東西都一樣。我實在受不了華人與當地人在商店內的階級關係，每次買東西總是速戰速決，匆匆逃離。

或許是因為急於切割出與華人的角色差異，我從來沒聽過「瓦庫」。這趟田野是我今年

第二度回到所羅門，立刻開始詢問「瓦庫」是什麼意思？使用的歷史為何？一位在該國財政部任職的朋友告訴我，那是專指老華僑的稱呼，他們多半來所羅門好幾代了。對於後來出現的日本人、台灣人、馬來西亞人，除非是與中國人混淆，否則不適用這個稱謂。而後面這三種人其實並沒有特殊的綽號。好吧，幸好我也不是中國人，我屬於他指稱的「瓦庫」外的人群，所以沒人叫我瓦庫是很合理的。我們也聊到了先前的暴動，但覺得大家和我談族群政治時有點尷尬。

隔天見到我的老師塞勒斯，我很快把這個問題拋出來：「為什麼從來沒有人叫我瓦庫？我以前從來沒聽過這個詞！」當初是他告訴我沒有特殊詞彙是用來稱呼黃皮膚的人的，我還寫在文章裡，白紙黑字，害我現在覺得很糗。這個詞是（因排華而）新發明的嗎？還是在城裡才會使用，而我多半待在鄉下，沒什麼機會聽到？

塞勒斯又是一貫地笑笑。他說瓦庫是他小時候，老一輩用來稱呼開店華人的詞彙，有時大人會戲謔地對坐在那裡、彷彿在「看店」的小孩說：「你是瓦庫嗎？」但是後來很少用了，所以現在村裡的小孩子可能沒聽過這個詞彙，一般也很少在鄉下使用。由於華人集中在城裡，這個詞也是在那個脈絡中比較流通，不喜在城內混的我也或許因此沒機會聽聞。

今天午後，在首都的事辦完了，我們上了車準備去機場，又到了告別的時候。計程車在泥濘坑巴的路上緩慢地找尋不會卡住輪胎的「航道」，行過幾個小孩的身邊。他們看到我，一個男孩子脫口而出：「瓦庫！」前座的塞勒斯回頭對著我大笑：「嘿，你終於第一次被叫瓦庫了！」天知道，我真是一點都笑不出來啊。

＊＊＊

後記：二〇一八年十一月

距離一九九五年頭一次造訪Langalanga、一九九七～一九九八年在那裡做長期田野，轉眼超過二十年的緣分。村中新一代的小孩依舊認知我是「白人」。我在村裡閒晃時，就曾聽到有個阿嬤對不乖的小孩說：「（再不聽話）那個白人要把你帶走喔！」我「溜溜」到海邊看小孩們在細雨中跳水玩耍，他們一開始怯生生，但當我開口以Langalanga語自我介紹、跟他們聊天，他們驚奇的表情讓我得意了很久。

我的田野跟隨著Langalanga人的腳步，除了經常回訪，也曾到斐濟、萬納度等美拉尼西亞國家研究Langalanga貝珠錢的跨國流動；近年人口流向都市，我也越來越需要花時間在首都才找得到人。原初T村「沒水沒電沒瓦斯沒電話沒網路」的狀態也逐漸改變，雖然依舊沒有自來水，只有少部分家庭混用小瓦斯桶及柴火，現在家家戶戶都有一個小太陽能板，足以供應夜間一、兩顆LED燈泡照明，我反而懷念起夜晚油燈的氣味；通訊開始普及，原本要連繫隔壁小島時得到海邊找要划船過去的人幫忙帶話，現在只需拿起手機撥號。鄉下網路訊號不穩，但許多村中的年輕人已經固定上網，臉書成為我們新的連繫管道。

這篇文章中出現的許多人物也隨時間成長。上一版中有張拉菲與小孩們的照片，當時念小學的女孩們已結婚生子、大學畢業，而媽媽抱在手上的小男孩正在斐濟的南太平洋大學念書。小佩宜也已經高中畢業，當我回田野時，相約一起聊天逛街買東西。當然，他們都是我的臉友。

塞勒斯與幾個友人組了一個傳統書寫計畫的團隊，我很高興能夠受邀加入，有了個知識回饋的機會。我們合作編纂了一本雙語（Langalanga / English）的專書《Birana i Wala: Growing up in Langalanga》，作為文化傳承的教材，歷經多年，終於在二〇一八年由中研院民族所與所羅門群島國家博物館聯合出版。在某次討論會中，塞勒斯告訴我，其實他們早就擔憂傳統流逝，曾向上帝祈禱，希望能有個人類學家來協助他們，記錄傳統文化。然後我就抵達Langalanga，留在那裡做田野。

原來，不是我選擇Langalanga作為田野地，而是Langalanga選擇了我。[1]

1 詳見「召喚人類學家：一則共作書寫與出版的故事」，網址：https://guavanthropology.tw/article/6679

郭佩宜
Pei-yi Guo

人類學家。原本念化工系，但對人的興趣大於計算流體熱力與成本，在火車上閱讀李維史陀《憂鬱的熱帶》一書深受震撼，轉以人類學為志願。受大洋洲民族誌吸引，循著南島文化的足跡，至南緯五度的所羅門群島進行長期田野工作。

目前任職於中央研究院民族學研究所，除持續深耕所羅門群島民族誌，並延伸以大洋洲為研究範疇，透過比較南島的視野，作為台灣原住民在當代情境下的參照，主要關懷議題為歷史與地景、地方貨幣、法律與治理、文化資產等。此外也幸運地與伙伴們共同合作，以多重形式實踐人類學知識的公共參與，包括在地社群的知識回饋計畫「Birana i Wala: Growing up in Langalanga」、「人類學家的錢包：貨幣的社會生活」展覽策畫，參與《田野的技藝》、《芭樂人類學》等大眾人類學的書寫，以及翻譯重要南島著作《依海之人》、《以海為身，以洋為度：浩鷗法著作選》（合譯）。

不是穿綠色制服的都是軍人：田野想像的落差

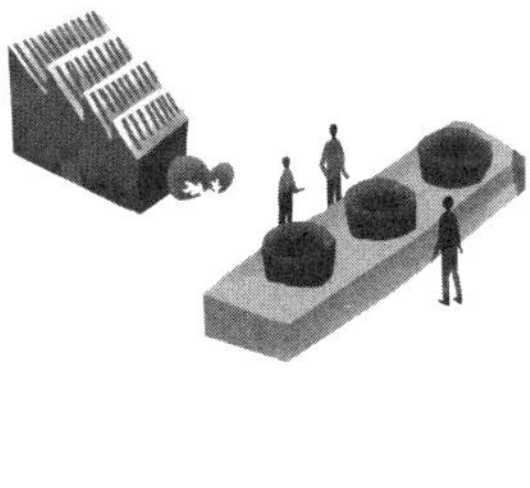

王宏仁
——————中山大學社會學系

我的小姪子才三歲，過年時回到台南家中，到了半夜起床哭，哭著要回家，爸媽好說歹說勸他，告訴他，爸媽在旁邊陪他，折騰了幾個小時才又入眠。後來我哥哥說，因為忘了帶那一條陪他入眠的乳臭毯子，沒有那個味道，他就認為不是在家睡覺。無獨有偶，某位必須出外做田野的老師，他出國田野的第一個困難不是語言、飲食、風俗習慣差異，而是枕頭，沒有他自己的枕頭套，就無法入眠。當然，田野中碰到的還有其他事情，例如我住的某大學宿舍，睡到一半時，看到老鼠在蚊帳上面跑過；某個一起出國田野的學生，一生最怕蟑螂，但……越南哪個地方看不到小強？

我最早的田野是在台灣南部地區訪談中小企業主，我把這樣的經驗帶到越南的台商研究上，並且延伸至越南的移民問題。異國文化、語言、社會關係，與情調的想像，吸引著我前往越南進行研究調查，而這也開啟了我的另一扇生命之窗。

經驗一：第一次出國做田野調查的學者，其實跟觀光客沒什麼太大差別

飛機上面的餐點，對於年輕人來說，還是滿有吸引力的。綠咖哩混著檸檬葉的香味，澆淋在越南式的煮熟長米上，看來就令人食指大動（雖然，這完全是台灣廚師對於越南食物的另類想像，越南人根本不吃綠咖哩）。除此之外，無限供應的飲料、花生米，讓初次到越南

的我，覺得很滿足。一位曾經在一九九〇年到俄國留學的朋友說，為了吃一顆新鮮的雞蛋，他在莫斯科的寒風街頭中排隊兩小時，才搶得一小盒。比俄國晚開放經改的越南，狀況只會更糟糕吧！每想到那盒雞蛋，在飛機上就忍不住多吃點，背包裡面還藏了好幾包餅乾，以防萬一。

抵達胡志明市機場上空時，映入眼簾的是許多拱型的老舊碉堡在機場排了兩列，裡面停放著幾架老舊飛機，一種「打越戰」的感覺不禁浮上心頭，看來軍人在越南的日常生活中仍有很重要的角色。走入移民關口時，發現坐在通關口的人，都是穿著綠色軍服的人員，只是肩章別的是星星，不是梅花。因為是自己親自辦理簽證去「觀光」，而非跟團，因此入關前必須自己填寫一些單子。寫完後，發現我們三個人必須排在人群的最後面。看到這些海關軍人慢吞吞地核對、蓋章、詢問，心底開始緊張起來。海關索賄、貪汙、強取手錶飾物的故事，在出發前就已經聽太多了，而我們站在人群的最後面，豈不就是一群待宰的肥羊？

果然，排隔壁的一位老先生，文件被退回，不知原因！他一臉茫然，急著找導遊幫忙。輪到我時，擔心恐懼的事情終於發生了，他用越南文問我一個問題，天啊，我怎麼可能聽得懂？正準備掏出五塊錢美金來打發時（典型的台灣人反應），在胡志明市工作的朋友小威及時出現。他是台灣經濟部派駐當地的經貿外交人員，因此可以有證件進出機場。他過去詢問了一下，搞清楚不是要錢，而是我沒寫明住在哪裡，填寫後，蓋個章，就讓我通關了。過關後，小威對我說：「算你狗運！通常的結果是跟台灣的會計室一樣：退回去給你自己想辦法。」原來這個現象跟台灣也一樣。在台灣的大學裡，我也常常收到申請經費的文件上面被鉛筆畫幾個ＸＸＸ，然後依照公文退回的流程，在一週後躺在我的辦公桌上，不知原因！他們也不會告訴你！

走出機場，一片黑壓壓的人頭擠在出口處，雖然還不至於發生類似早期曼谷機場搶行李的狀況，但要提著行李穿越人群與車潮，真的要一點技巧。還好，小威的司機已經在不遠處等著我們，手機連絡上後，大包小包行李上車，開往住處。新山一機場位於胡志明市內，所以一駛離機場，就進入市區。我好奇地看著滿街的摩托車，沒有任何的紅綠燈，只有幾個軍人無奈地在車陣中指揮交通。怎麼連軍人都上街指揮交通了？難道過了二十年的時光，還有越戰軍人不退役嗎？「麥擱聳了，他們是公安！」哦！原來不是穿綠色制服的都是軍人！海關裡頭的那些綠衣人也不是軍人哦！

抵達旅館前，對於西貢旅館的印象只來自於某篇旅遊雜誌的報導：澳洲人開的一家水上旅館（floating hotel）非常賺錢，一晚要價兩百美金。照片看來髒髒爛爛的旅館，竟然要價這麼高，看來應該是房間的需求遠大於供給。台灣派駐國外的外交人員，有所謂的「艱困加給」，依照不同地區（ＡＢＣＤ四區）而有不同津貼標準，所謂的Ｄ區，幾乎就是「戰亂區」，給非常高的補貼。越南在一九九二年時被歸為Ｄ區之列，可見當時生活之艱困。我們出發前訂的旅館每晚要價八十美金，看來也好不到哪裡。

經過了一個很漂亮的紅色教堂，以及正在興建的玻璃帷幕大樓，車子停在正在整修的法式歌劇院旁，哇！金碧輝煌的一家旅館！接待的大廳雖然不像台北凱悅那種「皇宮式」的夢幻，但水晶吊燈、大理石地面、長髮飄逸穿著越南傳統服飾的接待人員，真的滿足了一個對越南充滿幻想的觀光客。

沿途經過的路，零星出現一些中文漢字，小威權充導遊，說這是哪家台商工廠，那是哪個台商的家庭，牆壁外觀看起來都不錯，應該是經營得都不錯吧。台商開始進入越南的時間，大概是一九八八或一九八九年，足足比我的研究早了十年，而且也在此闖出一番名號，但研究者似乎永遠都落後在這些「衝衝衝」的台商後頭。馬克思說過的一句話「哲學家只是在詮釋這個世界，但更重要的是，改變它」，目前還是德國柏林洪堡大學（Humbolt University）的校訓；每思及此，總會不斷來回思考學術研究的意義：假如台商都比研究者更清楚越南在地的狀況，也走在研究者前面，那麼我們做學術田野的差別何在？我們甚至連馬克思說的第一層次「詮釋這個世界」可能都做不到，甚至更像個觀光客呢！

經驗二：口是心非的社會學家!?

剛開始的台商訪談，都是透過代表處的安排，這真的省下許多的困難。通常進行田野訪談最難的就是找不到訪談對象，即使如人類學般的蹲點，也並非每個該地區的人都願意接受研究者「無微不至」的詢問，更何況是社會學這種蜻蜓點水的四處訪問？

代表處安排的是在西貢市郊的新順工業區，這個工業區是當年李登輝主政，希望打開外交困境，而委託國民黨黨營事業（中央貿開）去洽談開發的；苦無資金的越南，與苦無外交出路的台灣，在這裡點燃了未來十幾年的火花。我們一早出發，沿途經過大大小小的路與河流，常常在某個交通路口就打結，車子動彈不得，但不像台北是卡在汽車陣中，而是卡在機車陣中，若加上會車，只能驚嘆司機的技術而已！

一到加工出口區的門口，就可以立刻感受到不同的氣氛。工業區的大門就像一個集會廣場，原本塞滿車子的路，突然開闊了起來，我們抵達時間大概早上十點多，工人都已經上班了，那種廣場的感覺似乎要營造一種「社會主義必然勝利」的氣氛，但卻是以最資本主義的方式呈現：外國的資本家在圈地內僱用越南工人外銷賺錢。

在一九九二至一九九三年之間，我也曾經訪談過台灣的中小企業主，算是相當熟悉台灣商界的交往模式。透過親朋好友的關係，找到一些願意接受訪問的人，帶著半結構式的問題，以及伴手禮，到達受訪者的家庭或工廠，在一陣寒暄與自我介紹後，就開始請受訪者以「生命歷程」方式來自我陳述。除了少數幾個人是因為家族關係而繼承家業外，大部分還是黑手變頭家，都有著艱苦奮鬥的過程，聽他們講著自身的故事，也彷彿伴隨著走過那段歲月。就台商的個人生命歷程來說，他們打拚流汗的歷史令人讚嘆，但是當談到他們以資本家的身分出現在其述說的故事中時，則常令我很難以應對。

記得二〇〇一年，有次跟一位澳洲學者去河內訪問美國大使館內的某名官員，議題是有關越南的勞動問題，進入戒備森嚴的大使館，坐在有監視器盯著看的會客室，我們討論著柬埔寨、越南的紡織品進入美國時的問題，美國要求這兩國必須達到一定的勞動條件，這樣才可以給予優惠關稅與較高的紡織品配額。當談到此方法的有效性時，這名美國官員覺得還可以，但是澳洲朋友就立刻揚起眉頭，一副不以為然的樣子。該名美國官員看到她如此的反應，立刻笑著說：「well，看得出來你非常不同意我的論點。看看你的眉毛已經揚起了！」坐在一旁的我，對於這樣的對話與反應還是有點詫異。

在我們的文化當中，不太喜歡當面反駁別人的論點（學界的思辨除外），特別是那位受訪者是透過許多力氣與關係而找到的，假如當面給他來個「不同意」、「不贊成」，那麼整個的訪談過程也可能就此中斷，或者氣氛開始不對、怪怪的。其實我們本身的身體語言也是搭配著這樣的「讚許」文化，你沒注意到當我們在聆聽別人講話時「點頭如搗蒜」？當我們在演講或說話時，假如中間有所停頓，我們習慣以單音字「對」來做上下轉折、停頓、休息的字眼。為何不是「錯」、「嗯」這些字眼呢？

此外，我們的社會強調著關係連帶，因此假如我們與介紹的受訪者意見有所不同、爭執，那麼我們不僅是破壞了與受訪者關係，幫忙介紹的人也會覺得我們很不上道，所以一個「懷疑的眼神」、「不信任的口氣」，都可能引起諸多聯想，進而影響訪談的互動，以及未來我們與介紹人之間的關係。

在訪問越南台商有關工會問題時，一樣會碰到這樣的道德難題，對於台商的某些作為並不贊同，但卻只能以打哈哈／顧左右而言他來帶過，例如下面的一段對話：

訪問者：工會裡面幹部都是資方指定的嗎？
台商：資方輔導，也是要他們贊成的。
訪問者：是越南工人贊成嗎？
台商：我們會安排給他們去舉手表決。
（我心底在想：果然跟國民黨時代一樣！）
訪問者：這也要去找一個人緣不錯的啊！
台商：對啊，比較有說服（力）、客觀的人啊，讓大家能夠信服做代表。

看吧！研究者通常並不會當面把自己的想法表達出來，這一方面是田野調查的要求：「尊重報導人的詮釋權。」但我們本身的社會文化與人際網絡關係，也限制了我們在進行訪談時與報導人的互動方式。例如一位女同學去訪問了某位與中國女子結婚的台灣男性，聽完該名台灣男性說：「只要我工作完回家，我太太就會端一盆溫水來幫我洗腳，這有哪個台灣女人做得到？她每天三餐都準備得好好的，吃完都是她在收她在洗，還幫我洗澡，然後我在客廳看電視，她就在旁邊洗衣服……」她的心裡其實想說：「難道你沒有手腳嗎？」但口裡卻迸出：「哇……你太太真體貼。」

經驗三：搞研究可不是請客吃飯送紅包!?

訪問台商時，某些文化的行為模式比較可以預期，我也預期台商可以知道我要問什麼問題。但訪問越南工人的經驗，跟訪問台商，感覺截然不同，語言的差異，就是第一關。

我通常必須仰賴翻譯來進行訪談。訪問越南工人時，我們租了一輛最便宜的計程車（原來計程車的費率是自由化的，跳表，但不同公司有不同的費率），來到台商工廠集中的區域，找尋願意接受訪談的人。

第一個訪問的工人居住地區不是工業區，因此沒有漂亮的建築、整齊的街道與種植的林蔭大道。應付不斷從鄉村地區移民到都市的人口擁擠問題，越南政府把一塊樹林荒地規畫出來，允許人們在此地自行建房子。走入此區域時，大概可以看出整地已經完成，但是沒有柏油路、沒有自來水，電線桿已經通電了，但沒有路燈之類的公共建設。計程車只能開到大馬路旁，接著就是我們三人跟第一位受訪者（翻譯的表哥），徒步進入「住宅區」。因為沒有電話，所以這位表哥從早上十點就在那個獨木橋頭等，而我們是在下午兩點左右抵達的。

越南的民房很乾淨，雖然「家徒四壁」——什麼都沒有。表哥接受我們訪談，是在翻譯者爸爸的堂妹房子裡，房子只有前後兩落，前面是客廳，擺了一些塑膠的矮椅子與一個茶几；後面是臥房，臥房外面則是煮飯、洗澡的地方。當我們幾人抵達時，我講了幾句「基礎越南語」，氣氛也就開始活絡起來，女主人煮開水、泡越南熱茶請我們，此時「厝邊隔壁」的朋友也一一出現，好奇我們這幾位不會講越南話的人，到底在那裡幹什麼。

訪問以我問他答的方式進行。受訪者其實非常不習慣這樣的訪談方式，這不僅是我們使用了一些「學術語言」的問題而已。對於接受訪問的人而言，這是一種嶄新的經驗，過去他在閒聊的習慣性環境下，或許可以侃侃而談，天南地北隨便聊。但是面對著一個外國佬，透過翻譯，一問一答，沒有任何心理準備（當然，他已經事先知道我們要問有關於他在工廠工作的事情），也不知道我們下一個問題是什麼，有時候的答案是在我們預期之外的。例如我們問他：「社會裡面的人，都有一個社會地位，如果用一分來代表最低的，用十分來代表最高的，你給自己幾分？」他的回答是：「社會地位？沒想過。」現在回想起來很好笑，為什麼我會問這麼白痴的問題？是因為社會學的長期訓練造成的？還是不了解階級／文化差異造成的？

此外，在訪問者—受訪者之間，我們原先的社會地位，也影響了我們訪談時候的氣氛。作為一個來自「多金地區」的「台灣男性教授」，與一名只受過九年義務教育的「越南女性工人」，兩者的權力位階可說非常不平等。我們坐在路邊的小咖啡店訪談，不用說，是我們出錢請喝可樂或萊姆冰水（nuoc chanh），因為陌生的關係，對方都很客氣，會露出不好意思的表情。兩、三個朋友一起接受訪問，可以減少她們單獨回答的壓力。

但對於我們這些訪談者而言，其他人的出現，卻也會有干擾的問題，因為大家可能七嘴八舌，在旁邊協助回答，或者就自顧自地在一旁討論了起來。我們一次問到某家台商紡織廠的女工，正談到工資多寡的問題時，旁邊的兩位朋友一直嘰嘰喳喳講不停，對於聽不懂越南語的我，其實沒有那麼地干擾，但是翻譯的朋友突然板起臉孔，請這兩位女孩不要再講了，說這會影響到我們進行訪談（這部分的越南語我倒是聽得懂！），氣氛開始變得凝重起來。這位翻譯的朋友，年齡、教育都比這三個女孩還高，這麼一聲禁令，秩序維持住了（或說被破壞了），而不同人士所占據的社會位置，也同時間凝結在那裡：台灣男性學者—受聘用的越南高教育程度的女性翻譯人員—被詢問的低教育越南女性工人。

這樣的研究者—被研究者的位階問題，在一開始訪談工人時，就立刻感受到了。到台商工廠訪談，有時候必須穿著正式服裝，也會帶個伴手禮，報導人如果臨時被叫去處理工廠的事務時，我們必須在辦公室裡面慢慢等待。我們是有求於他的人，所以必須忍耐。**訪談結束後，台商會宴請我們吃飯**，許多情形是到高檔的餐廳。而訪問越南工人時，都是穿著涼鞋與輕便的短袖服飾，在工人的宿舍或外面的廉價咖啡廳，工人報導人對我們的問題回答，多少抱著「認真回答」的心情。為了要確認一些訪談內容的正確性，我們有時候會希望受訪者能夠提供他們的工資單，我們會對工人說，只要找到工資單，讓我們影印，我們會給他一個小紅包。當我們結束訪談後，**我們則以贈送「五萬元紅包」來當成句點**。看來搞研究跟毛澤東的搞革命不太一樣：一定要請客吃飯送紅包！

經驗四：在我的胸中藏著兩個靈魂

女工在台商工廠工作到一半而昏倒的故事，從台商處聽了許多。第一次聽到，是同奈省的台商在嘲笑柬埔寨台商，這位在越南的台商想不通，為何要去柬埔寨，當地人體力那麼差，怎麼可能做得好工作？他常常聽到有的工廠女工，在下午的時刻就會整排昏倒在地。當我去北越河內附近的某家工廠訪問時，該公司以前也常常發生女工在下午兩、三點時就體力不支而昏倒。該工廠的經理說，公司原本發給工人午餐津貼兩千盾（約台幣五元），但經常有工人為了省錢，中午只吃兩根玉米（約五百盾），剩下的錢存起來，結果工作到下午三點左右，就會有人體力不支暈倒。最後沒辦法，中午只好由工廠供應員工午餐，白米飯隨意吃到飽，雖然配菜只有一道少少的炒肉片與一鍋湯。

體力差，台商找出問題點是吃不飽，所以也想出了解決辦法。但是某些問題，似乎就無法如此容易找到答案。在每次的台商訪談時，不斷反覆聽到越南人「不喜歡加班」的說法，而且不是單一台商這麼講，幾乎是每位台商都這麼說。一段訪談紀錄如下：

> ……就是他自己的民族性，像台灣人以前很勤勞啊，你不給他加班他還想要加班。如果給越南人加班他們就要抗議，跟民族性有關係。給他們加班領多一點錢，結果他不要，他寧願休息，像等一下超過五點，我的司機就會趕著回去，要回去載他太太，不回來了。

也因為越南工人不喜歡加班的事情太經常被提起，因此當二〇〇一年夏天做完越南訪談後，我與另外的兩位同事帶著此好奇問題到泰國，想要聽聽泰國的狀況。結果真的很不同：在泰國，假如沒有加班的機會，就無法留住泰國的工人在該工廠工作。如果從「比較研究」

的觀點來看的話，或許我們很容易得到「民族性不同」這樣的文化解釋論。但問題並沒這麼簡單，當我訪問在台灣的越南移工時，原本某位家庭幫傭的弟弟付了錢要來台灣工作，但後來卻改到韓國，原因也是「加班問題」，不過此時的理由是：因為在韓國可以一直加班，在台灣的工廠沒機會加班！一樣是越南人，為何在越南的越南人就「懶惰」、「缺乏紀律」，但是在台灣的越南人卻變了一個樣：勤奮認真，任勞任怨地喜歡加班？

在某個晴朗的日子，研究者坐在同奈省的一間民宅中，等待受訪的一名工人回來。第一眼看到此受訪者時，直覺是「怎麼這麼瘦」，她說她的體重約三十五公斤。此時是晚上九點半左右，她才剛剛騎著腳踏車從暮黑的天色中回來。她告訴研究者，今天比較幸運，因為加班四個小時，所以有一頓免費晚餐吃。但是假如加班到八點，對不起，沒飯吃，而且必須從下午一點一直工作到晚上八點。她說在公司不給加班四小時的日子裡，每次工作到晚上七點多的時候，體力已經非常不濟，一直感覺要昏倒，而這樣的日子，到了生產旺季時，可能必須持續好幾個月。

這名越南女工的狀況，讓我不禁開始懷疑，以前我所做的許多台商訪談，他們所說的「真實性」到底多高？例如他們所描繪的越南人是「不喜歡加班」、「男性懶惰」、「缺乏紀律」，而我相信這是他們在越南的管理實務中所發展出來的看法，而且對他們而言是「真實的事情」。其實越南工人也都異口同聲回答：不喜歡加班。這跟台商的說法非常一致，但對於為何不喜歡加班的原因，卻有著完全不同的解釋。台商習慣用民族性來解釋，但工人卻從來沒有使用「民族性」的說法來解釋自己的行為，而是從他所處的社會條件（如薪水、體力等）來解釋，例如下面這段對話：

問：加班的情況如何？
答：最近要加班了，以前很少，加班從下午五點到晚上八點。
問：天天都要這樣加班嗎？
答：不是每天都可以加班。
問：你想加班嗎？
答：**像這樣的薪水**，誰都需要加班。
……
……
問：如果一個月都沒有星期天，一天上十二個小時的班，你願意嗎？
答：受不了，不行。
問：最適當的加班情況如何？
答：一個星期有三天加班，每天加班不超過三個小時。

即使是所謂的「客觀事實」，也會有非常不同的詮釋。例如每個月所領的工資，老闆們都說符合越南勞動法的規定，但工人卻說他們必須拚死拚活才拿得到最低工資。例如許多大工廠都說嚴格遵守越南規定的勞動法，以免吃上官司或遭到罷工；但是當某個工人把他的薪資單拿給我看時，我稍微計算了一下，發現該工廠在加班方面根本就嚴重違反越南勞動法。要求工人每天來上班，一個月沒有任何一天的休假；即使假日來上班，薪水也沒照規定給兩倍，不僅如此，在計算加班費用時，還把千元以下的數目一律捨棄，以此方法來偷取工人的零頭工資。

許多大規模的工廠都告訴我們，他們一點也不擔心缺工的問題，只要紅條子貼在工廠門口，就有一堆人來應徵。但某個工廠女工則與我們有這段對話：

問：你是否在其他工廠工作過？

答：沒有。

問：你想不想長期在這裡（台商工廠）工作？

答：找不到其他的工作，所以就在這裡吧。

問：假如可以選擇的話，你會比較喜歡在哪個國家的工廠上班？日商、美商、韓商、越南公司（國營或私人）？

答：日商。

問：為什麼？

答：因為在日商工作的朋友跟我說：日商的幹部和主管很關心工人，而且休息時間比較多。

問：台灣老闆對待員工，有什麼好的？有什麼不好的？

答：很嚴格。

台商老闆們認為台商工廠的勞動條件已經比越南工廠好很多了，但卻沒有受訪的工人希望繼續留在台商工廠工作。為什麼？這麼多相互矛盾的說法，作為一個研究者，應該如何來解讀呢？我想到德國的哲學家賀德（Herde）說的一句話：在我的胸中藏著兩個靈魂（Zwei Seele in meiner Brust!）。

經驗五：飯菜量那麼多，不是給你吃完的

去訪問越南鄉下的移工時，艱困程度也大概都有心理準備了。第一次出發，因為我跟負

責翻譯的助理都沒經驗，所以保險點，還是先過去看看。受訪的人說，會在某鄉鎮大馬路上的大樹下等我們，這真的有點考驗：有幾條大馬路？有幾棵大樹？（我們原先還奢望用手機連絡，但……對方根本沒有手機。）出發前一天打電話給受訪者，預計隔天早上過去，但隔天因為有點事情耽擱了，一直延遲到十點多才出發。出發前打電話到受訪者的親戚家，他的舅舅說，一大早就出門等我們了，心底涼了一截，心想：為何不等我們打電話去，他再出門？

坐著計程車，一路顛簸，又不斷問路，原本預期一小時抵達的，過了許久，還是沒看到人。不斷下車問人，路人也一直說，往前走。大概一個半小時後，終於到了該鄉鎮的一條大馬路的一棵大樹下，看到某個無所事事的男人戴著綠帽子，坐在機車上，我們猜大概是了吧！果然，賓果！他已經等了一個早上了，又不敢回家，怕「抓龜走鱉」相出路，我們可能就從河內一直開到胡志明市了。從這個大馬路，走進一個羊腸小徑，沒有柏油路面，但眼前突然開闊起來，因為大馬路兩邊都是商店住家，但進入商店的後面，就是一大片的農田了。

抵達該社區後，我們去拜訪了受訪者的媽媽、舅舅、岳父母，以及他的鄰居，當然，一群不會講越南語的台灣人出現，立刻轟動該社區，許多人「聞風而至」。這不禁讓我想起小時候我住的北門鄉下，看到黑人時，一直喊「黑人牙膏」，不肯離去。我只不過隨便講個笑話，說同行的某男同學來相親的，過一小時後，全村落的人都知道此消息了，引來一些青年男子的「白目」（我從他們的眼神中猜的）。

原本的計畫是在該村落停留一星期，出發前聽關鍵受訪者說，舅舅家很大，過夜完全不是問題，到了當場，也確實如此，在越南的鄉村地區，這樣的空間算是非常大，也足夠我們幾人擠一擠了。下午做完幾個訪談後，晚上就決定隔天要留在此過一晚，問過舅舅，是否有地方可以睡，他指著房子與床，「這麼大，怎會沒地方？」所以隔天我們準備了一些家當，準備在那裡過夜。舅舅特地交代我們要記得帶護照，因為留外人過夜必須經過核准，特別是在鄉村地區——我們當然也照做了。那天非常熱，白天到處亂亂跑，找到可以訪談的對象完全靠運氣，也非常仰賴舅舅的當地人脈——哪家人到哪個地方工作，他瞭若指掌。

晚餐非常豐盛，席開兩桌，舅舅說是為了歡迎我們來特別宴請的，同席而坐的有舅舅的三個兒子，關鍵受訪人以及我們四個台灣人，在那幾天，吃飯都在正廳，席地而坐，但每次吃飯總覺得量太多，一直吃不完。我的習慣是：不要浪費食物，有剩菜剩飯，最好也把它吃完。但在越南鄉下，這是mission impossible，因為量實在太大了，讓我這個台灣鄉下來的小孩也無能為力。

飯後舅舅拿了毛巾給我們擦手，但還是覺得黏黏的，所以走出外面，要用天然蒸餾水來洗手。走出正廳，左手邊就是廚房，在大廳外，我突然瞄到，家中的女性正坐在廚房的地上吃飯。原來她們都是等到男性吃完後，才在廚房內吃這些剩下的飯菜。

吃完豐盛晚餐後，兩、三個當地女性聽到我們是台灣來的，也跑來跟我們聊天，希望我們幫她們帶一封信給她們的前雇主。這當然沒問題，而我們也本著研究者鍥而不捨的精神，把她們留在舅舅家門口，坐在地上訪問。聊天訪問時，只見舅舅家中人來人往，進進出出，有點干擾我們的訪談，但心中也覺得奇怪，為何他們不在門口屋簷下，跟我們聊聊天。等到這幾個當地女子返家後，我們才發現，舅舅家裡的人好像剛從田裡回來，手腳都是泥巴，一群沒有種過田的台灣人想知道，是否除草時間必須在晚上，才會比較涼爽，皮膚不會曬黑？而其實我們都已經累翻了，但是家裡頭還是不斷有人進出，甚至到了九點多時，舅舅請我們到村落外的田裡頭走走，看看台北從不可能出現的星光。

白天的訪談很累人，但卻無法休息，這是因為舅舅家中還有人在工作，因此，我們一群人只好繼續拖著疲憊的步伐，走到社區的廟，看看廟前面的大水塘，之後一起聊天聊了約半小時後，一行人才轉頭回去家中，想看看舅舅農事做完否？回去一看，還在忙，我們一群人真的只好到村外的水田邊，坐在小橋上，數著天上的星星與腿上被蚊子咬的痕跡。當然，在那裡，我看到一輩子以來最美的景象：一對小情侶騎著腳踏車從我們面前經過，銀色月光灑在後座女孩飄逸的長髮上，四周一片寂靜，世界似乎只剩下他們兩人而已。

撐到十點半，回到家裡，舅舅終於結束工作了。我們洗了個澡，準備上床睡覺，床的分配是：我跟男學生一張，三個女孩擠一張床，舅舅家中的幾個兒子有的睡地上，有的去另外他們表弟家睡，根本不夠地方睡。睡覺前，翻譯才告訴我，今天是他們家族某個人的忌日，外地工作的三個小孩與家庭都回來了，所以睡床「緊張」。

啊！我所認為舅舅說的：「這麼大，怎會沒地方？」是指一人一床，而他所指的是：擠得下，當然是有地方。這就如請客的飯菜量這麼大，根本不是我原先想像的：給客人吃完的！我似乎仍然抱著那條乳臭的毯子才會入眠。

經驗六：他已經這麼可憐了，為什麼你們還要繼續追問這個問題！

二〇〇五年夏天我再度返回這個鄉村田野地點，此時的村莊有了更多的摩托車，更多的新房子，吃到的米粒也更完整，不像兩年前那種破碎的樣子。下午天氣燠熱難耐時，還有家雜貨店賣生啤酒，一群男人在工作結束後，到那裡來杯冰涼的啤酒，順便八卦一下。那個場合，沒有女性。

這次村落裡頭有比較多的人是從台灣工作回來的，因此隨便探聽，都可以找到訪談的對象，而大部分的受訪者都很樂意藉由跟我們交談再度練習他們的中文，也會跟我們分享在台灣的酸甜苦辣。某日早上來了一位瘦小的年輕女子（二十出頭吧），她說，聽說來了一些台灣人，想來聊聊天。於是，我們很高興地請她入坐，在舒服的客廳裡閒聊（當然也不只如此，還是不斷做紀錄）。她在某個人家裡當看護，雇主有個小兒麻痺的兒子，因此可以申請到看護名額。不過她告訴我們，兒子還是可以自己行動，白天去學校上大學，晚上才回家吃飯。我心底想，那工作情況應該還不會太累吧。

但她說工作很辛苦，早上一早五點就起床，我們心想，五點就起來工作，晚上十一點多才上床，中午又沒午睡，那不是會累翻了？繼續追問，一早起床做什麼，她說煮早餐、洗衣服、拖地板等。但我們覺得怪怪的，這些工作需要做三個小時嗎？繼續問下去才知道，早上五點她就睡不著了，只好起床發呆到六點多！

此外她說，早餐後必須到雇主的公司幫忙清理打掃，十一點半回家煮午飯，下午兩點到公司繼續工作，五點回家煮晚飯。想當然爾，雇主應該有供應他三餐吧！她說早餐有時有，有時沒，看老闆是否早起，但通常雇主晚睡晚起，因此早餐都是自己要打埋，到外面吃一餐至少二十元，太奢侈了，因此她自己到外面麵包店買一條二十元的土司，每天只吃一片土司。在公司工作的內容，是拖地、擦桌子、洗廁所。因為有上面的「早起發呆」經驗，因此我們特別小心翼翼，希望知道是因為雇主不人道待遇，還是她本身工作能力太差，這樣的工作需要六個小時來處理？我們很懷疑，才不到十個人的公司，不是兩個小時就綽綽有餘？

我跟學生們都不相信有這麼惡劣的雇主，所以不斷就這個問題來問她，旁敲側擊，想證明她要不就是漏講了某些事情，要不就是誇大其詞，要不就是說謊。問了約十五分鐘，任何可能的問題都提出來了，她也都一一回答，當我們想再繼續問與此相關的「公司清潔」問題時，翻譯終於忍不住了，她說：「她已經這麼可憐了，為什麼你們還要繼續追問這個問題！」

我當下立刻驚覺到：「誰對誰，有權力可以進行這樣的質問？」

田野研究可以看到什麼？

上面講的許多例子都是以「權力位階」的角度來看這些發生的事件，但讀者們或許也可以從研究者在碰到窘境時該怎麼辦來閱讀。許多當下發生的窘境，要即時去調整該處境到我們認為理想的狀態，實在很難。二〇〇五年十月我在加拿大的某大學演講大陸與外籍配偶議題時，一位中國來的學生突然舉手問我：「剛才你為何說中國與台灣是兩個國家？」整個會場氣氛突然凍結在那裡！這就如雅仲在其田野地點的處境一樣：你當下要選擇支持那個派系？也如同宜君在氣氛很嗨的對談時，突然必須接下對方要求的請託：幫忙帶一箱東西回台灣。假如裡面有海洛因，怎麼辦？

每個人的田野經驗都與其生命歷程密不可分，因此選擇性地寫出這些經驗必然是對於我個人生命最有衝擊的事件，而田野的工作與經驗是持續進行的，不會因為做完一次田野調查，從此經驗就完備，高枕無憂，不再對生命有所衝擊。我們的經驗一直在流動，不同的生命時期、不同的當下、不同的田野階段、不同的社會位置，都會有完全不同的感受與視角，也因此會有不同的意義。

我帶著我那條乳臭的毛毯進入田野，它時常不知不覺地指引我要在何時、何地、以何種角度來觀看事情。沒有了它，我可能就很難入眠，也不知從何下手。往好處想，它是我們進入田野或研究時的地圖，指引著往何處走，但同時也限制著我們的可能探險，去發現另外一個新世界。

地球上的人，永遠只能看到月球的同一面，因為我們只能站在地球觀看月亮。那地球的另一面是否有一隻小白兔在搗麻糬呢？這只有脫離我們地球的位置去看，才能看得出來。很難，要脫離那地心引力到另一個太空的位置去看月亮。而社會學者去研究另一個社會的難度，也不會低於此！

王宏仁
Hong-zen Wang

五年級生的元老班，跟本書大多數作者一樣，原本念了有錢途的商科，後來成為逃兵。就讀博士班時，承襲英國社會學的「訪談調查」傳統，自此開啟人生的另一扇窗。博士班時期，周遭朋友都是越南研究的朋友，加上畢業後因「錢」際會找工作，而開始踏入越南的國度，進行台商、婚姻、勞動移民的研究。跨文化的田野調查，讓自己看到以前「視而不見」的問題，每一次的調查訪問都是對自己思考方式的再一次反省。

交錯與反照的身影：竹富島民、女兒與我

趙綺芳
——倫敦羅漢普頓大學舞蹈系

鋼琴的音樂聲和窗外探進來的光影，一起流洩在studio的地板上。

> 準備好了嗎？腳在第一位置、左手在第二位置、右手扶把，深呼吸，plié兩次後一個grand plié，一二三四五六七八、二二三四五六七八，嗯別忘了頭上有一根線拉著，……

跳芭蕾時，小腹收起來、骨盆turn out、臀部夾緊，是基本的動作要領。有人說，從解剖學來看跳芭蕾時的身體，就好比想像自己平躺在地上的姿勢。我看著鏡中的自己，努力喚醒自然行動習性中被遺忘的腹肌、背肌、臀肌和大腿內側肌，試圖將其馴服以達到標準的姿勢。藉著鏡中的身影反照，再慢慢將彼此抗拒的身體肌肉，拉扯到正其位，就這樣邊看邊做，直至自己的姿勢成為一種「自然」。

沒有鏡子前的百般琢磨，或許舞者無法成就令觀眾驚豔的技巧；沒有田野的他者，人類學的知識又如何能成形？

或許是早年習舞的經驗太清晰，從準備進碩士班，我就想要完成一個以舞蹈為主題的人類學研究。然而這個企圖，卻讓我從碩士班甄試到回國謀職，都面對許多的質疑甚至揶揄。漢人文化中對舞蹈的陌生和不親近，或許是主要原因。即便在主導人類學重要發展的西方國家，學者們縱使可以對儀式的諸般細節與象徵意義口沫橫飛或大書特書，對於儀式中往往占相當比重與集結人群的舞蹈，卻視若無物，稍稍改寫人類學家布洛赫（Maurice Bloch）的句子：You cannot argue with dance.[1]，結果就是you don't have to argue for it！仔細探究起來，缺乏精準的描述工具自然也是舞蹈被忽略的一個要因，在一個一面倒地集中在文本化與以口語傳達為要的學術傳統，田野工作的過程與成果，也大多強調視覺與聽覺甚於味覺與動覺，舞蹈與其他的身體經驗，如何在不被化約成另一種文本的情況下，得以轉化成為知識的元素，成為理解他者文化的基礎？

這樣的思索隨著田野工作的過程日益強烈地在我腦中揮之不去，雖然一開始，我幾乎是在沒想太多的情況下進入沖繩做田野。

暖身

一九九二年末，結束了第一年的碩士課程，因緣際會的情況下，我擔任中央研究院民族學研究所黃智慧女史的兼任助理。正開始進行沖繩研究的她，知道了我對舞蹈的研究興趣，

1 布洛赫原本的議論是：You cannot argue with songs。參見Maurice Bloch, "Symbols, Song, Dance and Features of Articulation: Is Religion An Extreme Form of Traditional Authority?" *European Sociology*, 15: 55-81, 1974.

遞給我一本書籍——《沖繩的祭典》（沖縄の祭り）[2]，裡面摘要記載了沖繩全域代表性的儀式。

我幾乎是第一眼就注意到竹富島，這個位在沖繩南方八重山群島的珊瑚礁小島，面積只有五平方公里多一點，卻保留了豐富的傳統藝能。透過這本入門書，我認識到這個島最重要的年中祭儀「種取祭」（Tanadu ï），由於其豐富與珍貴的傳統舞蹈與戲劇演出，已經被指定為日本國無形民俗文化財。如果一個舞蹈的研究對人類學界來說太難以下嚥，儀式裡的舞蹈，可就應該在合法研究範圍內吧?!雖然說人類學對儀式研究的態度，就像人類學客體化部落生活的假科學一

圖5-1——願禮（Gari）中島民忘形地舉手而舞，竹富島民經常在聚會中如此以舞會友。

般，已經大大地被自家人予以諷刺一番。[3]

放棄了原本想要以八家將為主題的研究計畫，我開始學習日文並閱讀相關資料，只是不論是從理論或是區域研究而言，文獻都十分有限。這中間，託了黃智慧女史的福，她向我引介了沖繩當地的研究機構、學者、留學生與台灣僑民，由於她對於人脈的審慎安排，讓我領教到日本社會對網絡的重視，我從她身上學習到研究者對異文化社會應有的敏感度，最終大大地幫助了我降低在田野初期可能遭逢的文化震撼。終於在一九九三年的六月，我第一次踏上沖繩，隨後輾轉搭船到竹富島進行調查，以為後續的田野工作做準備。

在鄰近竹富島的石垣島（八重山區域的行政中心），我拜會了一些年紀與遷日年代不一的台灣僑民，當她／他們知道我要到竹富島做田野，第一個反應常常是：「那個島那麼小！」或是「可是那個島什麼都沒有！」（なにもない島），這些祖先歷經篳路藍縷、胼手胝足、渡海前來開墾的僑民，對我選擇在長不出稻米的竹富島做研究頗不以為然；而從他們的眼中，我也看到一個人類學田野工作者在一般人眼中「不正常」的形象。這樣的「不正常」來自於他們對田野工作者和觀光客的類比：一般的觀光客在竹富島待的時間，短則一小時、長則兩三天，那麼小的島，看完風景也不用花多少時間，哪需要待在島上那麼久？

2 沖縄博物館友の会，《沖縄の祭り》，沖縄県立博物館，一九九〇。

3 Horace Miner, "Body Ritual among the Nacirema", *American Anthropologist*, 6(8): 503-507, 1956.

類似的狀況也發生在一開始竹富島民對我的期待上。當我初次到竹富島勘察時，最早接觸到的是從事觀光業的島民：腳踏車出租店的老闆娘、民俗博物館裡為我解說的婆婆，以及青年旅館的小老闆。起初他們把我當成是來參加儀式「看鬧熱」的「お客様」（泛指包括觀光客的外來者），等到發現我在為期九天的種取祭儀式結束後還賴著不走，島民大為不解，但仍不忘用敬語問道：「您還在啊？」

此外，令我印象很深刻的是，有一次我和一位因涉入二二八事變，怕遇到不測而流亡石垣島的台灣歐吉桑，提到研究沖繩舞蹈的企圖，他立即（用閩南語）不加思索地回答：「伊Okinawa ㄟ郎甘那肖仔，一聽佇 Samisen（即三弦）手就ㄍㄧㄚˊ起來！」歐吉桑的評論不但沒有令我卻步，反而加強了我到沖繩研究的意志（一個想要研究舞蹈的人類學碩士生在當年或許也像「肖仔」？）。終究竹富島和舞蹈在我心目中所共同形構的「他者的文化」之正當性，已然根深蒂固。短暫地勘察工作結束之後，我在當年十月底祭儀期間返回竹富島，進行正式的田野調查。這次的短期調查雖然因為我的荷包有限前後只不過三週，然而文獻的蒐集、大量的觀察加上有限的訪談，卻也已經累積了相當高密度的資料，後來成就了我的碩士論文。

而就在前往竹富島進行田野工作之前不久，我發現我懷孕了。女兒呱呱墜地之日，正是我交出碩士論文那天，至此我的研究和我的人生以另一種緊密的姿態扣合在一起。只不過我未曾料到的是，女兒對我往後的田野有那麼大的影響。

基本位置

一九九六年我得到一筆獎學金負笈英國，人類學、竹富島、舞蹈所形成的鐵三角，像一塊大磁鐵吸引著對知識高度飢渴的我。然而，第一年的研究十分不順：慕其名而來的指導教授已屆退休之齡，對我要以舞蹈為題並不反對，但一談到理論，卻老是要從涂爾幹談起，對當代的相關社會與文化理論全然不提；班上超過二十位的新生，興趣南轅北轍，語言能力不一，當大家忙著討論康德、傅柯、布希亞時，我腦中出現的是竹富島民用來配舞的三弦樂音。聽到我來英求學的動機，「你為什麼跑那麼遠來研究離你那麼近的地方？」這般的評語，更是讓我語塞！我對田野地的想念，加重了我的思鄉之情，一起對抗我在英國為了求取功名所做的種種努力。隨著時日漸進，我的心情和英國陰鬱的天氣一起下沉，竹富島印在白沙上的陽光成了看似不切實際的夢想，離我益發遙遠。終於在一事無成的一年之後，我在其他師長的建議下，轉到一個有舞蹈人類學課程的研究所。新的學校較不具知名度但是研究生人數少，老師年輕，也對當代的社會理論掌握充分，一年的修課如逢甘霖，在重新調整後撰寫的研究計畫書得到認可之後，闊別了近兩年，我終於可以回家做田野了！

一九九八年五月，向英國的學校申請到 study leave（「研修離校」，多好的一個詞！），我先回到台灣，在有限經費的支持下，帶著四歲多的女兒重返竹富島，計畫進行一年的田野工作。不同於碩士時的三週短期調查，要順利完成一年的田野，我必須要有更正式的文件和身分，以申請更長的合法停留。雖然到日本做田野不像到其他國家的經驗那麼波折（參考本書張雯勤一文），但是台灣人要到日本停留一年做研究，必須要取得日本在地研究機構發出的正式邀請書，以文化活動的名義申請「在留」的資格。之前幫助我的黃智慧女史剛好赴沖繩休息一年，又是在她的介紹下，我獲得沖繩縣立藝術大學（後來才知道它和我在英國讀書的大學有盟校關係）附屬研究所的邀請函，以協同研究員的身分在沖繩進行研究，藉此順利地取得為期一年的「文化活動在留」資格。

帶著女兒再度越洋來到竹富島之後，我們到町役所（相當於鄉公所）辦理外國人在籍登錄證明書，完成我們在日本居留的合法程序，女兒也在友人石垣博孝先生的協助下，進入竹富島保育所，因為我的學生身分，她只需要以每月五千日幣的最低費用，就可和一般兒童一樣享受日本政府的教育資源。

重返田野的過程到此似乎十分順利，然而我在竹富島的安頓，卻面臨到始料未及的波折。我原先寄望這次田野會和上次一樣，因為島民對我存留的記憶而進行順利，然而，我很快地發現自己的想法過於浪漫。沒錯，離我一九九四年碩士畢業後儀式期間的再訪，這次重返回田野闊別了近四年之久，即使是八十歲以上的年長者，都仍然記得我，畢竟在十幾年前，在竹富島做研究的外國人還不太多，尤其是一個台灣人。我到了竹富島上之後，才知道有許多老人家在二次世界大戰結束前到過台灣工作，還有不少中年人竟和我一樣出生在台灣！一問之下才知道，相較於竹富島的狹小貧瘠，二次世界大戰結束之前同屬日本殖民地也通日語的台灣，地方又大又豐饒，許多七十歲以上的長者戰前都曾渡海到台灣謀生，男生多擔任職員，好一點的還可以當上官；女性多選擇當「女中」（女傭）。還有些夫婦一起在台灣奮鬥的竹富島人回憶：「那時候的生活好奢華喔！」這些老人家的台灣經驗是我在後期訪談與舞蹈經驗並列的一個重點，從他們的口中也讓我認識到一個宛若「他者」的台灣。

但我很快地發現，三週和一年大不同。在一個像竹富島這樣的旅遊勝地，停留三週的外人可說是司空見慣，我暫時棲身的青年旅館，就是一個提供短暫人群集合的基礎建設（infra-structure），卻和竹富島人的生活被有效地隔離開來。到頭來，我發現自己每天得不厭其煩向不同的遊客解釋我來竹富島的目的，甚至免費來一場竹富島的文化之旅！

青年旅館對初來乍到的外來者或許提供快速進入竹富島的捷徑與結點，但卻全然違背人類學田野工作者融入社群社會生活的原則，考量到待在遊人來來去去的旅館裡，只會劇烈加深我自己與觀光客認同混淆的焦慮，而且兩個人一起住在青年旅館的長期花費，不是一個博士班學生付得起的，我決定儘快為自己和女兒找一個適當的居所。我透過不同的管道詢問何處可以租屋，花了好一陣工夫卻覓不到滿意的住所。起先我十分納悶為什麼島上看起來有許多空屋，卻沒有人招租，後來透過一位太太的說明，才知道竹富島上雖然有很多空屋，屋主都已經遷到外地長年在外，但是一般人不太願意出租自己的房屋，特別是所謂供奉有祖先牌位的本家；更別提是租給我這樣一個什麼工作也沒有、放下台灣的家人一個人帶著小孩的外國女子了。

好不容易，從生在台灣並對台灣人有十分好感的青年旅館小老闆那裡，問到了鄰近一位老爺爺家中二樓有個六疊榻榻米大的房間可以出租。老爺爺九十六歲高齡，耳朵背了些，但是身體仍相當硬朗，他的妻子早逝，孩子們也都離家住在外地，鮮少回來。令我訝異的是，看來破舊的房子在四十年前曾是島上第一間旅店；而他年輕時曾到過台灣，還會以不甚標準的閩南語發音唱一段鄧雨賢的〈雨夜花〉。

由於租金尚稱合理，再加上急於安定下來好進行田野，我租下了老爺爺家二樓的房間，並且可以使用廚房。在好好清理一番之後，我決定利用這個廚房，營造出一種特殊的家庭情境，因此每晚我用有限的食材和手藝準備台式料理，並邀請老爺爺一起晚餐。長年一個人孤零零過日子的老爺爺十分欣喜，並以乏人問津的飲料作為回饋，廚房從此成為我們三人每晚聚集的社會空間。老爺爺早年曾經經營過雜貨店，因年紀老邁無力經營，但是他卻仍然常常向石垣島的中盤商叫貨。只不過在島上，亮麗的商店與自動販賣機四處可見，島民或觀光客極少光臨他破舊的店面，結果大部分的飲料和酒都是他自己消耗掉了。

不管如何，老爺爺的房屋總算提供我們母女一個遮蔽的居所，更重要的是提供了一個社會位置以及行動的據點。在竹富島，清楚的社會位置和有方向性的行動十分重要。任何人到竹富島，都很容易發現，這個島上看不到太多「閒人」。竹富島民，不論男女老少，都恆常地處在一種高度方向性與目標明確的行動網絡中，即便相遇時島民們會客氣有禮貌地打招呼，但他們匆促的語氣與急忙的態度，往往使我的清閒與無所事事看來更加彆扭與尷尬。我不久後也發現，要辨認島民與非島民，最容易的方法就是他的步調與方向性。被迷你巴士或水牛車載著到處跑的團體觀光客不算，許多來自日本本島的散客，到了島上多為島上迷人的風景所吸引，而閒散地在路邊對風景與建築品頭論足或停駐攝影。真正的竹富島民，特別是從事觀光業的居民，則不斷穿梭在港口風景點或是家中的客房與廚房間為謀生而行動。若是把整個竹富島視為一個社會舞台，日本社會訓練有素的理解使得不論是「お客樣」（客人）或是島民，對於台前台後的界線十分清楚且嚴守之，極少僭越彼此的領域，使得觀光業從宣傳到操作，乃至語言與行為典型，都成為高度符碼化的一種社會遭遇（social encounter）。

然而，這樣的界限，在我這個既非島民也非「お客樣」的人身上，卻顯得難以應用。出了老爺爺的家，我可以從島民好奇的探詢中感受到在他們的眼中我仍只是個怪怪的「お客樣」，老爺爺雖然是東部落的居民，九十六歲的他，已經從大部分的社會集體行動中抽離，老人會的定期活動仍有他的份，不過他一向最引以為傲的傳統戲劇演出，只成為冷冽的記憶，和形式上的尊榮。作為他的房客，我和女兒似乎成了附著在一株枯木上的孤枝。

事實上在我進行田野的一年中，從未經歷過其他田野工作者的經驗：好奇的村民聚集一旁圍觀田野工作者的一舉一動並品頭論足，或是抓著田野工作者把她／他當成生活趣聞的來源（參考本書郭佩宜一文）。相反地，在竹富島，島民對外來者保持距離甚至視而不見的，其程度有時令人難以承受。和英國的指導教授談到田野工作的進度時，教授一句：「妳被收養了（adopted）嗎？」更讓我覺得自己像是個棄兒。竹富島人對外人的態度，再加上老爺爺的邊緣位置，使得我在田野工作的初期，跟島民之間始終存在一定的距離。雖然我試著安慰自己說這是為了刻意在島上三足鼎立的部落關係中維持一個較為平衡的立足點（竹富島上有東、西、南三個聚落），然而界限的存在實則令我焦慮，田野初期那種無所歸屬的狀態，則為我帶來至今難忘的經驗。

在我初到竹富島的那個月，島上要舉行一年一度的村民運動會，女兒的托兒所也要組親子隊參加趣味競賽。隨著日子逼近，我和女兒也感染到島民那種歡娛和期待的興奮。運動會當天，我特別起了個早，按照保育所的交代，興沖沖地為女兒準備便當、戴上帽子做好防曬措施。看到島民、甚至外出鄉友回鄉聚集，並時而對我們親切地問候，悶了一個月的心情豁然開朗！參與觀察不正是田野工作者的一大利器嗎？這次的村民運動會正是絕佳機會，而我也摩拳擦掌準備大大施展一番。設於中小學校運動場的會場井然有序，各個群體都架起自己的帳篷，節目依序進行，過程十分順利。我和島民一起參加女兒的親子遊戲，暈暈然覺得自己的田野就像明豔清澄的藍天一樣，前途一片大好。

上午的比賽節目告一段落，進入中餐與午休時間。大會司儀透過麥克風宣布的聲音一結束，眼看所有的島民各歸其所，回到他們各部落所屬的帳篷，就連托兒所的幼童及家長們，也都回到自己家人鄰居所屬的部落，一時之間，我和女兒完全落單，只能待在臨時休息區。我感覺全場的眼睛都落在帳篷下孤單的兩個身影，甚至遠遠坐著、硬是對我進行不參與的觀察！在將近攝氏三十度的熱氣下，我絲毫無法感覺到一點應有的熱度。臨時休息區的帳篷庇蔭，或許遮掩了我臉上尷尬的表情，但是卻遮不住我的手足無措。儘管心裡有一個聲音說：你應該主動走到老爺爺旁邊去，但是我的兩腳卻像有千斤重般地定住，無法動彈。約莫過了十分鐘後，才有女兒同學的小男孩走過來，問我和女兒怎麼不過去和他們一起坐。原來，小男孩是受常來老爺爺家串門子的外祖母派來做這份差事，邀請我們過去，也解了我的圍。而這被眾人無視的十分鐘，感覺像是過了一輩子，卻成為我在田野中最難忘的困窘經驗。

回想起來，可以說正是**女兒的同在，改變了我進入田野的姿態與位置**。甚至從某種角度而言，女兒不僅是我的依賴人口（dependent），也是我的田野伙伴。依照民族誌方法的慣例，田野筆記本左邊那一頁是田野紀錄，留白的右邊要作為日後整理與分析所用，我的筆記本右頁卻滿是女兒的畫圖，有許多人像與動物圖畫，看得出來是她的觀察和自我揭露的融合。跟著我做田野，她也學到了記錄的必要，只不過我們兩個記錄的媒介完全不同，也顯現出極為不同的田野記憶。她大大延伸了我的觸角，使我的知識吸管得以蔓延到竹富島社會的不同領域。沖繩人對小孩的態度大體是充滿包容和放任的，《菊花與劍》中所描述日本人對孩童的教養態度，就算有些言之有理，也不適用於我所認識的沖繩社會現狀。在八重山有幾次到劇場看舞蹈演出的機會，孩童們在場內跑來跑去並不為怪，也無人斥責。而帶著女兒出門時，路上不認識的歐吉桑、歐巴桑將手中有的餅乾糖果甚至零錢就塞給她的例子，到後來也習以為常。在一個界限分明的社會，孩子所享有的能動性與移動的自由超乎我的想像，那些看到我只會遠遠點頭的島民，卻會親密地拉著女兒的手問她起初聽不懂的問題；身為成年女性所不會接觸到的族群——孩童——卻對女兒特別親切友善，而成為我們在田野地最早結交到的朋友。在向老爺爺租來的六疊房間之外，女兒的保育所是我最早的田野重心，為了陪伴她度過語言陌生的適應期，田野初期我每天到保育所報到，從而和家長與老師建立了網絡，也觀察到傳統儀式與日本當代幼童教育體系中制度化的身體馴化策略，而這些都是我原先未曾思索到的面向。

隨著我們在島上居留的時間漸長，島民待我們母女的態度有明顯的變化。有趣的是，儘管保育所的所長對她唯一的外國人學生具有相當的包容與歡迎，甚至還向女兒學中文，但是孩子們本身的互動卻顯示出區分群我的人性有多麼地根深蒂固：女兒為了能融入同伴們，盡力模仿同學的語言互動與身體遊戲，然而當孩子們有所爭執而導致對立時，「えんちゃん（小妍）不是我們竹富的人！」常是她落單的藉口。然而，身為孩童，我的女兒卻享有比我更為自由的流動性（mobility）。她曾在外人不知情的狀況下，混在同學中參加電視台拍攝有關竹富島生活的節目。保育所學長的畢業典禮，循例要表演舞蹈，看著她穿著傳統服飾、握著四片竹（四つ竹，沖繩舞蹈的道具，由兩片紅色的竹片串成，兩組共四片，類似響板可敲擊發聲）和同學一起跳〈安里屋節〉（安里屋ゆんた），我大為快慰，一時之間搞不清楚自己究竟是家長還是研究者！一九九九年五月，在我們即將結束一年田野返台之前，在竹富中小學校慶祝五十周年校慶的表演活動中，她因為靈巧的動作表現，和我一起參加南部落的舞蹈演出，成為行列中唯一的孩童。「協力南部落的演出，謝謝！」、「輸給她了！」表演結束後，其他部落的人這樣評論。

我後來才逐漸理解到，女兒為我在竹富島的田野位置，下了一個獨特的註釋，我之所以與其他外人有別，並非因為我居留在竹富島的目的與時間，而是我參與其社會生活的實體經驗。事實上，對竹富島民而言，身為家長的身分，我的參與社會活動（包括參與舞蹈）成為另外一種自然。一直到我結束田野之前，仍然有許多島民唸不出我拗口的日文姓名，而逕自以「えんちゃんのお母さん」（小妍的媽媽）來稱呼我。而更重要的是，直到田野的後期，我才意識到以「えんちゃんのお母さん」取代「台灣の彼女」（台灣的她），竟然成為我的護身符，而這兩個字詞的隱微意涵之間，卻有著十分曖昧卻深沉的對比：前者是有秩序的、安全的，雖然我的其他家人不在身邊，但是女兒的存在與我照顧她的責任，多少提醒島民我是一個母親這樣身分的正當性。相較於此，後者則明顯帶著一種調侃，複製在我的房東老爺爺多采多姿的羅曼史傳聞上，強行加諸於我的，是一種潛在的危險與威脅形象。好幾次，我可以感受到只要我一提到女兒，就可以將島民有意無意的兩性意涵玩笑導正。在這樣的語言遊戲（language game）中，我更能深刻地感受到竹富島社會中女性的身分界限與社會期待，是透過我在島民眼中不同的身影反照所呈現出來的。

動的方式

在竹富島的生活日漸上軌道，我和老爺爺之間的社會關係穩定且逐漸推進。島民也逐漸接受我和女兒是老爺爺家非正式成員的事實。其他島民對我如何適應與老爺爺的生活開始顯露出較大的好奇心，常常聽我解釋我如何解決小屋生活種種基本需求時，每當聽到我們的浴廁生活安排，他們往往會露出同情或好玩的眼光。老爺爺房屋的破舊對我來說不是問題，關鍵在於浴廁設備。曾經我自詡自己對於不同的環境有相當大的彈性，田野地再怎麼不理想都不看在眼裡！等到了竹富島，才發現自己的身體慣習早已樹立，特別是涉及到入浴如廁這般最私密的需求，我被現代設備寵壞的身體其實難以妥協。為了解決小屋浴廁無法滿足身體舒適感的問題，起初我每天傍晚載著跟我一樣無法忍受的小女兒，騎著腳踏車到幾公里外海水浴場的公共淋浴室沖澡，只不過因為距離太遠，等到騎回來時往往又是一身大汗，最後只好強迫自己接受在昏黃的燈光下，拉開搖搖欲墜的木門，母女一起在充滿霉味且不時有蜘蛛出現的破舊浴室中閉上眼睛洗戰鬥澡。為了解決如廁問題，則效法古人準備夜壺，好在現代的攜帶式馬桶，在技術上已經可以比擬真品。二〇〇〇年老爺爺的子孫回鄉慶祝他的九十七歲壽辰儀式（kajimaya），他的姪子看不過去，終於把他的廚房浴廁翻修，之後破舊的設備不復見，我的一段特殊田野經驗自此走入歷史。

和老爺爺相處了一陣子，我注意到每天晚上用餐前，老爺爺會舉起摻了一半水的酒杯，向西方祈禱敬禮再用餐。被問到這樣行動的意義，他解釋他是朝向鄰近的御嶽（沖繩本島稱做utaki，八重山地區稱為on或omiya）謝謝神賜他健康和飲食。在老爺爺年邁的身軀上，可以看到傳統價值觀的體現，而儘管他已經九十六歲，不再能上台演出，甚至連參與重要的儀式過程，都相當勉強，仍然無損一個事實：身體是經驗與記憶最重要的資料庫。有嚴重重聽的老爺爺，年輕時不但對彈奏三味線相當拿手，並極為熱愛戲劇演出，曾經與同儕自組劇團編創新劇。一次在過新曆年前，老爺爺召集了我、女兒、常來打掃的阿姨、鄰居的歐巴桑一起辦忘年會圍爐吃火鍋。吃完他興致一來，拿起久未使用的三弦，彈奏起八重山舞曲的輕快曲調，而隨著我看舞蹈練習久而久之有樣學樣的女兒，則合著音樂節拍在一旁跳起舞來。

只見嚴重重聽的老爺爺，在聽覺已不可依賴的情況下，憑藉的是長年烙印在身體的動覺記憶撥按著弦，為我們演奏了一曲走音但卻依稀可辨認的八重山舞曲。

我自己則是從一次切「身」的經驗中，「體」會到身體所承載的社會性。就和大部分的島民一樣，我和女兒會規律地搭船前往鄰近的石垣島，除了採購日用品，石垣島上的台灣僑民是我在田野中和台灣生活的重要連繫。一日我臨時起意，在未告知任何人的情況下，匆促地帶著女兒趕搭環島巴士到碼頭搭最後一班前往石垣島的船。誰知第二天回來才發現自己釀成軒然大波……

原來不見我蹤影的老爺爺，擔心我和女兒的安危，到處託人找我們，就怕我們到海邊遭遇不測（過去曾有島民和觀光客不幸在海邊溺斃的意外），詢問眾人都不知我們下落，老爺爺只好求助公民館長，想透過全島廣播來搜尋。有人想到或許可以問問當天值班的巴士司機，才知道我們搭了巴士前往碼頭搭船去石垣了，大家才鬆了一口氣。等到第二天我和女兒從石垣島回來，每個人一見到我們都重複同樣的關切：「妳們去石垣島沒說，老爺爺擔心極了，公民館長差點要廣播找人了。」

我知道日本人有反求諸己的習慣，即使無心之過，只要一引起其他人的困擾，一定要鄭重道歉一番，沖繩受日本統治已久，也遵行此道。因此我一聽大事不妙，驚動了公民館長，心中十分忐忑，想要趕緊找機會向他致歉。巧的是當天晚上在南部落觀察部落婦女練習舞蹈時，住在南部落的他翩然出現。我心中開始忖度如何向他致歉才妥當，待他起身準備離去，我搶在他離開之前衝到他面前，跪在榻榻米上，怎知想了半天的致歉語支支吾吾地說不清楚，情急之下，只好用鞠躬的方式表達。公民館長像是理解了我的心意，點點頭就拂袖而去。

確信一場風波就此平息，我的心裡卻極度震盪。我剛才的舉動，也就是情急之下屈身磕頭的動作，在竹富島也許適當地表達了一種難以言喻的歉意，卻令我強烈地感到一種無以名狀的屈辱感。這種屈辱感，來自於我身體中的文化抗拒。從小，在我成長的過程，跪是被懲罰的結果。但在竹富島，受到日本文化的影響，端正地跪坐是女性德行的表現。我觀察到竹富島上的婦女，在公共社會聚集時，總是正襟危「跪」，即使是全身痠痛，老婦人們仍然盡力維持端正的跪姿，直到所有的大人物們（尤其是男性）離去，大家才趕緊伸直雙腿。而正在成長中的少女，也常常會被自己的母親提醒要注意腿部的姿勢。身為一個外來者，在準備田野的階段，我始終沒有學會長時間的跪坐，至少沒有花和語言學習同等的時間用來學習「身體語言」。在此之前，跪坐對我來說只是一個高度具挑戰性的姿勢，而公民館長面前的一跪一叩首，讓我徹底領悟，我的身體比舌頭更難降服。

這些身體經驗當下雖然不快，卻逼得我不得不重新檢視關於身體的當代理論，並使我在博士論文中，以性別化的身體作為分析的重要軸線。

反之，我的性別化身體，就竹富島舞蹈的研究來說，是恰當而安全的。主要的原因就在於部落的舞蹈原本就是以女性為主的社會活動。白天學校裡的廚娘、民宿的老闆娘、迷你巴士的司機、觀光小店的營業員，甚至家庭主婦，到了儀式前的夜晚，全部搖身一變成為迷人的舞者，有的也帶著她們的孩子一起到會館（部落活動中心）練習。練習時或是在師匠與前輩的注視下琢磨舞技、或是三三兩兩聚集談論白天的生活，看得出來，這些女性在練舞時享受一種專屬於她們、並可自我控制的社會空間與時間，而成為一種性別導向的象徵社群（symbolic community）。在這裡，我和女兒如魚得水，語言的不足與窘迫在無聲的肢體舞動瞬間已不具意義。再一次，練舞的工作室成為我身心安頓的所在，只不過這次是在田野地。

在沖繩，自從西元一八七九年日本人的「廢藩置縣」之後，一百多年來舞蹈已經不再是貴族男性的專利品，在竹富島更是平民女性競相爭逐的表現機會，早年不只是面容姣好或才華洋溢就能被選上，通常是傳統上有力的重要家族壟斷重要的代表作品。舞蹈因此在竹富島成了一種象徵資本，掌控的權力僅在特定的階層內流動。而我對舞蹈的知性興趣，和我在英國大學留學的身分，與竹富島人對於部落舞蹈的價值認知相符，而我對舞蹈的意義所產生的好奇心和探詢，也和當代竹富島民在文化認同建構時找尋象徵標的之努力不謀而合。在表白只看不跳、不侵犯島民權益（例如偷學、偷跳）的立場之後，我對竹富島舞蹈研究的興趣終究得到幾位師匠的認可；甚至等我獲得博士學位返回竹富島之後，看舞時每每被邀請成為座上賓。這樣的對待，與我自己的文化大異其趣。

群舞

在竹富島，對舞蹈有興趣的外來者，可從來都不只有我一個。

一九九三年第一次到竹富島時，我就注意到青年旅館裡有一些遊客，年紀都不大，待的時間可能比我還長，看起來也是一副終日無所事事的樣子，甚至還會幫忙旅館或民宿的工作。這群人的行為模式引起我的不解與好奇，一問之下才知道，近年來有許多日本青年男女，在工作轉換之際，或是辭掉工作，選擇到竹富島這樣的離島短暫自我放逐，錢花完了，就在當地的民宿或旅遊業兼差（アルバイート）。吸引他們的自然是竹富島豐富且具異國情調的風土，和一種日本社會工業化後已經不容易見到的人情。更甚者，有些打工打出情感來的本島青年，甚至融入竹富島人的家庭。這些留下來打工的年輕人，以かぁさん（媽媽）、とうさん（爸爸）稱呼著島民，聽在我這個只能和重聽老爺爺比手畫腳的研究者耳中，真是羨慕不已。有些年輕人，慢慢也發展出對沖繩文化的興趣，用手邊的錢買下一把三弦，開始學著彈唱人氣十足的〈安里屋節〉（沖繩的代表歌謠）、〈島唄〉（歌手梁靜茹曾翻唱過），或是學傳統織藝，甚至舞蹈。他們所追求的一種異文化生活（或異國情調）體驗，和田野工作者的動機幾乎有些雷同。

竹富島民似乎完全接納這些來自日本本島的年輕人，以及我這樣制度性流放的研究者。

剛從東京退休回歸的鄉友夫婦，告訴我竹富島上有一種熟悉的都會感；當我完成博士論文回到島上致謝時，以竹富島為題的碩、博士論文已經累積到十三本了。我深思其中意涵，猜想或許對我們這些社會或學術浪人而言，不論是出於自願或被迫處在一種不上不下的狀態，都在尋找一個可供暫時安歇身心的泊港。竹富島有點孤立但又不太偏僻的位置，和島上刻意維護的古老鄉里面貌，以及島民的友善，至少對我這個從小在都市成長的離鄉人而言，成了有形有體、足以依頓的處所。

慢慢我才發現，竹富島上的外來者，還是可以分出許多不同的類型，而他們逐漸改變島民的組成、甚至重新定義竹富島民。例如，島上一直有許多外地嫁來的媳婦，最早是從鄰近的島嶼嫁進來的，慢慢多了來自北部沖繩地區的媳婦，近幾年日本本島的媳婦或女婿則具有壓倒性的優勢，甚至還有遠自北海道來結親的。在我最近一次的訪問中，一位日本的教授生趣地形容：「很多日本來的小姐很喜歡竹富島，但是因為這個島規定房子不能賣、也不租給外地人，所以唯一住在這裡的方式，就是跟島民結婚。現在這個島上已經沒有單身漢了！」

日本教授的話可能有些誇大，不過有趣的是，這些媳婦多半是在初次觀光的驚豔後，與島民結緣，也成為當代竹富島社會的一個特色。婚後她們成為一批文化上的「新人」，必須從頭開始學習，包括儀式的細節與舞蹈。特別在這些因著「観光の縁」嫁進來的年輕媳婦身上，我看到竹富島民對合格「舞者」的定義：首先這些外地媳婦往往得先滿足她們成為竹富島一分子後最重要的一件任務，就是增加人口。在生兒育女的責任告一段落之後，才能夠開始加入儀式舞蹈的練習，甚至站上舞台。而一旦嫁到某個部落，媳婦們也自然地必須（且只能）學習這個部落的舞蹈。

或許一樣同為外來者的身分使然，我感覺和這批對舞蹈有高度興趣的年輕媳婦氣味相投。在我田野的那一年，有些按捺不住腳癢的年輕媽媽，在婆婆（大部分是師匠）以傳承傳統文化為重的考量與默許下，利用星期天帶著小孩搭船到石垣島老師家，上免費的傳統舞蹈課。我知道後徵求她們的同意，帶著女兒一起去，在一旁做我的田野工作。現場形成十分有趣的情景，地板教室的中間是年輕媽媽們練習的空間，沿著牆壁一排，則見一個個的嬰孩排排躺臥，在這種情況下，媽媽們跳舞其實很難專心，孩子們哭了，一邊跳舞，嘴巴一邊得出聲安撫，我和女兒除了在一旁記錄、攝影，偶爾也得擔任褓母幫忙搖孩子。好不容易耐住性子聽完老師的糾正，練習告一段落，大家立即領回自己的孩子，哺乳的哺乳、哄小孩的哄小孩，真碰到孩子們情緒壓不住，還有一次有個媽媽不得不把孩子揹在背上跳舞。我將這段畫面拍下來，輯錄在我的畢業論文附帶影像中，這幅令人動容的畫面，連我的口試委員都印象深刻。

每當見到這種情景，或是在儀式練習期間忙碌的婦女們，在忙完一天工作還要耐心地練習到深夜，我都忍不住好奇她們的動機從何而來？只是純粹維繫傳統的使命感？抑或是一種自我展示乃至自我實現的追尋？她們對舞蹈的堅持和我有什麼不同？跳脫了舞者的身分，我從一個觀者的視點，在竹富島民女性舞動的身影，看到了熟悉的堅持。我的同理心來自於體現的經驗，無論是身為一名舞者，或是一名母親。

入門

這些媳婦們一開始練習跳的是八重山名曲〈赤馬節〉，通常學習傳統舞蹈的新手，都是從〈赤馬節〉開始，八重山當地人都說這支舞是基礎，包括了所有的基本動作舞蹈，速度不快，但是需要訓練控制力。在我一年的田野結束前不久，我決定要拜師學舞。我的理由很理直氣壯，不論是遵循局內人（emic）或文化成員觀點（from the native's point of view），舞蹈是身體的語言，要深度詮釋竹富島人的身體文化，就像要了解竹富島人的想法一樣，必須先要學習她們的身體語言。從將近一年的觀察，我已經掌握到竹富島或八重山舞蹈的若干特質，但是只憑眼見與言說，對於不同文化下身體的感知與經驗只是隔空想像。我決定要身體力行來獲取我對社會行動的理解，只是我後來所付出的代價，還是超過我的預期。

在耆老的推薦下，我拜見了石垣島上有名舞踊研究所的一名師匠，出身為竹富島的她得知我的來意與研究興趣，欣然同意讓我在她的舞蹈工作室學舞，只不過因為她年事已高且門生眾多，所以由她的繼承人教我，跳的就是〈赤馬節〉。舞蹈工作室就在師匠家的樓上，空間很寬廣，鋪著黑色塑膠的地板和一整面牆的鏡子，把我抓回熟悉的空間。因為是透過關係特別情商請託，只有我一個學生，老師一開始用錄音帶放原曲，並塞給我兩把金面扇子，要我跟著她跳。我穿上練舞用的襪子興奮莫名，像回到小時候第一次拿到芭蕾舞鞋時的模樣。

「手臂要再彎一些，是個弧形」、「右手要再高一些，左手低一點」、「腰再低一些，……上半身要往前一點……啊肩膀不要鼓起來……」隨著老師切斷錄音帶的次數越來越頻繁，我的興奮逐漸消退。兩個小時下來，學到的動作有限，因為自己的身體老是唱反調，以前練舞時強調的肌肉運用，在這裡通通不管用。這裡老師不會用解剖學原理告訴你要用哪一塊肌肉，取而代之的是自然的認知方式：「我們跳四次，第一次用聽的、第二次用看的、第三次做出來、第四次要去感覺。」雖然我在練舞前早早就為可能的挑戰做心理準備，實際練幾堂課下來，我的上背痠痛了整整一個禮拜，尖銳地提醒我身體上文化界限的固著。

只不過練習了一個多月，我倒也粗淺掌握到八重山舞蹈身體的運動方式。一天，師匠走上樓來看我練習的狀況，稱許了我的表現：「上半身的姿勢很美呢。」付出代價有所收穫，自然十分高興，然而，讓我獲益更多的，是實際經歷「把一支舞變成自己的」（日文稱做「身に付ける」）過程，這樣的經歷竟然幫助我在看舞時看出了不同的名堂。之前從沒注意到舞者的步態，有一天在模擬自己的轉身動作時，突然意識到沖繩舞蹈中轉換方向前的下沉動作和步態，與中國的太極拳步法十分相似。我怕魯莽，把這個疑惑放在心中憋了一陣子，有一次終於逮到機會和島上一位師匠談起，她才告訴我她也有同感，而她更曾經為此到台灣學打太極拳。這件事成為我們兩個共享的知識，只不過這回輪到她向我形容打太極拳在她身上的挑戰。

未完的終曲

一直到今天，每當想起我的田野，耳朵會聽見一支又一支的樂曲，腦中也會自然地出現跑馬燈式的動作片段。我特別想念的，卻不是那些年輕的舞者媽媽，而是舞蹈練習時最忠實的觀眾——歐巴桑們。竹富島素以長壽之島聞名，六十五歲的老人占總人口數的百分之四十，六十五歲是個關卡，不能再參加儀式演出且得加入老人會，但還算是「年輕人」，聚會時必須要做飯服侍年齡更長的老人家。每逢祭儀前一個月開始的晚上練習時間，這些已經不參加儀式舞蹈表演的歐巴桑們，都會到部落的會館為練習的「踊子」打氣，甚至提供意見。通常在這種場合，歐巴桑們都會和我分享她們過去跳這些舞的經驗。因為勞動、產子和長期跪坐的姿態，部落裡八十歲以上的老婦人多半是痀僂著身子，也都多半有腿部的毛病。特別經過戰亂與戰後的窮困，這個年齡層的老人家，鰥寡獨居的比例很高。由於現實因素，在我的田野期間，部落的生產階級大都十分忙碌，獨居的老人反而成為我訪談的重要族群。

在日本，整體而言，老人福利相當好，也享有社會較多的尊重。沖繩文化中的老人更是具有十分鮮活的形象，例如「老人踊」中詼諧的舞蹈表現。即便如此，苦難的經歷、獨居的寂寥，常常伴隨著這些老人走到她／他們生命的盡頭。兩位菊婆婆就是如此。我第一次見到小菊婆婆，就有種相見恨晚的感覺，當她知道我已經有了孩子還繼續念書，她就緊緊地握住了我的手都沒放開，一直到我們道再見。她接著道出了一段任誰聽了都會心酸的往事：丈夫在二次大戰期間和許多八重山人一樣，因為感染瘧疾死了，一直到臨終前，已經懷有老二的她還挺著肚子照顧病榻上時而發冷時而發熱的丈夫。丈夫撒手後她帶著兩個兒子在島上開設雜貨店維生，不時還得面對欺負寡婦的惡棍。我認識小菊婆婆的時候，她一個人住在島上，孩子都在外地，她的身體已經很不好了，不太能站。但是我從她的堂妹、住在我隔壁的老婆婆口中得知，小菊婆婆命運雖然很坎坷，跳起傳統舞蹈卻很「上手」（拿手）。田野結束後返回英國寫論文，心中一直掛念她，寄出一張生日卡片給她，再看到我時她更激動，她說不出話來但是我知道她的意思。博士論文完成的那年我回去島上參加儀式，她的家門深鎖，聽鄰居說她住院了。二〇〇三年的種取祭，我在祭場看見她坐在輪椅上，邊看舞蹈演出邊掉眼淚，我拍拍她的肩膀和她打招呼。一見到我，她又緊緊地握住了我的手，淚水流瀉而下，我則不知道是因為刺眼的陽光還是別的，眼睛都花了。

這是我最後一次看到小菊婆婆，一名生命的鬥士和優異的舞者。

大菊婆婆是南部落的人，看到她，任誰都不相信她已經九十歲了。她的先生許多年前因病過世，孩子也不在身邊。她的長髮雖然花白，但仍然濃密，她總是在頭上挽個髻，玲瓏有緻的身形也仍然挺立，說話溫柔優雅，很有徐娘的風韻。到她家拜訪，她會在清掃整潔花木扶疏的院子裡，舞動婀娜的身姿，還中氣十足地用口琴吹著一首又一首的曲子。有一次，我和一位異性友人經過她的家，被她邀了進去，在這位訪客面前，她又跳又吹，生氣十足。或許是異性之間的自然吸引，也或許是出自年長者的一種率性，突然間，她扭捏起來，悄悄地在我耳邊透露一個讓人聽了臉紅心跳的身體祕密。我沒有想到，在大菊婆婆九十歲的身體裡，還充滿著那樣的生機，我原以為，她的舞蹈之吸引人，只是長年的經驗和記憶使然。

二〇〇四年的祭儀，再回到竹富島，出於我意料之外的，上次見面仍然元氣十足、盡露嬌羞媚態的大菊婆婆也走了，我從女兒同學的口中知道了這個消息，不願意相信，求證於其他的婦女：「很突然呢！說肚子痛，去了醫院就沒再出來，一定是忍了很久。」我想起她活生生的肉體，和她始終掛在臉上的笑容，就像她飄在風中的髮絲，那麼獨特卻孤芳自賞。連身體最深處的祕密，也只能說給一個外人聽。

為什麼忍著不說呢？是因為要用身體抵抗到最後一刻嗎？有時戒慎地問起某位老人家，好的答案是：「還在加油中呢！」面對形同常態的死亡、戲劇性的意外和自戕，我至今仍學不會冷靜看待生命的正／無常。和竹富島民一樣，我的身體是個單向的引擎，只會一直磨損與凋零，一年又一年，每一次我回到島上，以當年歐巴桑們看我時的豔羨表情，看著年輕的一代用她們年輕的身體傳達令人無法忽視的生命力。而我在竹富島田野所記錄的活生生的人物，一個又一個走向她／他們生命的盡頭，建構在這些人身體經驗的理解與知識，要怎麼樣去看待呢？

還是透過「種取祭」儀式年年復現的舞蹈和戲劇裡，每一年都會演跳的那些角色：〈古見之浦〉裡難分難捨、纏綿的情人，〈安里屋節〉裡非竹富島民不嫁的烈女、〈伏山復讎記〉中忠堅尋仇的兄弟，以及〈畑屋之願〉裡機伶的小猴子，從他們身上，我努力找尋記憶中歐吉桑歐巴桑的面容，在三弦鏗鏘的樂聲和金面扇子反射出來的華麗光彩中，我可以看到那些交疊的舞影，有竹富島民的，有女兒的，也有我自己的。

二部曲——

種取祭的舞台上，實奈高挑的身材，在其他同齡的少女身邊，顯得相當突出，縱使她的動作仍然不脫生澀。她現在的模樣，和十多年前還在襁褓中的她，大相逕庭。當年她由出身日本本島的媽媽抱著，帶到在石垣島的舞蹈教室中一起練習的景象，至今歷歷在目。實奈的媽媽嫁進竹富島上藝能世家之後，一開始私下跟著老師在舞踊研究所學習，歷經了產子育兒的生命歷程，藉著每年反覆的「種取祭」，從參與入門舞碼，慢慢地進階到經典名作，終於在二十年後，她和同樣出身日本的妯娌肩挑大樑，在舞台上展演小島的代表作〈しきた盆〉。

小研的保育所同學們，在讀完中學前後，紛紛離開小島前往大島接受更為專業的教育。近年來，由於廉航的興起，以及新機場完工，造訪八重山的外籍旅客明顯增多，台灣人之外，來自香港、中國、星馬的旅客，不同腔

圖5-2——東部落婦女跳〈三人天川〉。
「種取祭」舞台上常見家人在台上演出、親友在台下熱切注視或取鏡的畫面。

調和語音的華語，經常飄盪在竹富島的巷弄與海濱。她的好同學小芽，早已在家人的支持下勤學中文，為竹富島的華語客群服務業做好準備。抽得出空的時候，這群年輕人們仍然熱心地回到家鄉參與種取祭，就算沒空參與排練、上台表演，也都熟練地加入儀式過程中的各種活動。畢竟，這些是他們從小銘刻於身的文化技藝。

房東老爺爺奮勇活到百歲，終於盼到他的小兒子夫妻回鄉照顧父親兼管家屋。老爺爺仙逝後，傳統的家屋佇立如常，成為我和小妍竹富島返鄉之旅的必居地。老爺爺膝下無子的夫妻倆，對我視如己出，戲稱我是家中的「長女」，也順便接收了來自台灣的女婿、孫兒、孫女。終於，我有了竹富島的お父さん お母さん。每每在跨國越洋電話中，我們交換的對話，除了彼此的近況，還有台、沖共享的氣候、颱風、交疊的社會與國家關係。返鄉若遇到島上的社會聚集，就像所有免不了搬孩子出來「展一下」的父母，お父さん お母さん偶爾也要我在親友、訪客或島民前跳一曲〈赤馬節〉。

看著實奈抽高的身形與舞姿、舞台下過去的「前輩」攜家帶眷，我與小妍置身其中，繼續熱切地望向台上。過去與未來凝縮於一身，「種取祭」的舞蹈社群進入另一個世代。期望這段因著我的人類學田野而建立的「竹富島之緣」，也可繼續滾動下去。

趙綺芳
Chi-fang Chao

小學時在家鄉因緣際會看了藝霞歌舞團巡演，從此啟動了身體中的舞蹈開關，至今腳趾頭上仍然留著幼年穿芭蕾硬鞋留下的水泡傷痕。國中因為學校班際舞蹈比賽受老師指派自編刻板印象十足的「山地舞」，從未想過未來有一天自己會以原住民舞蹈劇場評論為志。大學起開始接觸人類學、碩士開始接觸沖繩，自此一頭栽入從未回返。2018年10月甫移居倫敦，在羅漢普敦大學（University of Roehampton）舞蹈系，負責舞蹈人類學與Choreomundus碩士課程，繼續和來自全球各地的學生分享從舞蹈看文化的心得與樂趣。

賦格曲二

事物的秩序，社會的位階

佩宜說：

進入田野後，最直接要面對的問題當然是：我們怎樣定位自己，而當地人又怎樣想像我們？前者不只和我們的出身背景、學科訓練，以及研究課題有關，也和個人信念與價值觀緊密結合。後者則往往受到當地人對外來者和研究者的刻板印象影響。當這兩種想像不協調時，要怎麼辦？

不只是有沒有被接納的問題；沒有找到一個適切的位置，無法進行研究，強調長期、深入田野的人類學者尤其需要面對這項挑戰。綺芳發現住在青年旅館被當成觀光客，搬到老爺爺家，卻發現他已和社會主流抽離，她仍舊無所歸屬，形同「附著在枯木上的孤枝」。後來反而是因為女兒的關係，讓她有了當地人認可的身分：小妍的媽媽。佩宜一開始被稱為「白人」，那是與當地社會隔閡的外來階級，她透過日常生活的行動——吃飯、洗衣、居住選擇，和語言學習，讓自己在當地有了不同的稱呼。

人類學的研究強調貼近當地社會經驗，社會學家雖然只做短期的訪談，但仍得和宏仁一樣看情況穿西裝還是涼鞋。定位，找到自我適當的位置，是進行式，也是田野研究者每日面對的問題，本書許多作者都不斷自我反思這個問題。宜君被華商以為是台商的商業間諜；邵武在九二一地震後不知道自己到底是災民還是研究者；雅仲在社區協會工作，是社區運動研究者與參與者；秀幸回家鄉出田野，到底是回家還是做研究？在這樣的定位過程中，無法不碰觸權力位階和知識生產的問題。宏仁在田野時面對了三種階級關係：台商、工人和高教育程度的翻譯。在訪談台商時，因研究需要、人際考量，和與人為善的慣習，對受訪者的某些敘述和做法雖不贊同卻只能打哈哈，但他在面對越南女工時不斷旁敲側擊地追問，反而被翻譯一語驚醒：「誰對誰，有權力可以進行這樣的質問？」佩宜試圖不要進入「白人」和當地人之間的權力位階結構，努力做個「非白人」，但最終不可能否認彼此的鴻溝。

宏仁說：

進入田野的時候，我們隨身攜帶著本身的性別、階級、語言、文化差異到田野地點，跟當地社會對比起來，一眼就可看出「你是白人」（佩宜）、「你是台灣來的女孩」（綺芳）或「你是教授」（宏仁），我們被貼上一個標籤，以便讓當地人立刻把我們定位在某個社會位置。但這樣的定位，常常不是我們本身想要的，因為一被定位，就表示我們要去扮演那個社會期盼我們表演的角色，這樣的角色摻雜著刻板印象、權力位階、文化差別，進而困擾著所有田野工作者，例如佩宜是不是要繼續住在牧師家？綺芳是否要跪下來賠不是？宏仁是否要送紅包給受訪者？這樣的困擾，其實也代表著我們的思考、習慣、身體，都已經受到台灣文化的制約，要去調整的時候，才會驚覺這種差異的存在，而且竟然是這麼困難的調整。

難以降服的文化身體與心靈

佩宜說：

田野往往讓我們能不斷地自我質疑各種慣習和假設，從中體認到文化的深層差異。宏仁以為飯菜那麼多是給他吃的，以為一個人有一張床；透過出糗，他才看到自己隨身帶著的臭毛毯，也才理解越南人說「有地方」的意義。「白人」該如何行動，是所羅門群島人面對外來殖民經驗累積的「文化包袱」，佩宜以行動挑戰它；但更多時候，當地人教導她發現並放下一些自己的文化包袱——從台灣成長、美國求學，和人類學訓練累積的各種文化包袱。透過這些釋放，才開啟了看見當地文化深層內涵的窗戶——佩宜因此了解到當地人重視行動，以及身體移動、命名和歷史記憶的連結。綺芳的田野是自身的身體經驗，和田野當地人的身體經驗的碰撞，她從簡陋的衛浴看到自己身體慣習的制約，從習舞過程體認到不同舞蹈間肌肉運用的差異。綺芳體悟的是內化在身體中的文化包袱；在屈身磕頭道歉的事件中，作為研究者是可喜的，表示身體內化了當地文化，但作為女性主義洗禮過的個人，卻是屈辱的，那樣的行為與個人信念和價值有所衝突。

是的，放下文化包袱可不是那麼簡單——宏仁驚覺沒有臭毛毯無法入睡，綺芳發現身體比舌頭更難降服，佩宜終究得承認自己的膚色不會曬了太陽就改變。面對這些挑戰，田野工作者常常如宏仁說的：我們的「胸中藏著兩個靈魂」。

宏仁說：

這樣的兩個靈魂魂縈不散，但也是因為文化差異的碰撞，才讓我們發現那些原本沒預期的事物，透過與我們自身差異的對比，而進一層了解不同的社會文化。佩宜透過「溜溜」來了解當地文化，這樣的走動是無目的、休閒性的閒晃，但具有建立並維繫人際網絡，以及交換資訊的功能；綺芳透過拜師學舞練習跳八重山名曲〈赤馬節〉，體會到身體上文化界限的固著性；宏仁則在訪談工人的過程中驚覺知識與權力的硬道理。這樣的田野過程，都是因為沒有預期，所以震撼更大，對於個人的生命刻畫，以及知識的建構，更為深遠。

人生的悲歡「離」合

宏仁說：

田野有開始，有進入，自然有結束。怎麼結束一個田野過程呢？社會學者或許比較簡單一點，說難聽點，就是拍拍屁股走人；但也不會這麼簡單。佩宜離開前，掛念的是她要有個名字，不管是「來這裡的女孩」、「不一樣的女孩」或「一直在寫的人」，而最感動的是那個名字叫「佩宜」的小女孩，讓當地的人記得佩宜，也讓佩宜有動力繼續回去Langalanga看看她的小「佩宜」；綺芳住的小島很多老人，離開時，可能就有心理準備，再度造訪竹富島時，已經見不到這些人了，也難怪有這樣的悲戚場景：「一見到我，她又緊緊地握住了我的手，淚水流瀉而下，我則不知道是因為刺眼的陽光還是別的，眼睛都花了。」

宏仁的社會學方式，在「離開」的議題上沒那麼戲劇性，是否人類學與社會學的研究方法上有不可跨越的鴻溝？佩宜說：「我心裡明白，雖然曬黑了，但膚色是不會變的，許多差異也不會消失，我不再天真地以為能抹去那些常常覺得不舒服的差異。」那麼跟社會學的密集訪談、大量蒐集資料，好像也沒什麼差別，社會學就是承認：我們不一樣，我也不可能變成當地人。但是社會學的這種方式，是否如秀幸講的：「我（社會學者）第一次將自己置於一個陌生又直接挑戰理性控制能力的環境。我小心謹慎，畢竟理性是安全最後的保障。下意識地選擇一個安全的位置」來做研究，這樣是否維持了理性的觀察研究，也因此少了人類學悲歡離合（或說灑狗血）的動容故事？但這種不同的方式，對於研究結果，是否會產生不一樣的影響呢？雅仲的都市田野方式，其實很像社會學，有空就去串門子，跟社會學有空就去「密集訪談」，似乎也差不多嘛！

第三部　田野非常政治

政治的人類學，人類學的政治：田野工作的道德想像

莊雅仲
——交通大學客家文化學院人文社會學系

田野工作與道德想像

自從一九八〇年代中期以後，民族誌書寫的詩學與政治問題成為注目的焦點，論者試著閱讀民族誌文本中的修辭傳統與政治意涵，以定位人類學研究中某種西方中心、科學典範，與（新）殖民主義的遺痕，然後試著從類似的批判中重建一個反省的人類學研究。

這個文化（或文學）批評的潮流，在一九九〇年代受到來自左右兩方的批評，一個最主要的論戰發生在一九九五年《當代人類學》（*Current Anthropology*）的第三期，丹安德拉德（Roy D'Andrade）對後現代思潮之於科學典範的破壞頗多微詞，強調某種科學典範的重建，道德問題則是外在於人類學研究的公民責任問題，某種程度上人類學家可以同時堅持科學的客觀性，而在適當的時候才扮演不畏權力的真理說明者的角色；但舍柏－休斯（Nancy Scheper-Hughes）則呼籲某種激進的人類學研究，她批評後現代思潮中隱含的某種道德相對論，人類學家必須赤腳踩進田野裡，不迴避研究過程中的道德處境問題，道德抉擇是人類學研究不可分割的部分，引導田野與書寫的過程。

我基本上同意舍柏－休斯的論點，而且認為她對人類學政治化（或道德化）的觀點對田野工作的反省有重要的影響。尤其我的工作牽涉到社會組織與地方政治研究，因此特別注意政治決定與道德抉擇問題，發現這些問題形塑了許多田野工作時的走向與決定。人類學作為某種道德想像其實在人類學的發展過程並不少見，人類學之父鮑亞士曾對種族主義大加撻伐，一九七〇年代人類學家反省殖民主義，乃至最近美國人類學學會處理的亞諾馬米（Yanomami）報告所顯示的人類學家對其研究部落的（不良甚至是致死的）影響的爭議，都說明了人類學的社會與政治干預問題。不過在這篇文章裡，和舍柏-休斯面對的暴力與生死問題不同的是，我試圖處理一些日常生活層次的道德困境，而不是重大的極端情況中的生死交關。處理這些較為迷離的日常生活決定，告訴我們田野過程中，人類學家如何在紛亂瑣碎的事務中，當機立斷（或優柔寡斷），並處理這些判斷的後果。

道德抉擇和人類學所談的文化相對論構成田野工作中的緊張性，雖然人類學家已無法滿足相對論隱含的道德中立立場，不過大部分民族誌作品仍然無法提供一個滿意的田野道德想像，人類學的政治問題因此仍然僅限於理論立場的選擇，無法在細微層次的田野實踐中討論。事實上，人類學的道德想像複雜化了田野研究，透過將人類學家帶入研究過程中無所不在的價值判斷，我們發現由被研究者構成的生活世界不僅是資料的來源，這個生活世界同時還是人類學自我塑造過程的一個重要空間。

好政治

一九九七年當我開始進行社會運動研究時，人類學大致對社會運動抱持了浪漫的看法。相對於國家體制的腐化，社會運動是好的政治，越來越多人類學家投入NGO的研究，或者醉心於挖掘草根組織的可能性等等。其實這個「好政治」還是不能脫離權力與道德的關係，不過上述的浪漫心態卻有意無意地讓很多人類學家沒有多談這部分的問題。

類似的浪漫心態引導我進入永康社區發展協會工作，了解當時社會運動發展中的一個地方的轉向。我記得剛到我研究的都市社區時，正值中秋節，社區協會的成員媽媽們聚在辦公室所在的公寓陽台上賞月，自從我十五歲上台北念書後，也算是半個台北人了，不過類似這種社區住戶的聚會對我還是有點陌生，甚至彆扭。我還是將台北視為匿名之都，除了認識住家附近幾家店的老闆，台北基本上對我來講是陌生人的世界，大半的時候我也樂於此，享受個人沒有負擔的寧靜。在台北市過節對我還是不容易想像的事，若不是因為田野，百分之九十九的機率，中秋節時我不會在台北，截至當時，我也沒有在台北過過年，對外地人來說，台北跟傳統節日是少有交集的。

這次的中秋節聚會雖然不是高潮迭起的嘉年華會，不過卻也讓我對台北市的疏離之美有了不一樣的看法。經過了兩年社區動員的洗禮，當地某些人際網絡的確有些根本的變化。大部分的參加者是一九七〇年代才搬到此地的中產階級婦女，因為保護公園運動而認識，有些跟還在念中學的兒女們一起來，在協會自力搭起來的棚架下聊天，吃著大家帶來的點心、糖果、月餅與柚子。另外則是一些年輕的工作者，當地的保護公園運動原由一位還在念大學的女生領導，因此也自然吸引了一批年輕的工作者投入，有些是住在社區裡的朋友，有些則是學校裡社團的同學。

這一個尚稱溫馨的開始，創造了友誼快速發展的環境。就像大部分社團裡的成員因為理念氣味相投而迅速結合一批熱情的工作者一樣，協會當時也是由一群年輕的工作者組成工作小組。包括曾參與協會活動、學社會工作、當時甫接任行政職務的小琪（假名）；因為住在當地，又正在念相關都市計畫專業的大雄（假名）；以及因為某些特定專案，進入協會擔任兼職的其他同學（包括在地和在學的年輕朋友）。雖然大家剛認識，不過倒是很急切地希望透過不同的活動互相熟悉，大雄曾試著組讀書會，大伙一起讀〈共產黨宣言〉，談論什麼是毛澤東說的人民之間的矛盾及其解決，以及亞洲金融風暴會有什麼在地效應等等議題。

在這樣的氣氛下，也許不容易想像辦公室政治會有機會介入。我在另一篇文章裡曾提到我研究的其他社團，常常苦於瑣碎的業務，以及因此而來的爭議，構成社會運動世界一個重要的面向，較不為人注意的面向。社區協會相對來講還是比較像一個非正式的網絡，是一個比較沒有階層分工的同人團體，不過某種工作分工的三角關係還是出現在小琪、大雄和我之間。大雄負責掌理從市政府申請來的專案，小琪則負責大半的執行與庶務工作，我的角色比較隨機，參與大部分和大雄的討論，而且因為我常待在辦公室，也分擔一部分的辦公室庶務。作為研究自己社會的人類學工作者，某種程度上並沒有任何適應或被我們稱為文化震撼的緩衝期，進入辦公室的前幾天，就有人開始問我一些和當地居民開會的事情安排。

大雄、小琪和我在這一段時間所構成的合作關係，顯現出日常事務的道德敏感對決策與實務的影響。我不想重複太多一年來瑣碎的辦公室庶務，不過這種繁瑣的感覺卻是我想傳遞的，因為某種程度上正是這種感覺，讓事務的推動開始產生細微的變化。辦公室政治牽涉到的不只是表面

圖6-1——社區公共論壇。

的人際不合，這種人際不合必須放在相關當事者對組織工作的想像與期待。在社會運動團體裡，當事者在意事情效果的道德意涵，同時也在意事情是「如何」被完成。這種在意常常被認為是某種理想主義，或者被當成吹毛求疵，甚至是神經質、不食人間煙火。比如在意事務的決定是否經過充分地討論，雖然這樣的討論常常得花費很多時間；或者對推動的事務所產生效果的遲疑。在社會運動團體裡，類似的茶壺內風暴，經常因為是工作者對某些事務推動過程中一些非意想到的效果的保留，一種道德性的遲疑。

這種高頻率的自我檢視構成社會運動世界一個很重要的特徵，也使得田野工作的日常過程脫離不了隨時的、有意識的道德選擇。田野調查者一方面試著理解這些選擇的社會脈絡與文化意義；另一方面，每一個當下的選擇也影響田野工作者的觀感與判斷。這其實是人類學研究過程的常態。每個田野工作者都知道，田野除了是我們資料的來源，也是我們的人類學自我形成的過程，然而對這個形塑過程的理解，以往並不多見於人類學的作品。由於上述社會運動研究的高頻率自我檢視，使得這個自我的形塑過程呼之欲出。每個道德困境成為一次次的測試，而人類學家則在這些測試中成長（或說幻滅是成長的開始）。

當我進入社區發展協會工作的時候，公園重建工作進入第三年，協會因為遲遲無法完成工程發包，陷入重重官僚系統的阻礙之中。雖然如此，大雄仍然未雨綢繆地開展第二戰場，企圖進一步處理社區住家與店家在重建過程中的隔閡。不過這也使得協會的工作複雜化，被案子追趕的大雄急欲得到全辦公室的支持與付出，小琪的工作負擔因此日漸加重，大雄當然好心地帶進一些可以分擔工作的兼職工作人員，不過小琪的問題並沒有因此不見。

小琪除了憂慮工作負擔的問題，更擔心社區工作的目的。她開始猶豫很多事情的推動，其實並沒有堅實的社區基礎，協會的工作是否開始掉進某種組織的異化中，脫離了原先的夢想。這種懷疑加深了辦公室的裂痕，而且由於大雄常常在外面跑，因此較少回來主持實際的工作，只有定期的聚會才會看到人，更加深了小琪的不安。作為協會的主要工作人員，小琪希望可以進行一些她認為比較屬於社區導向的基礎工作。由於她大學時主修社會工作，在當時社區協會理事長的協助下，開始進行一些社區老人的調查，希望可以建立一些長期的志工互助網絡。

大雄和小琪的差異其實並非是無法跨越的鴻溝，甚至很多人會認為只不過是一些個人的偏好與習慣所導致，最多也只不過是策略上的差別而已。不過這種個人的能力與偏好差異放在社區工作的脈絡內，不免得面對社區規畫工作到底是為誰而做以及誰是行動主體等道德的質疑。換句話說，策略無法脫離道德想像，對某些人只是手段的問題，對其他人卻是目的和手段不可分開的急切道德問題。人類學研究的道德想像歷史，其實一直是一片空白，重新找回這一段空白的歷史，卻是解開人類學理解之鑰。

關鍵之鑰因此在於人類學家如何面對、感受與行動這些價值問題，「別人的切膚之痛如何是他們的，且又是我們的一部分」。處理辦公室裡的這些爭執、情緒與焦慮，一開始，我算是夾在中間的協調者。不過隨著時間過去，卻逐漸無法脫離這個爭議。如上所述，雖然人類學家的角色近年來已經經過幾番的反省，不過這些反省未解的問題仍然是：對自我角色的政治選擇，如何影響人類學家的理解過程，緊接著的理解循環，又如何導致角色扮演上的緊張，乃至崩潰。

大雄、小琪和我三角關係的形成（如果有的話），事後看來，代表著不同的行事作風下對社區工作的態度——到底該做什麼事，困擾著大家每一次的爭辯與每一次的行動。大雄年紀和我其實差不多，有類似的大學經驗，他希望我能幫他更多的忙，可以在撰寫報告方面提供更多的協助。而我也的確有某種惺惺相惜的感覺，我在剛到協會的那次中秋節晚會上，表現得有點彆扭，感覺有點突兀，大雄就曾試著幫我打開僵局。工作幾天後，有次坐他的車回家，他說到我選擇永康街這邊待下來是對的（我原來打算去美濃），這裡其實隱藏著了解台北生活的神祕之鑰。這些舉動與話語都頗得我心，也讓人覺得窩心。後來我才知道，大雄早幾年參與的一些社會運動組織工作，在當時遇到一些瓶頸，社區協會這邊的工作除了延續早期意氣風發的社會實踐，其實還多了一點歸鄉浪人的感慨。

不過，大雄戰略似的思考方式，常讓大家搞不清楚他到底想做什麼。好多次的討論都陷入冗長的爭辯中，大雄和我會因為對社區的了解不同，甚至分析架構的差異，比如有一次在大雄帶領的讀書會中，我們兩人為了社區和金融風暴的關係（當時正是一九九七亞洲金融風暴的時候），爭得臉紅脖子粗，雖然事後大家可能都會有點後悔。大吵之後的早上，我們一起去吃早餐（男人真奇怪），大雄談到一些他個人的事，頗令人感動，我會想那就好好幫這麼一次。可是下一次的爭執總還是會來。不過，大雄的某些思考卻常不經意鑽入我後來的書寫過程：事後當我試圖將這段社區經驗化為文字時，總是有似曾相識的感覺，原來當時某些我們討論的觀點不自覺就會流露出來，雖然我常負氣地不願意承認。比如大雄當時的商店街計畫不被看好，常受到其他工作者的批評，認為大雄似乎忘了社區的真義，當時我也覺得不是當務之急，而且因為公園圍牆邊的停車問題，社區協會正和一些商店主人吵得不是很愉快，我直覺覺得這些商店總是難逃私利之誘，不會成為社區工作的伙伴。不過五、六年之後，商店街問題真的成為當地最關鍵的問題，而我對當地議題的第二篇論文也就是以此為主軸。

小琪和我則常在同一個辦公室工作，我進入社區的時候，其實她也剛到職不久，雖然因為年紀的差距與身分的不同，談不上一開始就有伙伴關係的感覺。由於負責實際的瑣事，小琪對社區的複雜性感受深刻，常常感覺到整個社區的陌生。她是一個剛踏出校園的社會工作者，由於當時這個社區協會的創始者就是一個大學女生，因此我覺得大家直覺上將小琪當作承繼者。由於那位創始的女大學生在當地開展了一個拯救老樹與公園的傳奇性故事，承繼者的角色其實不容易扮演。不過小琪愛跟參與社區協會的媽媽們聊天，鉅細靡遺地整理整個辦公室，安排連絡活動準備的人力與工作事項，這些工作讓小琪在那一年內成為協會不可或缺的總幹事。相對於創始者的故事傳奇性地流傳於民間，成為某種社區精神的象徵，小琪則不顯眼地成為社區小事的守護者。我對小琪的感覺大多來自於這些瑣碎的事務，不過卻也因此常常忽略了她對事情的意見、看法與觀感。

一開始，小琪對我進入協會可能也覺得有點礙手礙腳，我還記得她曾很直白地問到，究竟我的這些調查能為社區帶來什麼，到底有什麼值得參考的成果，讓我覺得有點受傷。我心裡總是犯嘀咕，認為她這種質疑的態度，使得合作很難進行，因為我認為研究者也只是一個人，我沒有什麼學術客觀中立的想法，可是也無法一下子就提出什麼解決方案。小琪則說其實我也不用天天來啦，把特定的工作弄好就好。

雖然心裡犯嘀咕，我還是耐著性天天過來辦公室，學做一些辦公室的庶務與社區裡的瑣事。記得有次，我們一起過去「告誡」在公園圍籬外擺攤的人，這裡是不准擺攤的。後來才知道，這樣的舉動其實有點「大膽、白目」，因為就在一年前，公園攤販的問題曾在當地引起不小的爭議。我參與小琪重視的居家照顧問題的討論，幫忙擬定經費申請的計畫書等等。當然還有許多日子裡的活動準備、工作討論、閒聊與午餐。

在這些瑣事之後，我開始重新感覺小琪一開始的質疑態度，雖然類似的問題還是一再地被問，有幾次會有外面的研究生和記者來訪問協會，小琪往往還是會發揮她的質疑本事，讓場面有點尷尬，而我則試著打圓場，想說社區工作的第一要務就是要廣結善緣。但我對小琪質疑與抱怨的當下反應卻在改變，原來抗拒的情緒逐漸減少，信息慢慢轉變為像同事間的相互求助。小琪會call我的手機，抱怨工作的苦惱，雖然大半的時候，我除了說些安慰的話，卻是愛莫能助。有次在協會會員的聚會中，小琪因為要勸一位社區媽媽出來競選里長而潸然淚下，我模糊地感受到她的壓力，卻仍然不知所措。

在田野的過程中，我一直不確定我和大雄、小琪的共同工作經驗會建立什麼樣的合夥關係，因為在大半的日子裡，我還是在和大雄爭辯社區工作到底「該做什麼」；當大雄不在，小琪和我則繼續重複著辦公室的庶務工作，煩惱到底社區工作「該怎麼進行」。從那年夏天到隔年過完年節，社區工作就在這樣子的節奏與氣氛下往前邁進。過年對永康街的居民來說，並非是熱鬧的，街道出奇地安靜，趁著回中部過年之前的幾個小時，我巡視著街道，觀察那些已關或半掩的商店大門。和大雄的爭辯已進入有點無法控制的地步，翻開那時候的日記，常見到的擔憂是如果和大雄鬧翻怎麼辦。和小琪維持著有點黏又不那麼黏的工作關係，有時候還是會被一些小問題刺痛，但大半時候則是試圖群體治療，解決工作上的難題——社區工作之後才發現社區的難以捉摸。

事後我常回想這種帶點窒息的感覺到底改變了我什麼樣的理論眼光或者研究方向，只知道初回台灣決定以社會運動與國家認同為題時的悲壯感，轉成無數的零碎決定。當時很多人認為台灣已無社會運動，因為一九八〇年代狂飆的街頭運動到了一九九〇年代中期，幾乎已不容易看到。就在這個時候，我在美國的指導教授史坦（Orin Starn）寄來一本他與他人合編的有關社會運動的論文集給我，其中有一篇提到南美洲巴西的社會運動網絡的形成，作者索妮雅・亞伯瑞斯（Sonia Alvarez）就注意到同樣的問題，認為社會運動研究應該改弦易轍進入日常生活的組織與人際網絡之中，那裡蘊含著平常看來虛無飄渺，長期下來卻能累積重大成果的力量。

年後乍暖還寒的曖昧感將我帶入一個歷史的追尋中。因為對現況的無能為力，我好奇前兩年從公園保護到社區工作是如何進行的。無法滿足於大雄作為我某種指導與報導人的身分，我開始詢問一些曾參與過公園保護運動的相關人等，很多人已經不在協會，很多人則只維持偶爾連繫的關係。鑽進協會的檔案裡，我開始從工作人員以及一些主要的會員名單中找尋訪問對象，這個追尋某種程度上產生了非常不同的社區與社區工作圖像。

相對於大雄較偏向策略性的社區經營以及大架構式的社區分析，運動之初的經營者大多著重某種社區氣氛的營造。對很多人來說，社區意識是個新鮮的東西，是一種就這樣發生的觸電感覺。我訪問了一個在當初其實是主要的工作人員，後來因為某些原因無法繼續參與卻仍然無法不關心的報導人，他一直告訴我，他醉心於舊聚落的生活情調、廟埕的談天說地、某種面對面的人際訊息管道，在運動之初，他突然感覺到這種氣氛在最不可能的地方發生了。另外一位教兒童繪畫的參與者則告訴我，當初他發現社區公園其實一開始就定位與定名成「兒童公園」時，掩不住驚喜，他告訴我一系列他設計的兒童相關的活動，例如一天，協會選定了一條巷子，然後鋪上了整巷子的白畫紙，小孩子們就這樣興高采烈地地畫了一下午他們對社區的感覺。

對當時正被繁瑣的辦公室庶務壓得透不過氣的我來說，這些口述的過去猶如某種剛從嘴角溜去的清香感。我當然不是在說什麼才代表真正的社區，只是當時的懷疑將我帶離了滿腦子有關社區問題的策略思考方向，在某種困境中思考下一步，而社區的意涵，則在這樣的轉折中複雜化。現在回想，當初的轉向只能從那時候試圖追尋某種應做不應做的感覺，以及因此而來的焦慮來了解。

展演人類學

當我再度進入社區進行田野工作時，已是離開後的四年——人類學慣有的回到田野之旅。回到社區的第一件事，就是找當時比較熟的一些社區媽媽話「家常」，只是這些家常話倒不怎麼平常，原來當時一起工作的媽媽們，因為一些原因已經分成不同的團體。而且社區裡起來很多不同的人，有次還因為要不要興建一條人行道，起了很大的衝突。

這當然和我心裡的圖像很不一樣，當年雖然協會處理很多問題，不過大半是公共資源不足所造成的必須解決的難題，比如停車或公園設計等等，這幾年的變化則很顯然是社區組織的分裂與新社區力量的興起所造成的人與人的爭執。我心裡面打了好幾個問號，到處問一些熟識的人。不同的人對社區的新力量各有褒貶，值得注意的是，道德針貶成了這些私底下評論的特點，舊協會怎樣怎樣，新勢力如何如何。

這些充滿批評，有時還不乏敵意與酸意的話，讓我感到有點躊躇，但還是開始試著了解這些新情況。有點擔心的是，雖然是重返田野，卻對大半的人事毫無所悉，都市的脈絡使得人來人往成為平常，感覺上像是電影裡的續集，總是得再出現一些上集沒有的人物，重新來一段刻畫性格的戲碼。如果將前次的社區田野看作是挖掘人性的內心掙扎戲，這次的地方政治之旅則像緊湊的本土八點檔。我且按下太過簡單的善惡分類，慢慢地去接觸不同立場的人。地方一開始就不是一個簡單的存在，相互對待與看待的交叉視線構成了重重紅線。仔細與隨時注意別人如何看待我的角色，成了我當時的習慣，幾乎到了無法控制的地步。

這個看與被看的過程表現在一個重新開始的都市地方政治。這次返回之旅一個主要的發展，就是介入了台北市新的里政過程。雖然曾經在早期台灣的政治發展中扮演必要的服務與動員角色，里在一九九〇年代幾乎是被認為是行將過去的行政組織。民主化的過程使得傳統里長扮演的侍從角色被看成落伍與腐敗，新的社區發展協會在不同地方的興起，被許多人認為象徵了新地方政治的展開，或是地方公共論壇的形成。不過新的里政的返回，則是我在二〇〇二年回到此地的觀察，一方面因為里長的福利提高，另一方面也因為不同政治勢力對里政的重新評估，更重要的是越來越多有創意的個人願意加入里政工作的行列。種種原因使得這個新搭的舞台顯得格外熱鬧、人才輩出、創意洋溢，只是也因而造成了內部的張力。

在我的例子裡，一九九〇年代中期開始的社區發展協會很快和新里長產生爭執，令人尷尬的是新里長原本其實也是社區發展協會的成員，讓這個爭執增加了許多個人色彩。另外，因為永康社區的範圍其實包含兩個里，某些事件的爆發導致兩里的辦公室之間產生齟齬，兩里由合作走向對抗。這使得我這趟返回之旅增加了複雜性，上次的社區工作基本上是找尋應做與不做的兩難抉擇，這次遇到的卻是在不同的要求與認同中，尋找一個可能的實踐出路。而且，雖然我自認在不同情境中，並不會偏袒哪一方，只是試著釐清狀況與脈絡，但卻常常難以置身事外。

上次社區協會的組織工作，研究主要是透過協會的人際網絡進行，這次我則是以兩里的巡守隊為觀察參與的重點，也想透過這個方式增加接觸面。初進入探討永康街地方政治時，我被當時才剛剛起步的巡守隊組織所吸引，當時兩里都已經成立自己的巡守隊，所以我計畫能夠分別參加各自的隊伍，一起巡行守護社區與街道，然後在行走中重新認識整個社區。這個參與過程的確產生了很不一樣的效果。兩里的巡守隊分別在社區裡創造了某種聚會空間，其中一位里長在最熱鬧的街道夜市租了一間地下室當作總部，除了開會空間，還附設乒乓桌與卡拉OK。另外一位則將自己住家的前院變裝成泡茶聊天室，成為很多隊員賴著不走的好去處。和這些隊員的閒聊過程非常有趣。如果說前幾年和社區家庭主婦們的社區工作是輕聲細語的噓寒問暖與絞盡腦汁的理性計畫，那這次的巡守隊員談話則常常是大咧咧的稱兄道弟與拍胸脯的包辦保證。在這些聚會所內，某種相處過程中醞釀而出的關懷之情四溢，巡守過程的隊員關係，很快轉換成共同完成任務的同志感；或者因為相熟識過程中衍生的戲謔關係，我曾參加隊員轉成家庭好友的一些聚會，隊員之間一起吃喝、互相抬槓，會有一些人剛好配對成一組組的戲謔關係，聊天過程中捉對廝殺。

類似的語言習慣差異，構成我的觀察重點。我參加兩里的隊伍，希望可以分別了解新的社區關係的建立，不過這個了解總是被衝突的烏雲所籠罩。之前許多人際間的不合的確常構成對話過程的主題，使得這些接觸產生嚴重的相互抵銷與相互矛盾。在詢問與訪談中，很多人試著告訴我他們知道的事件過程，引導我去和某些人談話，並且發掘某些事情的原委。一下子有太多的資訊進來，而且很多是無法交叉驗證的蜚言，我試著想理出個誰對誰錯的頭緒，一開始總還想從社會運動的觀點切入，哪些事件應該屬於比較進步，哪些則代表保守的力量。但慢慢地，類似的價值選擇變得不太可能這麼直截了當。

初回到社區的一些詢問過程說明了這樣子的複雜性，研究衝突讓研究者必須隨時接受不定時傳來的道德質疑，並且試圖分辨，但有時卻徒勞無功。前文提到為了探知社區運動的歷史，我曾追問了許多運動的參與者，慢慢拼湊出一個令人心動的地方奮鬥史。訪問就像是挖掘一段被掩蓋了的日常生活史，話語成為刷除那些掩住風華塵土的毛刷。但訪問衝突過程的當事人，話語本身成為情境中一再得接受檢驗與推敲的對象，意義變得不穩定而迷離。這造成人類學的詢問本身成為問題的一部分。人類學家早已知道研究者介入在研究過程造成的效應——觀察者如何成為被觀察者。但在衝突過程中，這個顛倒的人類學家角色更被激化成為衝突劇場裡的一角。

流言問題戲劇性地說明這個人類學研究的展演性——詢問不只是和語言的意義內容相關而已，對話總是指向另一個情境，企圖完成某種目標（常常是人類學家意想不到的）。當我回到社區，在一些閒聊中，就開始接收到不同的、有關個人的道德質疑。比如誰從那邊（政府或企業）拿到什麼好處，或者在組織工作中，誰會在背後進行比較小人的動作等等。一開始我覺得好像滿嚴重的，因為社會運動研究告訴我的是有關國家權力與利潤追求過程中個人的選擇及其後果。從相關的當事人問起，我開始刻意地去釐清一些不清楚的地方，這是一個困難的平衡技藝。

這個平衡運動並非不做判斷與評價，而是在眾多的判斷與評價中，不妄下斷語，慢慢理出一個頭緒。不過就像一再往前移動的追究，答案來臨的時刻總是一再推延，等待事情明朗的期待也總是落空。剛剛提到，社區協會當時正面臨內部衝突，並因而分裂，我試著了解衝突的原因與責任，旁人提及所謂「兩個女人的戰爭」，試圖將爭議個人化。但當我詢問當事人，衝突其實比較和對社區發展認知的差異有關，不過這些認知差異還是會被個人化為私德問題。訪問時我常常會被告知去找其他相關可求證的人，就這樣周旋於好幾個網絡圈圈，有時回到原點，有時又在重疊的地方叉出，當感覺柳暗花明，卻隨即又在相關人士的小心應對中陷入困頓。

換句話說，這個追溯的過程更讓我如墜入五里霧中，一方面是人類學的研究倫理使得詢問無法達成驗證的目的，因為必須保護其他當事人跟我說的比較個人的事，因此大概都只能邀請訪問的對象說明當時的情況，不大可能提出一些相反說法的詰問，更遑論對質。另外，一些不避諱的當事人其實會重說故事，新的故事會出現原來我不知道的相關人士，然後進一步的追蹤會發現另一個人談同一件事的另一個版本；相似的場景，一樣的人物，不過卻是大相逕庭的評價。

在緊接而來的里長選舉過程中，為了能夠進一步了解競選過程的細節，我採取了比較大膽的參與方式。我跟著候選人去拜票，或者採用其他比較介入的方式出現在一些競選的場合，很多場面看在別的候選人及支持者眼裡，會覺得有點刺眼。風險因此增大，而我正是在這個時候可以強烈感受到在某些場合裡的眼光。說實話，當時我還是樂觀地認為應該不會被當作偏袒某一方才對。不過，過些時日，開始有一些人不願意接受我的訪談，對待的方式也開始改變。一直到現在，因為當時的舉動造成的困境仍然困擾著我，我還是沒有機會說明，雖然我對事情總有褒貶，但是卻一直沒有最後的判斷。地方政治的難題在於無法一次將一個運動、事件或是團體簡單定位，道德問題因此成了必要，也是時時刻刻的負擔。

應或不應？這是一個問題

田野過程充滿應或不應的問題，因為類似的道德想像持續困擾人類學家。這篇文章要談的是，道德想像顯露出田野研究過程的某種敘事性質，時間與過程變成是「發現資料」重要的關鍵。換句話說，價值不只是在挑選研究問題時的外部因素，價值判斷事實上滲進研究的每一個過程，左右人類學家在很多時刻的決定。在社會團體和地方權力中所顯現的道德政治過程，構成了人類學研究的阻礙，只是這個阻礙是必要的。被研究者有意識地判斷什麼該做什麼不該做，什麼是不該做但做了，以及什麼事該做卻未做的後果，造成日常生活中持續的張力，這是政治人類學的主要關懷。人類學的了解因此被田野遭遇中研究者如何看待、面對回應，甚至處理這些道德張力過程所決定。

莊雅仲
Ya-chung Chuang

念機械時只喜歡熱力學，改念人類學則是為了找個更合適的工具分析變動的台灣社會，就像熱力學分析物相和能量轉換。目前任教交通大學人文社會系，著有 *Democracy on Trial: Social Movements and Cultural Politics in Postauthoritarian Taiwan*（2013）和《民主台灣：後威權時代的社會運動與文化政治》（2014），與德里克（Arif Dirlik）、廖炳惠合編 *Taiwan: The Land Colonialisms Made* 期刊專號（2018）。最近關注新竹縣市社區發展與都會化過程的在地衝擊，尤其是新竹科學城想像與實現牽涉到的空間政治與土地正義問題。

「危險」的人類學家

容邵武
——中央研究院民族學研究所

我們越來越少碰到能夠說個好故事的人了。……彷彿是某種和我們不可分的，最安全的資產已經被人拿走了：那個資產是一種可以和人分享經驗的能力。（Walter Benjamin, "The Storyteller," in *Illumination*, p. 83）

自我的位置

班雅明嘮嘮叨叨地說了許多故事，告訴我們現在的人越來越不會說好一個故事，那他實在應該來參加這個「田野工作坊」，工作坊的人不僅會講故事，會講很多奇異炫目的故事，而且極為樂意與人分享田野工作時的經驗，聽來的，看到的，遇到的，完整的，片段的，值得欣慰的，不怎麼光彩的。田野工作者不就該是一個說故事的人嗎？我琢磨著我有哪些田野工作時的經驗可以分享，馬上浮現出來的就是我和東勢第一次接觸的經驗。當一九九九年三月我通過博士論文大綱，準備束裝回到台灣開始進行博士論文田野工作，準備要進入直到那時為止我對它的認識還只停留在文獻書面印象的田野地點——台中縣東勢鎮時，我親愛的指導教授對我即將開始的田野工作可能會面臨的種種狀況，用他特有的德裔美國人嚴肅卻又詼諧的語調簡單地說：「留意你和當地人的第一次接觸。」我琢磨著，就像我對他其他時候給我的許多建議一樣，我也把這個建議只當成純參考而已，同時這次我還有個直接而強力的理由：我是回到自己的國家，熟悉的文化做研究，典型的anthropologist studying his own culture，我又不是到中東，到非洲做研究，我的第一次接觸能有什麼「火花」？

搭乘如同一般台灣旅客往返紐約一樣直飛的客機回到台灣，然後經過朋友的安排幫我在東勢找到一個房間，讓我在田野工作期間居住。我拿到地址，在一九九九年五月初自己搭著公車輾轉到達台中縣這個山城。幾近中午初夏的陽光，亮晃晃照著再熟悉不過的台灣小鎮的客運終點站的街景，隨意穿梭的摩托車，排班的計程車，販賣醃芭樂的小車，沒有任何人會特別留意下車的人。我拿著地址趨近一個中年男子，請問他如何到達該處。他皺著眉頭，一臉茫然，我預期他就要告訴我他不知道這條街，這位先生卻反問我這條街在什麼「里」？我皺著眉頭，一臉茫然，不知道該如何回答這個問題，因為我連我中壢的家屬於什麼里都不知道。這位先生接著說，「你不知道它在什麼里，我怎麼知道這條街在哪裡？」滿懷歉意地，我向這位先生告辭，轉向其他的人問路，也是一無所獲。滿懷狐疑地，我撥個電話給幫我找到這個房間的朋友，確認他不是幫我找了一個與世隔絕的地方，順便問他這個住址附近有什麼比較明顯的地標。最後終於找到這個地方，而它離鎮中心竟然也不太遠。到達東勢的第一個晚上，我似乎又聽到我親愛的指導教授的諄諄告誡。我第一次接觸到的東勢人，不像都市人用門牌號碼來確認地方的，而是先用「里」來確認方向的。我本來以為我對研究自己文化會有的基本熟悉，一下子變成陌生了。當天晚上，我想起我的另一個「第一次接觸」，並且把它記下，相對照之下，田野工作者所講的「文化震撼」所要表示的對於陌生經驗的驚訝，於我而言，有了一個新的體認。

那是一九九四年秋天到紐約讀書，滿懷著對我即將抵達與求學的美國異文化的想像與不安，那是我第一次出國（對我那個年代的台灣男生，這似乎不是一個多麼特別的經驗），就跑到遙遠的美國東岸，所有想到要準備的都準備了，只是不知道會碰到什麼，畢竟那是一個陌生的地方。當飛機在清晨快要降落在紐約甘迺迪機場時，我竟然莫名其妙拉起肚子，直到飛機著陸，我還在洗手間裡做最後的奮鬥（事後想來，這真是一個非常戲劇化的「過渡儀式」，一下子排空了我肚子裡所裝的在台灣吃的食物）。接下來的出境，領取行李，卻意料外地順利。踏出大廳，步上等候的計程車（也是黃色的），拿出紙條（又是地址）請司機帶我到我要暫時落腳的朋友住處。車上高速公路，指標是綠底白字，上班時間川流不息的車潮，收音機裡更奇妙地播放著Eagles的歌〈Hotel California〉，這是一首我從高中時代就聽過無數回的著名搖滾樂曲，歌裡的主角慕名去尋找著不再存在的年代與地方，這個時候對我流瀉出的卻是熟悉的時間和空間。車子進入曼哈頓，所謂世界之都，一個一個著名的建築物彷彿就像風景明信片般地聳立著讓人指認，然後到了朋友的住處，似乎又讓我感覺到置身在擁擠的台北公寓。也許我是個都市人，也許都市的紋理太過相似，我本來以為對美國異文化第一次接觸會有的陌生，一下子變成有基本的熟悉。當天晚上我本來以為會有的鄉愁，也莫名其妙地沖到飛機上的洗手間裡。現在來看，班雅明說的人們漸漸失去交換經驗的能力，最後說起來，恐怕是人們有了太多太多不同的經驗，以至於不知從何說起，或是以為交換經驗時彼此是在同一個層面，其實是錯認。我從經驗上覺得或想像，我會接觸到一個熟悉或陌生的人或事物，結果在我不知覺的另一個層面的經驗裡，卻帶給我預期之外的「震撼」（我能說它是文化震撼嗎？），所以我碰撞接觸到的是什麼經驗呢？我要如何安排它呢？

似乎沒有理由繼續探索「第一次接觸」，田野工作幾乎是全面性地展開，接下來田野工作者持續和人們接觸，通常都會改變爾後他們對「第一次接觸」的評價。我開始接觸一些單位、組織和個人，想了解我的研究主題可以從什麼具體的面向著手，更想要了解東勢這個地方。幾乎所有我在東勢碰到的人都會問我為什麼要選擇東勢作為田野地點，因為我和東勢之前沒有任何淵源，而且以我要研究的國家法律和地方習慣的關係這個課題而言，當地人也不認為東勢有什麼特殊性。的確，我通常這樣回答，我跑到東勢做田野不是因為它對我的研究主題有什麼特殊性，而是因為我從前在清華念碩士班的時候，曾經有機會在台中縣做過一些社區事務，了解到台中縣山區的「開發」過程，大致上從東勢開始，我假設這樣的一個開發中心，應該還保有比較多的地方習慣。大部分的時候，我覺得我這個回答總是在那尚未熟悉的關係上再加上一道牆，我覺得他們認為我並不是真的喜歡東勢而待在這裡做田野。我感覺最為確切的是來自我最先接觸到的一個當地地方文史工作者組織。作為一個努力要保存及發揚東勢廣東大埔客家語言與文化特色——不同於桃竹苗與高屏的客家庄——的團體，他們對我的出現，保持高度的興趣，幾乎立刻就拿出一些國內研究東勢客家特色的作品給我看，有從語言，有從歷史建築方面著手的。他們熱切地希望我至少對這些主題也能夠給予密切的注意，可以提供他們構建地方歷史的材料。我和這些以中年男性為主的成員，一起暢談喝酒了許多回，我向他們表明語言、歷史建築等不是我的專長，我在這段田野工作期間也不可能有時間蒐集這些方面的材料。同時我詳細描述了我的研究興趣，除了要蒐集東勢鎮一般的社區發展歷史，以作為了解地方文化現象的基礎之外，我的最終目標是要探討（國家）法律如何在地方上運作等等，所以我說我同時在「東勢鎮調解委員會」旁聽與記錄。這個團體的成員紛紛表示不解，認為法律離他們的生活很遠。有些成員則強調，客家民俗有很多環節，有語言、習俗、歌謠等等，如果我只研究法律現象，那就只注意到一個環節，沒有辦法和其他的生活串連在一起。在另外一個場合中，一位組織裡的核心成員更直接了當地提出他的質問，為什麼我到東勢不研究客家的民俗，為什麼我研究法律現象要挑選東勢，為什麼我研究東勢只專挑爭端、爭訟。以他的立場而言，他目前的工作是要找出「東勢之美」，而我的研究則像是雞蛋裡挑骨頭，要找出「社區之惡」。他表示客家人重視和諧，凡事以情理的疏導為主，我則提出在「調解委員會」裡看到不少聲請調解的案件，兄弟間為了爭財產互不相讓，朋友為了小事情打得頭破血流，他則表示和鄰居親友撕破臉，相處不下去，家務事也拿到「調解委員會」去處理的這種處事態度，不是一個地方正常的狀態，不是客家人樂意做的事。雖然他沒有否認鄰居親友之間不會發生衝突，但是在「正常的狀態」之下是絕對不需要「對簿公堂」的。更重要的是，他覺得這是私人之間的事，實在不需要研究者來記錄和發表。

我在「東勢鎮調解委員會」的旁聽與記錄，一樣面對著狐疑的態度，雖然我總是很客氣地被對待。我在獲得調解委員主席同意之後，可以在案件調解時坐在旁邊並且記錄，因為從來沒有案件以外的人曾經在東勢調解委員會旁聽過調解程序，調解委員會也沒有對旁聽與記錄這些事有明確的規定，所以主席雖然同意旁聽，但是旁聽到底意味著什麼？案件調解時從來沒有人在記錄（包括調解委員會的祕書也不是在做這件事），基本上就是當事人和調解委員各自抒發他們對案件的態度，沒有所謂的偽證和調查證據這回事，我在旁邊記錄又意味著什麼？可以這麼說，調解委員不了解為什麼會有人和他們一樣對別人的糾紛有興趣；調解委員會的祕書則始終認為我的研究是要用來評價東勢調解委員會的績效；當事人有的懷疑我是對方的人馬，有的根本不希望有一個不相干的人在場看到他們爭論家務事，有的對我在調解程序之後還跑去向他們問東問西地想要進一步了解爭論的來龍去脈感到不耐煩或是乾脆就迅速離開，不知道他們是要逃離調解委員會這個冷冰冰的場所，還是要逃離我這個陌生而且奇怪的人。

總之，在那個地下室小小不到五坪的調解委員會裡，我的出現總是把已經稍嫌擁擠的空間變得更加無以迴避，我本來希望我可以變成一個透明人，在角落裡忠實地記錄整個調解過程，結果我在現場反而使得大家知覺到有一個陌生人在場，而且奇怪地一直在記錄，重新組合了這個場域的氣氛。雖然我絕對沒有辦法評估我出現在現場對案件調解方向和過程有什麼樣的影響，可是很顯然地我是一個「危險」的人類學家，一個無法被適當擺放和理解的角色，總是出現在角落，關心地方上「不正常」的狀態。

地震與震撼：重新尋找位置

這樣來往於調解委員會旁聽以及報導人之間，被當成只對於地方「發生故障」有興趣的危險人類學家，我想這也許就構成我田野工作的基調，直到一九九九年九月二十一日。

九月二十一日凌晨撼動整個台灣的「集集大地震」，二條大斷層交會在台灣中部彼此撕扭，彷彿在大地劃上了二道深深的割痕，所經之處，地表上的東西無不東倒西歪，支離破碎。單以台中縣東勢鎮而言，上百人罹難，千棟房屋倒塌，農作物、財產損失慘重，從有形的建築物到無形的人的感情，都遭逢前所未有的破壞。地震當時我人在台北不在東勢（地震之後的一段期間，我在中部最常聽到的幾句話，其中之一就是「地震當時你在哪裡？」），在離震央百公里之外的台北我仍被搖晃得心驚肉跳，霎那之間燈光閃爍的不夜城陷入一片漆黑，電力中斷，都市人也無法依賴慣常取得資訊的電子媒體即時知道發生了什麼事，暗夜之中突然被置入莫名的沉寂，夾雜著忽遠忽近的警笛聲，沒有人敢出門，沒有人敢出聲。天亮之後，找到乾電池和老舊的收音機，從電台不斷播放出來的消息，讓人心情不斷往下沉。在片斷而且有時候矛盾的報導中（誰又能立即掌握全盤的訊息呢？），中部各個地方死傷人數節節上升，高樓大廈紛紛倒塌，而且每隔一段時間新聞記者似乎就「發現」一個重大災情，漸漸地感覺到地震帶來的災情彷彿由點擴及到面。沒有令人振奮的消息從收音機裡傳出，奇怪的是，也沒有關於東勢災情的消息傳出，好像它就被隔絕在一個不知名的地方，到底東勢的狀況為何？直到下午，才開始有東勢災情的消息傳出，原來連絡東勢和豐原的東豐大橋嚴重龜裂，外界救難人員只得改從其他的小路進入東勢。我想像著地震發生之後約十幾個小時，東勢可說是只有完全依賴自己，想到我在那裡認識的人，不禁令我坐立難安。此時停電的台北，停課停止上班，台北往中部的大眾交通工具全部停擺，大部分的商店也停止營業，我在吃著泡麵的時候，和朋友連絡商借車子，預計隔天重回東勢。

九月二十二日，高速公路過了新竹就開始壅塞，和平日不同的是多了許多的吉普車和小貨車，上面放滿了礦泉水和各式各樣的紙箱子，我還看到一輛大貨車裝滿了棉被。每個駕駛在這麼緩慢的車速中看起來都非常地焦急和疲倦，和平日不同的是我幾乎沒有聽到喇叭聲，沒有看到不耐煩的超車，從我的車窗望出，南下的高速公路就像一條大龍，安安靜靜地爬向煙塵瀰漫的中部。我估計著東豐大橋不能通行，那我得由東勢北邊卓蘭才能進入。我改走台三線也塞在進入東勢之前，原因是東勢往北的大橋也整個攔腰折斷，只能從河邊密密麻麻的果園小小彎曲的道路迂迴前行。因為道路太小，只能容許單向通行，道路首尾二端有義警指揮，定時定向放行。車陣裡除了載運救災物資的車子之外，大抵上就是焦急的親友要進入東勢探望狀況，這個時候我又再度覺得我是個不相干的人，沒有「正當」的目的要進入災區。不知道等了多久，我終於緩慢前行，經過果園還看不出地震肆虐的痕跡，一出果園，卻哪裡還看得到路，一個不知從哪裡冒出來的小丘，硬生生地把道路截斷，看不到路的那一端。車子小心地通過，到了鎮中心簡直是慘不忍睹。連棟的透天厝整個傾斜；或是整個一樓全部垮掉，矮了一截；高聳的大樓像洩了氣的積木軟軟地躺在路旁；有不少房子前面用著鮮紅的油漆寫著「我們全家平安，請打xxx」，想必是屋主不敢再留在原地，因此在門前留下電話號碼給前來關心的親友，在龜裂的灰色水泥牆上，殘留著如血一般的字句，實在是怵目驚心。另一方面，鎮上到處都是人，摩托車亂竄，每個人像是沒有目的地毫無目標地亂竄，像是在張羅著什麼。我趕緊跑到幾個報導人家裡，只見房門鎖上，沒有看到他們，不過看起來應該是平安的。

我轉而回到我住的地方，房東不知去向，我爬到我三樓的房間，書籍、傢俱、筆記型電腦全部散落一地，不知道從哪裡滲透進來的水把我散落在地上的部分文件和田野筆記浸得糊糊的，損失可不輕啊。我走到後面的陽台才發現隔壁幾十公尺遠約二十層的集合住宅大樓，就斜斜地倒塌在我後面的透天厝上，拉力之大甚至把我這棟房子房東加蓋的儲藏室全部扯垮，真不敢想像這些住戶的命運，也不敢想像如果倒塌的方向改變一點點往我住的地方傾斜，那麼我的房間會是什麼狀況。而且如果昨天晚上我留在這裡，我的身心又會面臨什麼樣的狀況？難道真的如後來當地人所說的這一切都是命運的安排？看著凌亂的屋內屋外，想著彼時此時，望著大概也救不回來的部分田野筆記，也不知道筆記型電腦損害的程度，既傷心別人也傷心自己，不知道下一步該怎麼做。我癱坐在床上，想了許多事情，又像是什麼都沒有想，時而又譴責自己怎麼會在這個眾人都還在生死掙扎的關頭裡想到失去的研究筆記。不知道過了多久，也許很久，也許不很久，不過我的肚子（又是它連接在時刻的縫隙裡）咕嚕咕嚕地首先打破沉默，提醒我鎮日未進米粒，而且日已西斜，我應該趕緊離開這個「危險」的地方。和我有一樣想法的人非常多，因為仍然沒水沒電，沒倒的房屋也不知道安不安全，不論是外面進來或當地人回來整理家屋的，都選擇在黑夜降臨之前離開東勢，晚上留在東勢的人就在空地裡搭起帳篷。白天車水馬龍的鎮中心，到了晚上只剩下幾許急急忙忙趕路的車子，好像小說或電影裡江洋大盜出沒的邊境小鎮，居民一到日落便馬上回到屋裡，緊閉窗門，路上無人。我開著車子繞行鎮中心幾圈就加入出鎮的車流，我在卓蘭隨便吃了一些，開始尋找一個安靜的鄉下路旁，晚上就睡在車上，明天白天再進東勢。那真是一個不安寧的夜晚啊，雖然四周黑漆漆的沒什麼光線，但是地底下好像有很多能量竄來竄去，餘震不斷，好像一鍋快要沸騰的水，氣泡跑來跑去的，有些時候氣泡冒出來的兇猛而激烈，讓人心慌。這個時候就聽到有人從車裡跑出來，我才知道這些稀稀疏疏停在我旁邊的車子，裡面都睡著不敢回屋內的居民。在經歷了七點四級的天搖地動之後，居民早已是驚弓之鳥，隨時準備應付「危險」。

九月二十三日天還未大亮，睡在車上的人紛紛起身，我也跟著開始活動，沿著昨日的路線進入東勢，發現即使一大早也和昨日一樣的車多擁擠。我在鎮公所前吃了第一次的「賑災飯」（其實應該是賑災麵），因為沒水沒電，鎮上居民以及救難人員只能完全依賴主要是佛教團體提供的三餐，那是一團不像麵條的麵糊，我從來沒吃過那麼難以下嚥的麵，而我又完完全全沒有任何的抱怨，感激的心使得那碗麵條更像麵糊。之後，我決定到周邊的山區去看看。離開鎮中心，視覺上和心理上受到震撼的程度就漸漸減少，因為沒有那麼多倒塌的建築物讓人心驚，梨園的樹木看起來也沒有明顯的損傷。不過我後來知道這些情形只是表象，因為有很多在果園四周的產業道路都已經損壞，但是我們從主要道路上看是看不出來的，所以許多救難物資也是無法即時送到裡面的住戶手上；再者，山坡地的土石已經被地震震的鬆軟，幾場雨沖刷下來，早就不堪負荷，四處漫流，土石崩塌的嚴重性，即使到現在還是沒有妥善的解決方案。可是很明顯地，這個視覺上對災害程度的判斷，多少影響救災重建順序的分配。

我找到了幾個我在當地認識的人，他們都忙著清理房屋，我覺得好像也幫不上什麼忙，於是我決定先行離開東勢，把車子還給朋友再說，不然那種在地震後初期自己是個不相干的人的感覺會持續下去。

往後幾天我待在中壢，等到我可以看電子郵件時，我看到許多國內國外的朋友著急地關切我在東勢的安危（我當時還是一個不用手機的稀有動物），令我感動。其中一封來自我的指導教授，他說台灣大地震的消息連續幾天位居當地的頭條新聞，雖然他不確切知道我的田野地點離震央有多近，他很關切我的安危，並且詢問我爾後的田野工作要如何進行。我回信跟他報平安，並且告訴他我需要幾天的時間好好想一想我未來田野工作的方向。我當時想（現在也還在繼續想）我們學習田野方法論時，早就熟悉研究者到了田野地點，遇到瞬息萬變的現象之後，總是會跟著修改部分的研究動機和目的。這個美國人類學的實證主義的傳統，強調理論架構與實際資料的二分，注重經驗的轉化所帶來的新的視野，以田野的發展來主導最後的研究報告。我們對此訓練反覆銘記，視為不二法門，不證自明地在田野工作中等待關鍵心領神會的一刻，撥開層層疊疊的經驗迷霧。但是，我的指導教授這個關切的電子郵件，有著比了解詢問學生田野進度與修正之外的另一層涵義。因為我們知道我們談的不是研究主題的改變，研究的困難要如何克服等等理論與經驗的問題；我面臨的甚至是研究主題失去、研究主體消失的問題。田野方法論沒告訴我如果田野地點遭到天翻地覆的改變，而必須重新（如果不是重塑）想過我的研究，這樣的改變之於方法論的意義是什麼？這樣的改變和其他因為別的原因而改變研究議題的情況有什麼差別？我反而感覺到的是對「存在」的重大震撼：生命在霎那之間消失，我有任何的研究「工具」能夠去記錄甚至去理解這樣的迫切而悲慘的狀態嗎？或是，我的研究在這個悲苦的情境中存在的「意義」是什麼？我能把這個研究轉變得有意義嗎？在什麼層次上？對誰而言有意義？當我要把這個研究轉變得有意義時，面對觸目所及生命的苦楚，我的研究方法如何才能緊守研究倫理的界線？這又是什麼樣的倫理界線？我想到晚近人類學有些研究聚焦在政治暴力頻繁，特別是族群鬥爭異常劇烈的地區，在那裡是非不明，對錯難辨，研究者和研究對象的關係時時在變動，研究者當下做出的決定常常會影響到生命的安危。研究者沒有辦法採取一個客觀中立的立場進行研究，因為在許多的狀況下，研究者所採取的「客觀」的立場，結果反而是有利於某一方。這樣的情境對於人類學來說可能更為關鍵。因為長期以來人類學的研究對象總是當地少數而弱勢的族群，特別容易遭受到包括國家和優勢族群各式各樣的暴力對待，人類學者應該採取什麼樣的立場呢？人類學者採取的立場對他們的研究有何意義？這些研究在生存極度危險下所得到的反省，可以帶給我什麼啟示呢？

這些問題隨著傷亡人數、房屋倒塌數量增加的報導，災區的狀況越顯危急而變得更複雜。我對於這些問題沒有立即的答案，我也不可能釐清這些問題之後，才開始我在東勢的田野工作。我想完整而標準的答案，如果有的話，未必適用在個別的狀況，也許研究者只能從破碎的斷垣殘壁和社區生活裡接受考驗，才能得到一些心得。我不能缺席！就像災民要從瓦礫中重建房屋、重建社區，我也要在沒有研究指南的危險中，摸索著做一個田野工作者，不同的田野工作者！也許。我告訴指導教授我要重回東勢，雖然還不知道研究主題要如何改變。回到東勢，我在身體上處於和災民一樣要面對的環境上的危險。我也是個「災民」，除了不必操心補償和未來重建的問題外，我在東勢做田野調查時居住的房間半倒，（因為缺水缺電）我的三餐全部仰賴慈善團體和軍方供給，我和多數鎮民一樣上流動廁所，使用貨櫃浴室，白天也要花上時間和心力儲存水。也許我又不像個真正的「災民」，參加幾個外來慈善組織的活動，隨車發放物質，也正因為如此，我深入了許多之前沒有到過的偏遠聚落。到了晚上，白天空蕩蕩的帳篷區開始有了人氣，總會有三五成群的人聚在一起聊天，「閒閒沒事等地震」，我便很能夠隨意加入他們的談話。也許是因為地震之後東勢湧入了許許多多各式各樣的外來工作者，常常到帳篷區訪談，也許是因為地震把水泥建築的藩籬以及許多人為的界線打破，帳篷區的災民對於不熟識的人比較不會排斥。談話的主題很容易從那個致命的一分鐘開始，每個人都有講不完的令人震驚、令人唏噓的經驗，親身經歷的、看到的、聽來的，好像部落裡的神話敘事，傳述著命運之手玩弄機率遊戲的故事，誰生誰死，誰幸誰不幸。和外來工作者不一樣的是，我在地震之前的東勢住過幾個月，我也正過著災民的生活，我很能夠體會災民的經驗，我甚至也可以提供一些我自己（親身的、聽來的）經歷，在這種互相宣洩情感，互相支持的談話中，我好像變成當地人，被當地人看成是自己人。我想我的指導教授建議我重視與當地人第一次的接觸，大概完全沒有想到這樣生死的大轉變，可能會讓我與當地人有另一個「第一次接觸」。

危險的探索與探索的危險

然而，如果我仍然要繼續探索國家法律和地方習慣的關係，這樣的帳篷談話可以給我的研究什麼新的方向呢？更具體地來說，「東勢鎮調解委員會」幾近停擺，同時我也無法持續地從報導人那裡蒐集資料，以建立比較長期的「結構」性的關係，因為客觀環境不允許，我的道德情感也做不到。研究上的焦慮伴隨著生活上的極度不穩定，構成我重入東勢做田野的基調。逐漸地，帳篷的談話越來越集中在重建的問題上，撇開個人的家屋重建不算——因為這牽涉到個人的經濟能力，不太可能成為談話的主題——東勢的未來是什麼，如果東勢還是一個可以安居樂業的地方，那麼要重建出什麼樣的東勢，則是大家關切的焦點。加上災區幅員遼闊，情況複雜，政府不可能制定出一體適用所有社區的重建政策。反倒是社區自主、社區治理的聲音此起彼落，接合在台灣方興未艾的社區總體營造論述裡，成為災區內外輿論最為支持的方式。對於東勢居民而言，從來不曾參與大至鎮上小至自己居住的鄰里的規畫，地震之後，他們彷彿看到社區的未來可以掌握在自己的手上，這是一個「打斷筋骨顛倒勇」的機會。基本上每個帳篷區都有一個管理委員會，負責發放各界捐贈的生活物質，委員會選出一位主委，主委們是外來的社區工作者進來東勢幫忙組織社區時，首先接觸的對象。大家希望把管理委員會轉型成某種社區組織，進行居民的連結，初步凝聚居民的意見。不過，帳篷區畢竟是個臨時性的組合，居民的流動也很快速，管理委員會難以發揮其他的功能。在這段期間，東勢居民的橫向連繫倒是建立起來了，互相加強了彼此的信心。等到帳篷逐漸拆除，居民住進組合屋或是回到原來的房子後，在外來的社區工作者或多或少的協助下，一個接著一個的社區重建團隊紛紛成立了。

重建的議題理所當然地主宰了災區的生活，我的研究主題也漸漸變得比較明朗了，在此同時當然也意味著我的研究被「侷限」在重建的議題上。換句話說，我當下的研究主題傾向去了解地震這個「事件」所凸顯出的法律意義。從救災、安置，到重建，政府頒布多項緊急命令和優惠措施來幫助災民重建家園，這些法律措施如何影響災民，如何連繫到社區的重建，都變成我新的挑戰。在這個時刻，我所觀察到的政府頒行的法律措施，有的是對應重大災難的特別措施，有的則是依循政治法律系統既有的邏輯，因此這個非常態性事件和常態性的規範「結構」之間的關係，構成我之後田野工作的方向。新的研究目標，讓我能夠正視這個危險狀況的特殊性，而在某個程度，這個特殊性可以揭露法律邏輯的運作；政府災後所提出的一系列關於個人家屋重建和社區重建的法律措施在當地實行的實況，正好就是我要連接「事件」和「結構」所觀察的目標。研究方向如此走來很自然、很理想，不是嗎？

現在回想起來（或是回頭書寫的這個時刻），在田野時我的研究方向會如此發展，雖然可以說是災後重建過程有這麼一條頗為明顯的主軸，但是在田野裡時時發生的事情，卻絕對不是那麼一目了然的。我在論文裡書寫田野參與觀察的結果時，使用簡潔而確定的語言，來強調我所觀察到的現象的重要性，其實已經經過很多選擇以及濃縮的過程來轉化我的田野經驗。以我參與幾個社區重建的過程為例子。

如上所述，東勢許多社區躍躍欲試地想以社區自主的方式進行重建，因為有政府所提出重建法令措施的誘因，當然更有社區內外人士懷抱著要讓未來的社區重建成居民親自參與的理想。然而，初期政府關於社區重建的措施常常是搖擺不定，甚至是相互矛盾的，顯示出政府其實也處於慌亂不清的狀態。社區居民就在這個資訊不齊全、不清楚的脈絡下，開始要整合居民對社區的願景。許多社區工作者以及工作團隊進入東勢，試圖了解東勢的狀況和他們可以幫得上忙的地方。工作團隊和各個社區接頭的契機，其實也未必有很強的理由，反而比較多的情形是社區某個居民直接或間接地認識到某個社區工作者，然後再引進某個工作團隊。在複雜而冗長的重建過程，無數次大大小小的社區居民的集會之後，或是因為對重建目標看法不同，或是因為對重建進程沒有共識，或是其他許許多多的原因，工作團隊和社區遂分道揚鑣。分手的過程，有的沒有什麼漣漪，有的則弄得波瀾壯闊，耳語不斷。本來社區自主重建自己的特色，那麼應該是各個社區做自己的事，凝聚自己社區的共識。但是，政府的重建補助資源粥少僧多，通常是用一個計畫的補助來評比社區重建的案子，結果是社區和社區競爭，社區工作者和社區工作者競爭。社區工作者來來去去，東勢的社區能夠持續得到政府補助者也起起落落。我碰到幾個沒有留下來幫忙的社區工作者都說，「你們東勢太複雜了。」（我目前在埔里聽到居民回頭敘述當時的重建狀況時，也都有類似的說法，「埔里太複雜了。」）

社區重建哪能夠不複雜呢？社區本來就已經不是一個同質體，即將重建的未來社區更是還沒存在，每一個人都會有不同的想法，而且這些不同的想法也會影響到他如何看待其他的人。我直接參加一個社區重建團隊的工作成為工作者，我還參與觀察幾個社區重建團隊的工作。在我僅僅是參與觀察的社區重建中，我的位置其實頗為尷尬。社區重建團隊的核心分子總是向其他的社區居民介紹我，說是留美的博士生（博士候選人是一個無法讓居民理解的身分），地震之前就已經來到東勢，地震之後還繼續留下來幫助社區重建（居民在災後已經看過很多專家學者來幫忙）。在那個社區和社區競爭的氣氛中，社區的居民傾向認為外來「和尚」的出現要不是認同，那就是贊成社區重建的目標和想法。在另外一端就是，如果外來的「和尚」沒有出現在這裡，那就是不認同社區重建的做法。於是，無論我出現或不出現在一個社區，對社區居民都是有意義的。更重要的是，這些微妙的狀況，並不是一開始就是如此，也不是一直持續不變，由於社區重建的核心分子分分合合，政府重建措施也常常虎頭蛇尾，社區因為重建而出現的人際關係，也是變動不居的。不變的是，在我認知這些微妙的狀況之後，因而採取相應對的行動，然而我的行動總是會繼續被分類。總而言之，我有意識地及無意識地捲入當地原有的區分之中——政治的、文化的、個人喜好的——因此常常處於不同團體將我認定為自己人或競爭對手界線的危險之中。災後驚悸經驗的分享使我好像變成當地人，被當地人看成是自己人，這個時候，我又變成是一個外人了。令人沮喪的是，或許不只是我，原來災後恐怖的經驗使得災民都把其他的災民看成是自己人；但是重建開始，大家有不同的想像，不同的動作，利益也進來了，這個時候，災民又把其他的災民看成是外人了。

這個狀況直接影響到我的田野工作的「質地」，也就是說，當我要在社區之間勉力維持客觀的觀察與記錄，以作為比較的基礎，事實上已經非常不容易（如果不是不可能）。因為我已經占據了一個社區居民給我的位置，在這些小規模的社區重建團隊裡，我和工作者的互動，基本上就沿著這條軸線開展出去。最後，災後重建法律措施在當地實行的實況，所謂我要連接「事件」和「結構」所觀察的關係，不就是出現在社區重建團隊因應政府法令的動作裡嗎？重建這個「事件」所凸顯出的法律意義，不就是顯現在這些法律措施如何影響災民，災民又如何把它們連繫到社區的重建過程裡嗎？那麼我在社區重建團隊看到的行動是可以客觀觀察到的行動，還是說是一組已經有「我」在其中的行動？因此，我又如何定義我要詮釋的「事件」，替它們劃界線？作為田野工作者，我每天在做決定，其實也不一定就做成決定。我的意思是說，我意識到這些界線的存在，卻又不知道它們具體在哪裡，我看到的是人，我聽到他們說話，我看到他們動作；但是他們不是在真空狀態說話、動作，他們是在和包括我在內的對象說話、互動。這些種種，並不是在完成一個「事件」，它們加起來也不等於一個「事件」。它們成為一個「事件」，是因為我把那些我看到的日常生活的動作歸納成一個「事件」，以和「結構」作為一個連接。更何況在這個例子裡，我某個程度也是參與在「事件」裡。對於在這個田野工作中無法釐清的「事件」的界線，我所採取的對應方式，就是無論在田野工作時以及後來的論文寫作時，盡可能地把那些發生的脈絡仔細陳述清楚，交代我為什麼這麼做的原因。最後說起來，我的研究方向和目標如果那麼理所當然地轉變成現在看起來的樣子，有一半是依循著災後的經驗現象的發展，另一半則是許多在田野工作時不斷地決定與選擇的結果。地震之後，我和災民在帳篷區的談話加上那時親身所看所見，讓我十分著迷於機率、命定等說法對人的生存狀態的影響。在博士論文田野工作暫別東勢之後，我反而覺得人們的行動會改變他們的生存狀態如何被命中注定影響的機率。我也如是看待我整個的研究。

「從此之後，沒有一塊地是平的」

二〇〇四年九月我到埔里暨南大學任教，出入埔里時總會看到台十四線旁的九九峰，最初幾次路過時嘗試要去看看它，卻不太能夠立即辨認出來，心裡總是有些怪怪的，好像在記憶的某個角落裡有個深刻的經驗等待被重返，等待被認出，卻始終找不到出口，找不到驗證。在我田野工作那段期間，曾經因為災區重建組織的交流互動而到過埔里三次，車子只要過了草屯沒多久，就會馬上被迎面而來連綿山峰裸露的黃土而震懾住，因為每個山峰都是狹長而聳立，數十個光禿禿的山頂，好像黃色的鐘乳石倒插上天空，奇異而猙獰。這個景觀是大地震造成的，頃刻之間把九九峰所有山頂的綠色植被全部抖落，幾乎寸草不留地把黃色土石翻轉出來。那幾次到埔里，對這些驚人的地景留下深刻的印象。它們在我的心理上標誌著東勢以外的另一個災區，它們更標誌著災後重建人為建築物以外的另一個面向：自然地貌的休養回復。無論如何，它們聳立在我所有有關「九二一大地震」經驗的一個角落裡。大地震五年之後，綠色植被又重新長滿山頭，幾乎看不見一點黃土的蹤跡，生意盎然，線條柔和。我沒有去探究這是人工培育還是大自然自己復甦的結果，我想當地的居民以及觀光客也不會去探究，因為此時的九九峰就如同台灣典型的郊外蒼翠山峰，吐納出新鮮的氣息，召喚著觀光客倍增的美麗願景。作為一個經歷「九二一大地震」的研究者，如果不是把這個經驗當成是一個歷史事件來處理，那我要召喚什麼？

「東勢地震當時的情況如何？」、「東勢現在的情況如何了？」、「東勢重建的狀況進行得怎麼樣了？」這些都是我常常碰到的問題。可以說是從九月二十一日隔天開始，一直到今天，「災區」以外的人，無論是朋友或是初次相遇的人，只要遇到我，知道我在東勢經歷過這個事件，就會好奇地詢問我以上類似的問題（當然頻率漸漸減少）。自然地，災區以外的朋友想要了解災區的「實況」，想要在對於重建評價各說各話的情況之下，找到「真相」，相對地便依靠我這個在災區現場，有第一手經驗的人的敘述。這樣的情況相當類似人類學家依賴研究地點的主要報導人，敘述當地一些幽微難解的現象，然而此時我的角色互換。只是我對這樣的問題一直感到不自在，雖然我總是會在當時的場合給對方一個答案。我曾寫出一些像詩的句子，來表達我某些最直接強烈的感覺。也許是詩簡單但精煉的文字，讓我可以豐富對大地震的體認，而這些認知是我後來所寫的相關論文無法表達出來的，或是用學術語言表達出來後，好像就是另一種東西了。

東勢鎮三百五十八個人死亡，數百個人受傷，數千棟房屋東倒西歪，整個市鎮停止正常的運作，像個大型的帳篷集中區。東勢鎮民惶惶不知所措，在已經遭受劇變之後，仍須面臨著極度的不確定性，包括漫長的重建過程；這些突如其來的痛苦，這些清楚的身體的與心理的恐怖，這些生命與財產的損害，讓我很難在既有的詞彙裡，把這些創傷的感覺與經驗表達出來。這些對存在剎那間極度的震撼，搖動了日常生活的許多基本元素，我們平常用來表示痛苦以及消滅痛苦的媒介——無論是文字或形象的，無論是系統化或個人的——都無法有效應付這個意外而且超乎正常的重大事件，無法立刻解讀這些痛苦的來源和原因。我當然不是要效法阿多諾所說的，凡是對「Holocaust」（納粹德國屠殺猶太人）的書寫和敘述都是對這個無以倫比的悲劇的褻瀆，因此也是不道德的。雖然我們可以分別出二個事件的起因，一個是人為造成的，一個是自然的災難，因此帶來人們的痛苦是不一樣的。但是這些苦痛同樣都導致人們的困惑，搖動與震裂了人們原本以為堅實的地塊。我不是暗示災民的痛苦具有神祕的元素，以至於無法表達，或是不需要任何媒介來表現；我也不是說災民的痛苦存在著某種本質，只要我們改善敘事的工具，就能夠把它再現出來。我所要講的是這個痛苦的事件還是必須去訴說以及嘗試被撫平，就如同我一定得找個答案回答關心的朋友們關於地震狀況的詢問。雖然人們極端恐怖的經驗總是會溢出（詮釋者的）詮釋架構——那種把人們的經驗放在直線敘事的理性架構——但是人們（實際經驗者與詮釋者）強烈了解這些經驗的企圖又不斷地創造各式文本來詮釋。也就是說，朋友們關於地震狀況的詢問令我感到不自在的是，為了快速和容易敘述地震的災難，我的答案時常借用單一直接的描述，生硬地框在具體複雜的災難情境上。（我這篇田野工作反省的文章能夠擺脫掉這個危險嗎？）

在我要對大地震這個事件把它收縮到只關聯到博士論文要處理的主題，並且用學術語言表達出來時，二〇〇一年我的學校社會研究新學院（New School for Social Research）所在地美國紐約市，同樣意外而震撼地，經歷了「九一一事件」。我又再次親身看到恐慌、傾倒、死傷等人類的痛苦，以及漫長而又爭論不休的重建辯論。這些相似的經驗，勾起我那段在東勢的記憶，自然更讓我產生出一種感覺，我的身體和心理常常處於危險，同時這種狀態似乎一直間斷地持續著，而它總是和我的研究工作相關。也許就是因為再度經歷了一個無預警的恐怖事件，才讓我回溯地堅信「意外」和常態之間的分野越來越模糊，我不是說我們目前存在的常態，只是上一個「意外」和下一個「意外」之間的過渡階段，我覺得研究者應該可以多加注意社會系統在想像與對應「意外」時所發展出來的文化形式和社會安排。另一方面，在看到東勢和紐約市的人們經歷了創傷與重建的冗長而煎熬的過程，我會不斷回頭看研究者的位置。一般而言，研究者通常都認為研究只是一項工作，我們不會認為它對研究者的生活或生命有巨大的衝擊；不過，在緊急的狀況下，研究者和被研究者的界線是不清楚的，因此研究者很難脫離那種生命交錯的狀態，變成一個單純的客觀觀察和敘述的人。同時研究者的位置仍然難以定位，不容易讓時間來沖淡這種困難，就像受苦災民的創傷因為時間的拉長，可能被壓抑或遺忘，但仍會持續以不同的形式表現出來。

所以現在更危險的事情是，作為一個研究者，我在不同的場合，雖然用不同的方式，我仍然在重述「九二一大地震」這個事件的多種「意義」。我碰到東勢許多的人，早在地震之後半年，就已經在說他們不要再被當成災民，他們不要再去提到那些悲傷的事情，痛苦的回憶，過去的就是過去的，過去的就讓它過去吧。在這麼多的生命財產損失之後，他們需要邁向美好的未來。就如同九九峰，現在已經長出豐茂而翠綠的植被，再過幾年就可以期待小樹的出現，儘管綠意之下仍有著受傷的黃土，但是那不就是大自然的常態？又有誰要去翻開那些黃土呢？所以和阿多諾不要去書寫及敘述大悲劇，不要做這種不道德之事的警告相似，我還在敘述「九二一大地震」這個大悲劇，或許也是件不道德之事——只是正好是相反的理由，阿多諾所說大悲劇超出人類的敘事模式和能力，而我的敘述是種不斷翻開受傷黃土危險的事。我不禁想，一個社會要從災難痛苦中省思與回顧，到底是要想像、療傷，還是遺忘？田野工作者對這樣一個沒有照亮清楚反而把田野工作弄得更複雜的事件，應該要怎麼去理解與「分享」（班雅明語）這個經驗？一個研究者聲稱要轉譯這個重大事件成為具有多層厚度的歷史，到底要踩在什麼樣的知識和道德危險的界線上？我現在想起，Eagles 的歌〈Hotel California〉最後一句歌詞，講到尋訪過去事物而又找不到它們的人，滯留在似真似假的廢墟，或許是唱給我聽的：「You can check out any time you like, but you can never leave!」

後記：二〇一八年十一月

最近剛剛和東勢的朋友提到明年（二〇一九年）即將是一九九九年九二一地震二十周年。我已經很久沒有和他碰面，自從忙於工作之後。我也已經很久沒有時時想到九二一地震以及我當時所感受到的危險，自從身陷於工作各種死線的危急之後。然後田野的技藝此時要再版，然後我和東勢的朋友談到九二一地震二十周年我們可以做些什麼。如果所有的紀念必得從保留記憶開始，那這篇二〇〇五年所寫的文章所幸保留了些許個人以及當時的狀況。然而所有的再版都不會只是保留而原封不動，因為從表面的書皮、頁次都已翻新，到實質上田野的氛圍也已改變。最後說起來，再版不是重返，這篇二〇〇五年的文章也不只是保留記憶，它將面對新的讀者，以及面對二十年後的今天。

容邵武
Shaw-wu Jung

從小開始就有無數次的自我介紹、寫自傳、編排履歷表等的場合。以前就用很簡單的方式，介紹我的名字三個字都可以當姓，以加深別人的印象（這一套到美國就不管用了）；現在則必須用許多外在化的經驗來幫助別人了解自己；未來可能就得依靠（自己或別人）記憶了。所幸目前有這個機會寫了萬餘字的自傳，或是稱作田野工作的記錄與反省，寫下了到現在為止人類學和我的許多因緣，以及我如何在田野工作中介紹與書寫自己。茲不再重複，請仔細閱讀，或是跳過。是的。

2018年的我任職於中央研究院民族學研究所。寫完危險人類學之後，工作場域更換了，田野地點也更換了幾次。從九二一地震災區東勢換到另一個地震災區埔里和國姓，也就是任職學校暨南大學所在地周遭。田野主題從一開始圍繞著地震所帶來的創傷、記憶，到稍後強調快樂、希望的社區營造。近年來我也在香港田野工作，也觀察到香港一部分的民主奮鬥時所帶來的創傷，以及近來在政治挫折中強調希望的重要。

田野工作讓我近距離感受到人們不同的困境，也看到人們尋求出路的堅持。田野工作同時帶給我對人類學以及人類處境的了解與反省。也許正因為如此，我不斷地琢磨著田野的技藝。

後台故事：做田野與寫文章

龔宜君
——————暨南國際大學東南亞學系

進入東南亞區域研究的領域，其實是很偶然的。一九九五年取得台大社會學博士學位後，雖然有滿多人很客氣地說我的博士論文〈外來政權與本土社會：改造後國民黨政權社會基礎的形成（一九五〇～一九六九）〉寫得還不錯；但是，我找不到工作。心裡很慌，讀了八年的博士，居然找不到工作；我可不想被本來就不覺得女生要讀這麼高學位的某些親戚嘲諷。這時，我申請了中央研究院的博士後研究，之後這個約聘性質的工作我做了四年多，跟著指導教授蕭新煌博士，先是掛在民族所，後來再流浪到社會所。當時，正是李登輝總統下南洋後提出「南向政策」的時機，中研院也在特別預算下成立了「東南亞區域研究計畫」，院長李遠哲向外界表示，希望台灣在十年內成為「東南亞研究的重鎮」。當時的計畫執行長是副院長張光直先生，副執行長是我的指導教授蕭新煌先生；而研究人員則是散落在各所，並沒有專任的研究人員，我於是被鼓勵來做全職的東南亞研究。為什麼不呢？我想反正這是我目前唯一能找到的安身立命之地。

一九九六年五月，我第一次走入東南亞的馬來西亞、新加坡，之後又走過菲律賓、印尼、泰國、越南等國家。一九九六年後的每年寒暑假都有數個星期是在東南亞的某個地方度過的。我幾乎已經忘了西門町附近中華路商圈的樣子，我想已經超過十年未到過西門町附近的中華路；雖然我住在台北，搭乘離家很近的捷運板南線約二十分鐘左右就可以到西門站。可是，吉隆坡金河廣場（Sungei Wang）和武及免登（Bukit Bintang）、樂天（lot 10）、曼谷、胡志明市附近的街景倒是記得清楚；晚上一個人亂晃，也不覺得害怕。覺得自己和研究地域有一種說不出的特別關係，雖然不能說自己是研究地方的一分子但也不完全是他者，是那種有點距離感又有點融入的感覺。全球化，對區域研究的我來說這種經驗是再具體不過了。

進入田野的政治

既然要做東南亞研究，隨之而來的問題當然是研究主題。我要做些什麼呢？去哪裡呢？當時，我和東南亞之間唯一存在的直接關係是我的馬來西亞同學老謝，一九九六年時，他在吉隆坡附近的巴生經營一家小小的鐵工廠。以人際網絡做研究在學術界並不是什麼新鮮事，於是馬來西亞華商成為我進入東南亞研究的第一個研究主題。當時，一九九七年東南亞金融風暴還沒有發生，大中華經濟圈、海外華人龍的帝國、華人商業網絡喊得震天價響，研究東南亞華商的經濟成就應該有滿多人可以對話的。我以文獻資料寫成的第一篇東南亞研究文章〈東南亞華人商業網絡初探〉，是在這樣的脈絡下寫成的。可是，我的田野一直進行得不太順利，一來，可能是我的田野技藝還不太純熟，包括問題的陳述方式、和受訪者互動的方法、引導回答的方式等；二來，可能是我的身分、怎麼向受訪者說明我是誰要做什麼等。當我選定田野研究對象是馬來西亞華商後，我就先和駐馬來西亞台灣代表處連絡，希望他們能夠協助我的訪談，代表處幫我引薦了馬來西亞中華工商聯合會、華社資料研究中心的負責人。負責人雖然很熱心，但對我田野的實質幫助有限。我想要的是他們可以介紹願意接受訪談的受訪者。他們很猶豫，最終一個也沒有介紹給我認識；我後來才知道可能的問題，主要是我台灣人的身分。後來，我陸陸續續還是做了四十多位馬來西亞中小企業華商的訪談，這些受訪者都是以我那位馬來西亞大學同學為核心，向外以滾雪球的方式發展來的。我想我遇到的問題在於，對馬來西亞華人來說我是一個「他者」，雖然我說華語卻是外人，我也不像人類學家可以在田野待上一年的時間，讓受訪者慢慢熟悉我、接納我。東南亞華人很喜歡和台灣人聊政治，批評台灣的時政；雖然他們大都已入籍東南亞居住國，但完全無法接受台獨。有些人就是要先探探我的政治立場再談訪談，我每次的反應都不太一樣，大多數時候我是顧左右而言他，如果受訪者真的很渴望我能認同他的中國情結，我通常只會說我老爸是廣西人，我老媽是湖南人，就這樣，至於我的政治傾向他就自己猜吧。當時，我的研究問題，是想比較馬來西亞華商中小企業和台灣中小企業在經濟活動上的異同，受訪者劈頭就會問我研究這個做什麼，會不會把他們的商業策略洩露給當地的台商，回答問題時也很縹緲，暗中把我當成是台灣人派來的商業間諜。我知道這種非自己人的距離感，一時一刻是克服不了的。由於資料的不完整，直到現在這四十多份全文過錄完成的訪談稿，還收藏在我的資料匣中，沒有使用過。不過，我後來和馬來西亞華研的幾位學者有密切的學術合作與連繫，包括書籍的寫作出版與參與雙方舉辦的研討會等等。

回台灣後，反省我的東南亞研究策略，總要找一個比較容易進入的田野。有台灣關聯的東南亞研究對台灣的研究者來說，應該是一個比較好的切入點。在一九九七年時，東南亞婚姻移民、外籍配偶的現象還沒有完全呈現，而在炒作「南向政策」vs.「戒急用忍」政治宣傳中，東南亞「台商」的能見度很高，師長和同儕也鼓勵我進行這個研究；於是我就放棄了東南亞華商的研究，而選了台商這個領域作為重新進入東南亞的田野。

選擇「台商」作為田野研究的對象，對我自己來說、對學術界以及對台商來說有什麼意義呢？這三者之間又有什麼樣的關聯呢？也就是說，我得回答為什麼要做這個研究的質疑；這是學術問題也是實踐問題。自我的認知興趣、學術社群傳統以及研究對象三者對研究結果的想像與要求未必是合致的，但對研究者來說，回應三方需求的先後順序是什麼？有決定性的邏輯嗎？抑或是情境式的？而且這三者之間的權力關係並不是對等的。我的研究對象是「台商」（資本家），雖說是中小企業主，但他的經濟力與社會影響力遠遠超過我這個陽春副教授，更何況是上市上櫃的一些大資本家，他們為什麼要接受我的訪談呢？對他們來說，這樣的研究有什麼意義呢？研究的成功與否，他們有決定性的影響。其次，研究結果是否有意義，部分因素決定於是否能被學術社群接受，觀察與訪談的重點與趨向也深受此影響。最後，關於自我認知的興趣上，在上述兩種權力的限制下，在田野中我能觀察什麼呢？我要如何建構研究對象？我的基礎是什麼呢？我為什麼會關心這些現象呢？對我來說，它們有些什麼意義呢？。

在田野中與研究對象、學術社群以及認知興趣三者間的對話，除了影響研究現象的建構，也影響我取得資訊的可能性與方式。在以下的文章中，我先討論在田野經驗中和研究對象互動以及取得資料的過程。

首先，我的研究對象「台商」（跨國資本家），對我們的研究找上他，有幾種不同類型的反應。第一種是不太在乎我們是幹什麼的，但看到我們從台灣搭數小時飛機到東南亞，再從吉隆坡或曼谷或胡志明市或雅加達花二至三小時的車程（來回便要四至六小時），到遙遠工業區去訪問他們，可以看得出來他們是滿高興的，有一種他鄉遇故人的感覺。他們大都會很樂意接受我們的訪問，也會熱心地介紹其他的台商給我們認識，訪問起來收穫很多，許多令人驚喜有趣的資訊大都是來自他們非常「阿莎力」的知無不言。他們是那種很「台客」型的台灣人，當我全程用標準台語進行訪談時，他們就更樂了（這個「查某」教授台語夠講了昧歹）；遇到這樣的台商，我比較會想到「回饋」的問題，人家幫忙我們這麼多，我們能幫他們做些什麼呢？剛開始對田野還沒有什麼經驗時，我通常會直接問受訪的台商有什麼我幫得上忙的？會說，回台灣時一定要讓我們請吃飯回報一下。大多數的台商都不會把我的話當真，但還真的有人回台灣後會打電話找我們吃飯。有一次印象比較深刻的是，當我們說有什麼可以幫上忙的？那台商想了下說「可以幫忙我帶兩箱東西回台灣嗎？」」在當場談得很嗨的氛圍中，我們脫口而出說「沒問題」，心裡也很高興可以幫得上忙。但是，回到旅館靜下來後，《強迫入境》（*Brokedown Palace*）的電影情節開始浮上腦海，許多好萊塢電影如果將場景設置在東南亞，通常都有類似的劇情，描述西方女孩到泰國（東南亞）旅遊，在不知情的情形下被陷害攜帶毒品出境遭到逮捕入獄，然後非常「東方主義」式地描繪野蠻不民主的第三世界國家監獄中不人道的故事。我雖然不相信好萊塢電影的那套論述，但新聞中還是時常播放台灣歐巴桑去東南亞旅遊在不知情狀況下幫人攜帶違禁品被抓入獄的情事，所以還是會擔心。於是，我很神經質地開始想像箱子裡是什麼東西？會有違禁品嗎？會被抓嗎？那次的田野，一直到回台灣過了中正機場的海關後，心情才放鬆下來。那次以後，我會傾向以公共事務的方式來面對「回饋」的議題，例如，研究成果的寄送，相關資訊的傳遞；我們也一直想要架一個台商資訊的網站，提供一些法律資訊等，想歸想，截至目前為止都沒著手進行。

第二種台商類型，是台灣股市中前幾大那類上市公司的台商。如果是老闆親自接受我們訪談，他也是不太在乎我們到底要做什麼，同時也是很熱情、滔滔不絕地講。可是內容大都是報章雜誌刊登過的，他的企業經營理念與願景，不太有實質內容，也不容易從他們口中得到想要的資料。那，如果是公司專業經理人接受訪談的話，大多數的田野經驗是這樣的：大家先自我介紹，看完訪談大綱後，他就會說：「我等一下要開會，沒有時間待太久，妳（們）

的問題我們X廠長就可以回答了。」基本上，他是把我這個看起來不像學者的女生當「菜鳥」看，根本不把我（們）看在眼裡。在田野經驗中，這時只有一個辦法可以讓他自願把資料說出來，而且屢試不爽。那就絕對不能當菜鳥，一定要在訪談之前熟讀熟記受訪企業的相關資訊（包括上市上櫃說明書、報章雜誌上的報導等），甚至受訪者個人職業經歷，讓他知道你也是內行的。當他對你另眼相看，知道你是當真要做研究時，他也就不會用應付的心態來接受訪談，也忘了他要開會的時間而欲罷不能。由於他們完整的學經歷與實務經驗，一些較有系統與深度的資料通常是得自他們，我也從他們那裡學到很多東西。後來，從他們口中我才大約知道他們為什麼會對來訪的學者不是那麼友善。由於他們在台灣和東南亞當地都是知名大企業，每當有台灣學者來訪問，台灣駐東南亞各地的代表處就會介紹學者們到他們公司參訪；而有些學者給他們的感覺是拿了政府計畫經費，主要是來東南亞玩，研究只是順便做應付應付而已。所以，我們會自省不能在田野留下汙名，讓以後的研究者去承擔這個後果。

還有一種類型的台商，是比較積極介入台商組織或台商聯誼會的企業家；他們和在地與台灣的政府官員有定期的會議，代表台商向兩地政府表達意見，同時也替兩地政府傳達政令給台商。這些台商會比較在意我們的研究和成果對他有什麼好處，研究成果是否有政策建議的功能也是他們關心的。因此，他們也比較在意研究者的身分與來頭，學校的排名以及研究者和政府的關係是他們評斷研究者身分的重要標準。在這個時候的策略，是將研究團隊中最有社會能見度的人放在研究者名單的最前面，其次再按照學校研究機構排行榜列名各研究者。因為我們研究團隊中有國策顧問蕭新煌，大家比較知道他是誰，所以他常常會被拿來當招牌。受訪時，台商也會問蕭先生為什麼沒有一起來？言下頗有失望之意。其實，我們駐東南亞代表處官員的態度，和台商協會台商是很類似的。蕭新煌教授至目前為止唯一一次和我們一同進行訪問，是在二〇〇一年的越南河內。那次我們受到的接待，是我從事東南亞研究以來最高規格的一次；但這未必和取得研究資料的好壞成正比，只是很現實的，你的社會身分就是會影響到進入田野的順利與否。

這些台商在受訪時，大都會很「ㄍㄧㄥ」。不過，他們大都很早就外移到東南亞，和在地官方關係又不錯；因此，許多有關台商在地發展的歷史資訊、書面資料，以及許多官商之間的祕辛都得自於他們。有時，他們也會介紹當地的官員讓我們認識，除了可以了解地主國對台商的政策，也可以更清楚台商和在地的實際互動關係。記得在一九九八年到馬來西亞時，經由台商及代表處認識了一位馬來西亞的投資協調官，這位非常重視台商到馬來西亞投資的協調官，十分熱心協助我的訪問工作，透過他安排的網絡一路由吉隆坡—馬六甲—新加坡都有人照料，也很順利地完成我的工作。

要從這些很「ㄍㄧㄥ」的台商口中得到較實際的資訊，是出了訪談會議室關了錄音機之後，好戲才開始要登場。台商協會的會長通常會帶我（們）到台商常出沒的餐廳聚餐，這些餐廳通常是位於某個俱樂部內，會員制，往來無白丁，外人不能任意進出。事實上，我在台灣並沒有機會走進任何一家這種有錢人的俱樂部；但是由於研究對象的關係，馬來西亞、泰國、印尼、越南類似的俱樂部我倒去過幾家。這時參加聚餐的台商大約都是台商協會的重要成員，剛開始吃飯時大家的話題還會很正經八百地圍繞在我們的研究上；但當酒過三巡，我們這些女生又很爽快地大口喝酒乾杯後，飯桌上的氣氛會隨之輕鬆。此時，可以感覺台商們的防衛慢慢放下，一些真正的不是官話的訊息會隨之釋出；例如，每個月的「公關費」是多少，曾經被哪個人「占名」（即人頭的意思）騙過的失敗經驗，用什麼手段在生產線上安插細胞對付工人等。雖說是請客吃飯，但此時的研究者是不能鬆懈的；因為有些重要和實際的資訊在台前不會出現，而是出現在台後。其實在中國的訪談經驗中，台商這種台前台後言行的差異更明顯。在打開錄音機的正式訪談中，有的台商口口聲聲言必稱中國為「祖國」，聽在我們的耳中有時真的很不是滋味，想到馬克思講的資本家無祖國真是沒錯；但是，如果有後續下一攤的飯局，在關了錄音機後的場合卻又對「祖國」「幹」聲四起。

田野中的政治

另外，有關學術社群與我自己怎麼看我的研究議題，其實是一個對話和辯證的過程。我是被問過幾次為什麼要做台商的研究，這些以剝削工人積累財富的資本家有什麼好研究的？對許多社會學者來說「批判不義」是滿重要的自我認同基礎。我有一位好友同樣研究東南亞台商，有時去看工廠時會看到台商採用專制式的勞動控制手段，一時義憤填膺，回台灣後便在報紙的時論廣場上發表批判X國台商的文章。台商在東南亞每天必定會看台灣的幾大報，他們當然會看到這篇文章，事後透過管道放話要他小心，下次再到X國來要給他好看。這個事件和其他學者的質疑是相關的，幹什麼去研究這群不義的人？或者研究的目的不就是為了批判嗎？揭露作為資本家的台商和世界上其他資本家的剝削本質並無不同？

縱然我是因緣際會地以東南亞台商為研究對象，但研究台商的哪一個面向仍舊是受到自己認知興趣的影響。我當然也會看到台商作為資本家不義的一面，可是我也很想了解台商作為台灣人族群的特殊性，我們用「愛拚才會贏」、「草莽性」、「拚闖鑽學」來形容台灣（商）人時，具體上指的是什麼？當其他國家的中小企業在國家與大型企業設想周全的協助與帶領下才敢踏出外移腳步來到東南亞時，台灣的中小企業卻是在沒有國家保護、大企業帶領的情形下來到與台灣沒有外交關係的東南亞，作為台灣跨國資本的先鋒，為什麼？有沒有一種特殊的台灣人的「跨國性」（transnationalism）是我有興趣了解的。在多年訪談的經驗中，看過也聽過許多台商小人物的故事；大多數的台商都只會說台語與國語，不懂英文也不懂東南亞在地語言，就比手畫腳地做起生意來；中秋節時想要返台過節卻搭錯飛機到了中南美洲，大字不識一個又語言不通，有點像《航站情緣》（*Terminal*）電影中的湯姆漢克，待在機場航站數日，直到有一天看到一個很像台灣人的旅客，趕緊跑去詢問，才在他的協助下轉機回到台灣，中秋節早已過了。還有，台商一九八〇年代末、一九九〇年代初來到越南，應該是今天越南所有外資的前鋒。機場海關荷槍實彈，旅客要全體蹲在地上接受安檢通關；越南當時還是一個未現代化的社會，沒水沒電，也沒有電話，台商要打電話回家，必須到五星級的旅館排很長的隊伍才能和台灣家人取得連繫，有時可能數個月都無法和家人連絡上，台灣家人的心情可想而知。也見過二十歲出頭的台商，父親生病後獨自留在異鄉維持家業，那是一個離都市很遠的工業區，同年齡的同學朋友大多在都會區或國外念書，沒有可以來往的同年齡朋友。每天一到傍晚便蹲坐在工廠巷口的路邊攤，獨自喝著啤酒，默默地看著揚起塵土呼嘯而過的汽機車，那年輕臉龐上刻畫出的滄桑令我印象深刻。

我想，田野的經驗讓我對研究對象有著「貼近感知經驗」（experience-near），這是與資訊提供者的直接感知經驗；這與純粹以學術觀點論述研究對象的「遙距感知經驗」（experience-distance）不太相同。以紀爾茲的比喻來說，前者可以說明恐懼，而後者要說明的是恐懼症。這種貼近感知經驗，對我來說是田野經驗中最珍貴的學習與反省，如此對研究對象的領會是只在研究室中大做文章的人很難理解的；而這樣的學習與反省，紀爾茲是這樣說的，視他人（者）與我們擁有同樣的天性，只是最基本的禮貌。我們不必把他人都化約為只是汲汲營營於金錢、地位、權力，從不在乎理念；但也不必將他們的故事過度誇張美化。基本上，我是以兩種角度來看台商，是安置在上述兩種經驗之間。一方面，台商在結構位置上是資本家；另一方面，台商是個在資本主義社會中求生存的個人。討論台商資本家時，他的立場就是要獲利，要有利潤就得剝削工人，要不然利潤從何而來？這時我會去看台商到底用什麼方式在剝削勞工？有用嗎？尤其是和台商有著不同語言文化的勞工，如何可能讓他們和台灣工人一樣能隨時聽命與待命，說加班就加班，絕對不會說我錢賺夠了，要回家陪家人。當面對一些不知「愛拚才會贏」、不那麼愛賺錢的異族群勞工時，台灣人在管理上有什麼「撇步」是我有興趣的。而這些「撇步」當然是以賺錢為前提，工人的權益與福利通常是被壓制的，對這些壓制異國勞工的勞動控制機制的揭露是我做研究的目的之一。這時，我會有批判台商結構角色的觀點，但不會直接責難個別台商的言行。在貼近了解他們異地求生存的奮鬥過程後，其他同事可以很輕易就脫口而出的「台商就是奸商」，這樣的話我是怎麼樣也說不出口的。另外，在討論台商是資本主義社會中求生存的個人時，我看到的是台商作為一個半邊陲國家以及在國際政治體制中被排斥的跨國資本，他在世界經濟體系中力爭上游的奮鬥過程。如果將他們的經驗拿來看學術半邊陲國家中學者力圖在國際學術界攀升的處境，我們就可以較輕易地同理這個向上努力的過程。我很明白自己所做是一種再現「台商」的工作，我看到的現象是被「從什麼位置看」以及「用什麼觀點看」所決定；作為研究者的我掌握了再現台商是什麼樣的人的學術權力，我觀照台商現象的角度，以及選擇、蒐集、安排資料的概念格局都影響著再現的具體成果——我所寫的文章。

在我的田野中，還有一項是值得拿出來談的，那就是與研究伙伴之間的合作與競爭關係。社會學者的田野相較於人類學者來說，似乎是更具開放性與集體性；尤其在進行跨國移地研究時，有些社會學者會以研究團隊的方式來進行。就我所知在東南亞與中國的區域研究上，社會學者研究團隊的形式並不在少數。在我的經驗中，除了自己出田野外，有時是兩個人，有時是三個人，甚至還有五、六個人同行的經驗。五、六個人的經驗並不是很好，人太多了，訪問變成沒有焦點，因為每個研究者都有自己關心的議題，大家搶著問問題，受訪者正講到我希望聽到的內容時，卻被其他的同伴打斷，再也接不下去了，那是非常懊惱的感覺。不過兩、三個人一起去做田野的經驗大都不錯，同伴在陌生異國異地的相互扶持對心理安定有很大的作用，對膽子很小的我來說，尤其受用。我曾經兩度在越南、一次在印尼田野時生病，還好每次都有同伴幫忙，否則我都不知道要怎麼辦。在實際的田野訪問過程中，同伴之間也會相互cover，同伴在進行訪問時，我可以有空間一邊觀察、一邊針對受訪者的特色，思考得宜的訪談與對話方式，也可以學習研究同伴的優點與技藝，同伴之間也會相互提醒被遺忘的議題。我自己從台大地理系周素卿教授那裡貼身學習到她許多的田野訪談工夫，從一九九九至二〇〇二年，這三年的寒暑假，都有機會和她一同到東南亞從事田野訪談的研究工作。她是一位非常認真用功又有組織能力的研究型學者，在田野時的知識互動更是一種學習與享受。從她那學到的田野技藝是實作的經驗，從事前資料的準備，田野中訪談策略的修正討論與回國後的檢討、寫文章，她都有條不紊；小到如蒐集到的名片要如何收藏，她都有一套。遇到一位好的研究伙伴，研究功力真的可以增加好幾年，要特別感謝她。

書寫田野的政治

在田野中，總有一些東西會吸引我的注意力，而這些東西往往會成為我的寫作動力，也就是論文的問題意識；再經過解謎的過程，文章書寫得以完成。歸納我至今所寫的東南亞台商文章，發現最能吸引我焦點的是一些具有戲劇效果的事物或現象，以彼得・伯格的話來說那是會讓人有Big Surprise的經驗，或者是謝國雄所說的「田野中的驚豔」。它們可能是異文化接觸時的震撼，是行動者的非意圖結果，是經典文章中的反例等。例如，當初台商是以純粹理性經濟人的觀點來想像東南亞勞工，具體互動後無所措手足的窘狀；依照台商外移到東南亞的經濟邏輯是因為那裡的勞工很便宜，所以他們想如果在台灣勞工一個月工資是一萬六千元新台幣，在東南亞只要六千元或更低，那他什麼都不用做，三百個勞工的工資就可以省下三百萬元，真是太划算了。可是，沒想到完全不是這樣，東南亞勞工的生產力要三至四個才可以抵一個台灣勞工的生產力，而且說不來上班就不來，一點辦法也沒有；沒有工人，資本就死亡了啊。這時他們要怎麼辦呢？這是我有興趣的。又如，為什麼很多越南台商到越南就會包二奶養情婦，在越南在地社會的形象滿差的，可是馬來西亞、泰國的台商就不會，怎麼會這樣？是因為越南台商的生理需求特別強嗎？還是有其他原因？我也對這些田野觀察做了研究。再如，台商從管理二十至三十人經驗，幾乎一夕之間就變成管理數千人甚至上萬人，他們怎麼適應企業大型化的轉型過程，簡單的如員工怎麼吃飯、呼吸、上廁所都要重新學習，更何況在生產管理上的新經驗。舉個例子，在印尼，台商為防暴動意外，必須為兩萬名員工庫存一個月的戰鬥糧，白米就要幾卡車，這些都是在台灣不曾有過的經驗。又，泰國上市公司的台商，每天要為上下班的工人開一百輛以上的交通車，工廠附近的街道被交通車占據，交通的疏導成為重要的工作。此外，為什麼研究外資在東南亞勞動控制的經典著作中，都將焦點放在外資和女工的關係上，但我在馬來西亞台商工廠卻看不到什麼女工，大都是以男性勞工為主？是哪裡出了問題？

在書寫田野經驗中，我覺得很重要的一點是確立現象，我以什麼樣的位置、觀點來書寫描述田野。通常，在確立現象的過程中，我會先盡我所看所聽的來描述現象，儘量做到紀爾茲所說的「重深描述」（thick description），先搞清楚事情是如何發生或運作的，避免隔空搔癢。在這個階段，我採用的方法是，先去理解這群被研究的對象究竟是怎麼行動的，認為他們自己的行為有什麼目的、有什麼意義。當然，現象與事實並不是邏輯一致的，它會有前後矛盾、不一致、見人說人話等情形。此時，作者所面臨的是片斷的、不規則又不明確的事實，就像拿到一份全文過錄訪談稿，內容是「陌生、字跡模糊、充滿省略、前後不一致，可疑的更改和帶有偏見的評語」（紀爾茲）。在田野中，這樣的經驗並不少見，例如，台商一下說越南是「母系社會」，女人在家中很有權力；一下又說越南社會很不公平，男人很懶惰每天都在喝咖啡閒聊，女人要做得半死供養老公；那到底越南女人是有權力還是沒權力呢？此時，寫作的工作便是先把握它們，串聯片斷句子的含義，再加以描述，經由描述介入再現的過程而確立現象，現象也成為讀者可以理解的現象。這其中包括我對研究對象行動或言說含義的了解，這樣的了解應該不是相對主義者所評述的「他者的侷限」，正如李宗盛所唱的《十七歲女生的溫柔》：「我猜十七歲女生的溫柔，其實是很那個的，……而猜想畢竟只是猜想，我不是女生，早已過了十七。」有些觀點是認為，十七歲的女生才能了解十七歲的女生，東南亞在地人才能了解在地人，台商才可以了解台商。

我想，我所說的了解研究對象的行動或言說，比較不像將心比心，將自己變成研究對象的那種了解，而是一種「領會」的了解。紀爾茲談到想要去了解土著內心生活的形式和壓力，比較不像是去達成心靈的感通，而比較像去掌握一句諺語、領略一個暗喻、讀一首詩。我也不覺得人們言行的意義是完全私有的，只有行動者才可以了解；它是社會性的，可以領會的。但我也覺得「領會」或多或少是一種能力，一種感性的溝通能力，一種敏感的溝通能力，即便一個研究者可以完全掌握研究對象的行為語言，但如果沒有這種敏感性的溝通能力，研究對象行動的意義對他來說，可能是完全神祕莫測的。當領會不在時，我們看到的現象描述就比較會流於表象或抽象的描述，讓人覺得距離遙遠不得要領，而淪為作者的自言自語。因此，在確立現象的書寫時，領會研究對象所做所言的含義後，再描述田野所觀察到的現象是我主要的方式。

＊＊＊

我所做的東南亞台商的田野研究，結合了社會學研究與區域研究，其中有我很熟悉的部分也有我很陌生的部分，其中有因熟悉而感到了無新意的人事物，卻因為在異國情調中，熟悉的事反而變成新鮮事。在我看來，個人的學術研究其實是個人探索與實踐的過程；透過東南亞這個研究地域及其中的台商，我重新了解台灣人族群的文化特性、台灣人的自我認同、台灣企業在全球化中的位置等。而這個重新認識台灣的過程，也是一個台灣人的研究者自我反省的過程。

龔宜君
Yi-jun Kung

目前任教於暨南國際大學東南亞學系。從博士論文開始，我的研究大都是與移民相關。我的第一本書《外來政權與本土社會》（稻鄉出版社，1998），講的是一個政權在立國作戰失敗之後，被迫率領一百多萬軍民，跨海來台灣尋求安身立命之地的故事。我的第二本書《出路：台商在東南亞的社會形構》（中央研究院亞太區域研究專題中心，2005），講的也是離散的故事，只是主角換成是跨海而去的台灣商人，講述他們在台灣的南方尋找生存之道。外省族群的離散故事發生在台灣，我不需移動即可著手研究；但台灣商人離散的故事卻發生在赤道周遭的熱帶異域，必須跟著走才能研究。於是，在田野中，我隨著台灣商人的想像與步伐，也和東南亞結了緣分，一個流離暫駐之他鄉也是我學術生涯安身之處。我的這篇有關田野自省的文章，也是這段旅程的回顧。

從排灣族的命名談起：田野關係的建立與政治

顧坤惠

——————清華大學人類學研究所

第一次接觸

我第一次與排灣族人有比較密集的接觸是在一九八六年，也是我大學剛畢業的那年秋天。那時候我參加了山區代課教師甄試，然後被分派到屏東縣瑪家鄉的瑪家國小（當時最想去的其實是霧台鄉阿禮村，進出大小鬼湖的要口）；而如今那所小學因故已經廢校（人口外流在當時已是個嚴重的問題）。瑪家鄉瑪家村在地理位置上頗為偏僻，位於大武山脈支陵，是海拔八百公尺的聚落，由瑪家、崑山及白露構成，為日治時期瑪家鄉的行政中心，但戰後行政中心轉移而漸趨沒落，並沒有公共交通車可以到達，進出有賴私家車、貨車或機車代步。當時距離最近的一個比較「市集」的地方——水門村，大概還有一個多小時的車程，而且車子走的還是既狹窄彎曲又顛簸的石頭路，這些路現在都已拓寬並鋪了柏油，雖然因地勢關係，颱風季節坍方路斷仍時有耳聞。擔任老師就必須按照學校的行事曆一戶戶地做家訪，而我因為喜歡山上的環境，同時也基於方便的理由，便借住在當地外遷教師的半石板屋家中，也順便代為照顧庭院。因此，能有相當長的時間和他們有日常生活上的接觸，進而了解村中的事務狀況。事實上，反而是本來住在山裡的老師希望孩子到平地的學校就讀，因此已經有不少人遷下山去了。

大約在一、二個月之後，一個學生的兄長建議給我一個排灣族的名字（ngadan）：

「Muni」。他非常正式地向我解釋：為了要給我這樣一個排灣族的名字，他必須要徵詢母方一位親屬成員的同意——直到後來我才知道，Muni事實上是貴族的名字，只有貴族家系的長嗣才可以命名。他之所以為我取一個排灣族名字可能有個人的考量，不過事實上他本身就是一個貴族，而他的名字叫做Tanupaq；當初他本人名字的取得也是向名字出處的原家長嗣要求而來。也就是說，因為這位兄長的家離這個名字出處的原家，在系譜上的位置比較遠，所以即便自己擁有貴族的名字，卻仍然沒有權力給予任何一個非自己家系的外人貴族的名字；意思就是命名的權力保留給長嗣，亦即貴族名字出處的原家長嗣。

這個命名事件並沒有一個公開的儀式，只是因為我和這個學生的家裡比較熟稔，所以他們會用這個名字稱呼我，而且還只有在比較特定的、私下的場合才使用；在村裡我仍然被認作是一位「老師」。Tanupaq的姑姑，也就是同意賜予我Muni這個名字的人，來自普悠瑪。普悠瑪恰好也就是我後來進行博士研究的田野所在地，因此這個淵源也對我此後理解排灣族的命名關係與政治產生影響：命名的正當性，跟賜名者與家屋的位置有非常密切的關係，而兩者在系譜上的位階都是相當重要的。

我在Makazayazaya，也就是瑪家村，還有另外一個名字叫做「Paules」，是住隔壁的鄰居媽媽Tsankim賜予我的。Tsankim是一位大致算得上是我母親輩的婦女，我們都以排灣族母親輩婦女的親屬稱謂Kina來稱呼（這牽涉到排灣族親屬命名的稱謂系統，一般稱為夏威夷型態，特色為同輩同性親屬均以相同稱謂稱呼）。Kina的家裡只有她夫妻二人和一位祖母輩的Vuvu（排灣族祖父母親輩的親屬稱謂，不分性別，同時也用以稱呼祖孫輩），一般日子裡他們都在山下工作，僅有假日回山上，小孩則都在外地就學；因為我與Vuvu毗鄰，平常會幫她做些雜事。有一天，Kina回山上照顧田裡的芒果，邀請我到她家小坐，聊著聊著就突然問起我是否有排灣名字。

我當時並沒有特別在意，所以也就直接回答道：「有啊，我有個別人給我的名字，叫做『Muni』。」

她聽到之後面露猶豫之色，繼續追問我這個名字究竟是誰賜予的，所以我就回答是Tanulivaq家的Tanupaq給的，也一併告訴她「Muni」這個名字的取得是經過怎樣的程序而來。她說那是一個貴族的名字，並且坦承她並不屬於那個範疇：「我們平民有屬於自己的名庫，而我要給你我母親的名字——Paules。」

對排灣族而言，以父母親或祖父母的名字賜予下一代其實是一個廣泛的命名習慣，而這個命名事件也同樣發生在一個私下的場合，基於彼此相熟的關係，所以也只介於Kina Tsankim的家人和我之間。依據排灣族的習俗，一個人可以同時擁有兩個或以上的名字，例如上述的事件中，我同時有貴族的名字Muni，還有一個平民的名字Paules。我在之後進行的田野調查中發現這種有多個名字的現象相當普遍：例如貴族聯姻，而雙方擁有自己貴族系統的名庫，其下一代多半會被賦予來自雙方不同的貴族名字；在雙親來自於不同位階家庭而結合的情況下，下一代通常就會分別擁有來自兩個家系價值不等的名字。不過在晚近，有不少人都會把屬於較低位階的名字捨棄，只保留屬於較高位階的稱呼。以我個人的例子來說，命名我這樣一個外來人士，是為了更進一步建立關係，這個名字的價值則取決於命名者本身的地位而有其差異。

再度相逢

關於這個「命名事件」，當初我並不理解其中的意義，只知道反正就是有兩個排灣名字，不同人有不同的名庫。直到一九九六年我再次回到屏東出長期田野（但在普悠瑪，而非先前的瑪家，地點的選擇主要是跟當時題目設定有關），有關於名字上的爭議層出不窮：「這個人究竟能不能擁有這個名字？配不配得上這個名字？這個名字出自何處？究竟有什麼意義？誰有資格或權利去命名？」諸如此類的問題在整個田野過程中時常聽到村民討論。記得當我初入田野時，一位具有貴族身分的鄉民代表就特別提醒我，最好儘量多找機會與貴族接觸、交往，「這樣你就會獲得一個比較好聽的名字。」不像本書中郭佩宜的大洋洲田野地屬於較平權的社會，在排灣族裡的位階排序被非常明確地劃分開來——在日常生活中就可以看到明顯的差異。「如果你老是和那些平民混在一起，到時候你就只能獲得一個普遍到很隨便的、就像漢人鄉間常用的阿貓阿狗那一類的名字。」鄉代對我如是說。

我剛聽到他的議論時並沒有很在意。不過由於我在進入田野時就已經相當程度地了解到排灣族階序的問題，之後也曾經找過幾位長老詢問過這方面的事。這才發現到：其實上述所代表的是排灣族人內部的、對於命名的美學與政治的評論；而且我發現不管是貴族或者是平民，對身分都相當敏感，換言之，這個評論在某個意義上是共享的。一個名字的出現都會被賦予相當的價值，例如在貴族與平民意欲結盟的情況下，關係便會透過賜名來形成。

而我在田野地時另一經常被提醒的是：普悠瑪人不會輕易給外人好的名字，除非他（她）是透過婚姻進入（或特定的儀式）；也就是說，普悠瑪人將內和外的界線非常清楚地區隔開來。這在我進入田野前就已耳聞，依稀記得在擔任研究助理時（一九八七～一九八九），跑遍了屏東縣三地門、瑪家及泰武鄉的每個聚落做訪談，當時泰武鄉公所的幹事在帶我前去普悠瑪的路上說，這是鄉裡最特別的一個村子，是個非常基督化的聚落，表現在教會的十一奉獻上，但卻又非常的傳統，保有排灣族很多的歌舞文化，民族性非常強，對外特別團結。關於這點我有一次相當深刻的經驗。

當時我已經在村子裡住了好一段時間，適逢豐年祭的舉行，其中一個競賽項目就是以「鄰」為單位組隊打排球；恰好村子裡的女學生排球隊沒有女性的排球教練，而我過去又曾經是校排球隊員，所以我就跟著她們一起練球。可是到了正式比賽的那天，他們卻不讓我上場打球，並且直接告訴我：「你不是本村人！」即便我回答：「我就住在第五鄰耶！」還是：「不算。」

從這個例子當中可以知道，即便是擁有了一個被賜予的排灣名字，獲得了一個在社會上的位置，但那個位置事實上並非固定的，而是「脈絡化」（contextual）的——他們會在特定的時空背景下決定允許你行動（acting）的程度，而就算是你曾經在某方面行為獲得了極大範圍的空間，並不意味在其他脈絡下也行得通。**名字只是個起點，你必須不斷地以行為去協調這微妙的內外關係。**

然而過了些時日，某次喪禮的經驗卻有了完全不同的轉折：Kina和喪家並非傳統上的部屬關係亦非政治上的同盟關係，不過到了出殯前幾晚的守靈夜，由於教會信仰，全村的居民都會要聚集到喪家慰問（smupuruan），尤其這喪家具有傳統貴族的身分，村民對這更顯得重視，在喪家前的聚會持續達一週。這天，Kina知道我已經先行前往致意，便說：「反正你也是我們家的，有代表去了就好了。」簡而言之，在不同的脈絡下，隨著彼此關係的進展，他們的內外範疇劃分呈現相當多樣而富變化。

不過，普悠瑪人將政客又劃歸在一個界線外特別的範疇內，享有與一般外人不同的待遇，主因在於這些政客帶來的現實利益相當大。長期在原住民聚落待過的人就知道，選舉可是村中的大事：政治人物透過關係的運作，就能夠帶給他的選區極大的政治利益；那麼當然要用最好的名字來對待。普悠瑪在晚近也有不少與其他族群或位階通婚的例子，有和卑南、阿美、布農，甚至「白浪」（排灣語指稱平地人）通婚，當這些外來者進入這個團體時，都會獲得一個和配偶所屬族群位階相當的名字，如此一來便可以很快地進入到他們的系統裡。此外，我們也可以了解到普悠瑪人對於所謂的「外」其實也有數個不同的範疇劃分。

我進入到普悠瑪田野後不久，Aselep，一位大約算是我阿姨輩的婦女也不經意地問我：「你有沒有排灣族的名字啊？」當時我不假思索地壯聲答道：「有哇，我叫做Muni，這是我在Makazayazaya的第一個名字。」

她幾乎馬上回應：「是誰給你這個名字的？你必須了解我們是不見得會接受外村所給予的名字噢。」基本上，很多名字在不同的排灣區域蘊含著不同的價值，即同一個名字對北排和南排而言也可能價值不等。例如，Tuku這個名字在北排灣大部分都是給平民使用，但是在南排灣卻仍然保留為排灣族神話中一個最尊貴的貴族名字。不過Aselep的疑問指涉的並非名字本身的價值問題，而是質疑「為什麼我能被賜予這樣一個名字」？

此刻我才了解到名字問題原來必須嚴肅地對待——我突然意識到這個命名最敏感的本質，Aselep其實是個平民的名字，而質疑者的主體位置是很重要的——於是我立刻說：「我還有另外一名字『Paules』。」Aselep於是告訴我：「『Paules』是北方人的說法，我們南方這裡因為口音不一樣，所以要叫『Pailis』，這個名字是可以啦，不過最好要去問問妳寄住那家的Kina，請她給你一個名字。」

因為這個部落是一九六八年才遷下山的新社區，而後沿山公路的開闢，社區位置距離公路大約一公里的山腳下，交通方便，相當適合短期進入的田野研究，也因此常有學生前往進行問卷調查一類的活動（例如：遷村移住適應問題、環境評估調查、城鄉移動、宗教人口分布狀況等等）。Aselep舉例說：「上次來做訪問的那個學生，被牧師取名叫做Akai，那其實是排灣族裡一個最普通的名字。」從Aselep的話語中就可以知道我已被劃歸到同一個範疇裡：一、是外來的，二、來做短期訪問的（當時沒人料到我會一待就將近兩年）。**這也符合排灣族對名字的另一層意義的理解，也就是聲譽，或與能力相當的名譽。**

這個賜名的牧師是從三地門村來的，他的名字叫「Lamayav」，也是一位平民。由於我當時設定的研究題目與宗教相關；所以我知會了鄉公所相關單位並徵得了村長及牧師的同意住在村子裡，而牧師也事先在教會的聚會時間中宣布了這項消息——我這才找到落腳的地方：Pacikel家，因為孩子們都到外地工作、讀書，所以剩下空房間，家裡只住兩位老人家。事實上，Aselep知道我住在什麼地方以及住所家屋的社會位階，所以她對於那個家戶所能提供的名庫有相當的了解，能夠清楚認識到家屋名庫及其價值的關聯。從以上的例子可以很容易地理解不同名字有著不同價值，並且這種價值是共享的，無論在貴族或者平民間，同儕之間對於好名字的競爭非常明顯。

之後我就跟田野地居所 Patsikel 家的 Kina 提起 Aselep 的建議，詢問我是否應該要重新有一個本地的名字，請求 vusam（排灣語長嗣）賜予的名字，Kina 想了想然後說：「其實我們可以從幾個不同的名字中選擇，譬如 Tuku、Paqesan、Pailis 和 Kereker 等等。」她還特別說明：「雖然我們並不是貴族，不過也不是最低的平民啦。」在這裡她就沒有提到她女兒的名字「Rezerman」，因為這個名字屬於略高一等的社會位階，她自己並沒有這樣的權力賜予，所以為了獲取這個名字，她必須向其他家族經由固定形式求得許可才能使用。在此同時，我也很想測試一下她對於我其他名字的反應如何，所以我又繼續說到其實我在瑪家也有被賜予排灣名字，她便好奇地問：「那是什麼名字？」

我很快回答：「Muni。」Kina 便不做聲了，我馬上就敏感到氣氛的異樣。

接著我又說：「還有另外一個叫 Paules。」

「喔，Pailis 這個名字很好，我母親的名字就叫做 Pailis，你當然可以使用這個名字。」然後她就開始問我關於這個名字的出處、賜名者的家名以及他的位階；當她發現這個賜名者恰好是她丈夫在 Makazayazaya 的一位遠房親戚，於是這個名字的有效性便很快地被確認且建立了。這位賜名者因為屬於一個排灣族神話中的創世家族，同時具備賜予 Muni 和 Paules 這兩個名字的權利，不過就 Kina 而言，在主觀意識上她認為 Pailis 這個名字會較適合我。事實上，Kina把最初賜予我Muni和為我取Paules的兩個人給混淆了，不過我當時也沒有更進一步地澄清。從此之後，她就成為我在村中的代言人，每逢人介紹我的時候總是要從「她就叫做Pailis……」開始，接下來就是一長串「這個Pailis是從ＸＸ村ＸＸ家的ＸＸＸ取的Paules……」的說明關於名字有效性的解釋。

Pailis本來是一個邊緣貴族的名字，不過晚近因為有不少「較下層的」平民挪用，所以名字的價值也就通貨膨脹而貶值了。之後大家通常叫我Ilis，這是Pailis的暱稱，就像是大家常聽到的Akai其實是Mukai的簡稱，本來也是排灣族傳說裡的一個貴族名字，但在北排灣已經是廣為平民所使用的名字；很多排灣名字都有較短的暱稱。

雖然當地的一些Muni私底下對我說，我仍然可以使用Muni這個名字。「如果有人敢挑戰你，就說是我ＸＸ同意你使用Muni的！」不過當時我已經知道了關於排灣族名字的意涵，以及牽涉到與整體社會認同的社會位階間之關係，所以一旦使用一個其實並不為大家認同的名字就很有可能會處處碰壁。所以，雖然我相當尊重那位在瑪家賜予我Muni這個名字的長者，不過我也了解那裡和這裡兩地有著不同的認知與我所處的不同社會關係。

在當地正式居住了數個月後，村中有位領導貴族Tsuitsuil a Gaguligul說，如果我願意的話，他要賜給我一個名字。在田野生活的經驗中我發現，村落中的La Mavaliu與La Gaguligul 二家成員當時正在為著領導權以及名分問題競爭得如火如荼，各自使用在族人文化上可以接受的概念（cultural idioms）來支持自己的立場與宣稱，導致村裡的氣氛頗為緊張；或許他只是單純地想賜名給我，但我如果接受了某一方家族的名字，除了指涉到家族成員的認同、位階外，最容易被聯想到的是我已經與某一方家族形成了聯盟關係——這麼一來很可能使我在田野的政治關係趨於複雜，更何況在排灣族的政治裡，一個公開命名的儀式場合上，對於賜名的貴族也要有相對應的一些付出來表明這個關係；所以我以一種較沉默和消極的態度委婉地拒絕了。個人性的田野經驗其實與整個村落的政治關係相扣連。

雖然有人也勸我何不依照他們的建議向貴族靠攏，除了獲取一個貴族的好名，還可以讓田野工作的進入在他們的保障和保護下進行，以獲取最直接的資訊；不過，另一方面我也清楚這樣的位置也可能影響了觀看的層面。因為在一般人的觀念裡排灣文化的意涵保存於貴族家中——早期他們不必像平民一樣務農勞動，所以有相當充分的餘裕創造精緻的文化；已經有些學者的確就直接在貴族家裡研究這種家族方面的歷史文化。而我當初設定的研究題目是宗教變遷，更感到興趣的是身為不同社會範疇的成員是從什麼樣的角度去理解這樣一個宗教文化上與政治動態上的表現，特別是長老教會的理念與制度和傳統排灣族的社會秩序間的嵌合問題。不同的切入點是否會帶來不同觀看角度呢？

舉出命名這樣一個細微的例子，顯示平常在漢人社會中我們很難想像其與政治上的關聯，背後竟隱藏如此大的意涵，而經過這一連串不經意發生的事件，事實上在日後對我了解排灣的社會特性和政治關係有相當大的幫助。也因為透過對命名的理解，我認知到自己在兩個村子裡有著不同的地位：在瑪家，我的身分是一個外來的老師，而因為老師這個職業賦予的形象，我在村子裡是受到尊重的，大部分的人也以「老師」稱呼我，除了一些交情特別好的朋友會在私下稱呼我排灣名字對我展現另一種不同而特別的關係。但在後者的村中，我是經由牧師和村長的引介進入田野，他們知道我是一個在學的學生，對普悠瑪人來說這個給予的稱呼就是相當於外來的、沒什麼位階的學生身分所適合的名字。在這個例子中村民幾乎都這樣叫我，Ilis，已經變成是我在這個村子中的標誌，所以他們也會使喚我為其效勞，也就是對我這個名字身分有各自不同的權利。在田野中一大段日子裡，我負責家中晚餐的準備，起初是因家中二老無人照顧，而後婚出的小弟一家人也會回來一起用餐（其實就住隔壁）。慢慢地這也變成是符合我身分的一種行為，時間到了，「Ilis該做飯了！」

名字的流動

隨著時間的流逝，村民漸漸習慣了我在村子裡晃來晃去，一出門，鄰家的小孩就會問，「mai-nu-shun」（你要上哪兒去？），年長者則是在我每次短期離開村子回去後都問，怎麼沒有帶你的sudu（異性友人）?·有位kama（排灣語的父執輩通稱）私下跟我說，當年他快過了適婚年紀後就很不好意思自己一個人在村莊裡走動，因為老人家總是會問何時請吃喜酒等等，也趁此機會說要幫我物色對象。於是，我很好奇，單身身分在排灣族社會中的地位如何？起結婚（pu-cekel）、生育（pu-alak）除了生物性的繁衍，在排灣社會中的文化社會意涵為何？起初幾位受訪的Kina對於這樣的問題覺得不可思議，「每個女人都要結婚生子啊！」對於村中少數幾位超齡單身男子的存在，則表示是例外。觀察發現，單身非長嗣子女在家中地位低，持續提供家屋內的勞力供應，但對重大事務並沒有太多的發言權（就某個意義而言，他們對家屋系譜的再生產沒有貢獻），長嗣婚後無子女通常會以收養來彌補。起先，他們回答，小孩是上帝（傳統中稱至高神Tjagaraus，神靈Tsemas）的禮物及祝福，所以是珍貴的。但這無法回答沒有子嗣的後果，於是他們說，沒有子女後代，妳／你的名字便無法被傳遞下去，也就沒有人會紀念了，孤孤單單的。透過婚姻生育繁衍，名字的延續與傳遞（以namesake的方式）的重要性又再次被強調。

對排灣族而言，社會位階的流動很重要的因素之一是婚姻，這也表現在名字的流動上。雖然說同位階間的婚姻，特別是貴族階層間的聯姻結盟關係是維繫珍貴名字價值的重要方式，不過在上下位階群體間的婚姻就是促成位階流動的主要來源，這兩者間的張力構成排灣族社會動態發展的重要機制，晚近當地人以「買名字」來形容。在一般報章雜誌中我們也常看到，排灣貴族婚禮的盛大場面和鋪陳似乎被膨脹成為大眾理解排灣族社會的一種特殊儀式。

我在田野工作住家（La Patsikel）的二哥（二年前因肝癌過世），他被父親的大姊收養，Kina是La Leleman家的長女，因為沒有子嗣而按親屬輩分收養了二哥，希望由他來掌管Leleman家。那個家基本上是一個頗富裕的平民之家，歷代傳承累積了不少土地及家寶。以往我們總覺得貴族聽起來應該是比較富裕的，不過事實上部分平民之家往往透過勞力付出的轉換，擁有較貴族更豐富的資產，特別是在土地改革措施及資本主義市場經濟的引入之後。

二哥曾經告訴我，在他被收養前和收養後對於配偶的選擇，長輩們給了他相當不同的建議：在原來的Patsikel平民之家，他的輩分是老二，所以家人認為他應該儘量去和別家的老大交朋友，這麼一來他在婚後就可以直接被納入那個家屋，而不必擔心

圖9-1——村民在貴族家門前豎起鞦韆，為其所屬貴族婦女結婚之榮耀。

婚後居處問題；然而當他變成收養家La Leleman的老大之後，老人家便建議他應該去找貴族家的女子以為下一代獲得好名，是不是長嗣就比較不被強調（可能也比較難）。由此我們很清楚地看到，在不同的社會位置他如何去選取對自己最有利的：當成為長嗣時他已經具備直接繼承家屋所有財富的條件，所以他便不再擔心資本累積這部分，而將焦點轉移到如何將自己的下一代劃歸入好名之家這種象徵性的範疇。雖然不同位階間的流動是要付出極大代價的，例如二哥當年便付出非常豐厚的聘金和聘禮，不過當這個名庫流入他的家（這只會發生在第二代的名字而非當事人），其子女就可以在儀式中戴羽毛、佩帶相當位階的裝飾等等，而這又成為象徵資本，提供下一次婚姻協調時的有力基礎，所以被認為是相當值得的。

圖9-2——長老於大眾面前檢視傳統聘禮以確認符合女方貴族地位。

所以我們也可以由此理解個人在日常生活中如何運用策略來保有（或提昇）其個人或家的位階：除婚姻外，收養也是一種方式。收養在排灣社會中十分常見，具有貴族身分的家族過去在村落中被賦予保護、照顧鰥寡孤獨者的角色，但隨著政治的變遷和政府的進入，他們的政治權力滑落，使貴族所提供的社會功能與過去有極大的差異。在普悠瑪晚近也出現了平民收養貴族家子女的現象；一方面貴族得以延伸其與部屬的關係並言明其被收養的子女為唯一家屋繼承人，另一方面平民則藉此鞏固與貴族的關係並得以使用貴族名字。以上為平民之家使用不同的方式以增加獲取貴族名字的管道。

別名的社會意涵

記得有一次在個聚會的場合，友人們玩著猜謎的遊戲，知道我正努力地學習排灣語，便要我來猜猜看是否能以正確的排灣語道出謎底。我也當真，認真聽著謎題，大聲喊出「vuluq」（矛，spear），只見友人們笑得東倒西歪，我心想我很肯定這個答案，但為何卻招來這般的反應，正不得其解，友人們這才解釋，雖然我答對了但也同時犯了個小忌，其實這是個陷阱。原來，vuluq 也是在場一位長者的別名，而這別名是另有特殊含義的。他們之間有個約定俗成的共識是不能當著人面前直呼其小名，即使大家會拐彎抹角描述。以我這個外人來測試這個極限，也提供大家娛樂，並且懲罰我去買可樂好讓大家消消暑。

排灣人的小名是在婚後才取的，所以他們會警告即將要結婚的年輕人在新婚期間言行舉止要小心喔，否則就會被取一個難聽的小名。大多數我所知道的小名都具有性意涵，與婚後繁衍子嗣的性想像相關：例如有一位相當於父執輩的長者被愛玩口頭文字遊戲的村民戲稱為「有能力的獵人」，並且極其描述他如何擅長設計機關箭，可以在山野間快狠準地捕獲獵物；後來才知道這是取笑他有很多性行為，是排灣話中箭vuluq（影射男性性器官的意象）的相關語。也有很多指涉女性的私處，例如avai（小米糕），那是一種重要的傳統食物，在過去具備儀式上的象徵意義，是婚禮及婦女生小孩後宴客中的重要食品，所以他們也會用此指涉女體性器官。在暱稱當中也提供描述夫妻間社會關係的線索，例如排灣話的malimali，也就是謝謝，用以表示有著前次婚姻關係而來的子嗣的夫妻，亦即「帶過來的」，多了一個的禮物，因為通常孩子是跟著母親。lacen用來指稱男性在婚姻協商中沒有付聘金聘禮，因為在早期排灣社會中如果一個位階很高的貴族男性要與一個女平民結婚，「只要帶一條棉被去就好」，即認為已經是很大的恩惠。晚近受到漢人和基督宗教的影響，觀念上開始認為，即使在男女雙方位階相差很大的情況下，如果沒有傳統排灣的聘禮，起碼也必須要有聘金，所以對於那些堅持地位的尊貴而不給付的人就以此私下稱呼。

不過他們會使用相當多的隱喻，讓被取名的那個人知道「我們指的就是你啦」！所以平常口語對話的場合會轉變成帶點競爭意味的局面，因為他們會從描述的故事中了解其中影射的意涵。偶爾這種情況也會演變成衝突，特別是當使用的詞彙在當事者聽來已經僭越了彼此之間容許互動的社會關係。我第一次了解到別名的使用是在一個守靈夜，也就是某家正在舉行喪禮期間，村民聚集在喪家前的廣場陪伴喪家度過守喪期。當時我非常驚訝，因為那與屋內的氛圍形成強烈的對比，然而慢慢地，這些小插曲卻成為我理解smupuruan（慰問喪家）意涵的另一種表現。

「取暱稱」其實是提供一種區辨較小團體成員的方式，打破了親屬和階序、貴族和同盟間形成的社會關係；因為透過取暱稱的過程，類似同性之間另一種「姊妹結伴關係」，這是可以跨越階序的。所以從對名字的了解，察覺到排灣社會中有數種不同群體及群體跨越的機制，例如親屬的、階序的，相對於同儕姊妹結伴關係，以及別名的使用等等。

另外，名字的變遷也反映排灣社會與外在環境的種種歷史糾葛，例如日據時期賜予的日本姓名，以及之後國民政府帶來的漢名紛爭。其中我們可以清楚看到戶政事務所在賜予漢姓時，運用的是傳統漢人的父系觀念，而這其實在排灣的家屋社會中並不盡然適用，顯示出漢人與排灣人在社會關係運作上的不同。還有基督宗教的教名也進入了排灣族的社會，這當中又分為天主教和長老教會兩個不同的系統，但多只在使用漢名時採用，與排灣名並存。

直至今日排灣族的命名系統仍在社會中具備相當重要的功能，雖然有不少人批評現在大家都把名字亂用，特別是貴族因為在政治變遷中喪失了實際的權勢，所以在象徵的資產上就會為了某些現實上的利益而導致賜名氾濫，造成買名字的風氣，甚至某些婚姻會被認定為是為好名交易。然而仍不失為理解排灣社會的一個重要切入點。

從個人名字、部落內部政治的關係到婚姻選擇與收養一路下來，最後到不同的名稱對應不同的社會關係，也就是小名、暱稱。當初進入田野我並沒有打算要做這個方面的研究，但從日常生活中的互動，這些最一般而頻繁的事件，卻成為我在論文寫作中詮釋社會機制一個很好的切入點：這說明了排灣社會的特性，尤其它的性質是流動的，而因為這樣的行為在意義詮釋上相當明顯，所以提供理解排灣社會一個另類的觀看角度。記得論文寫作時跟一位友人談及以名與命名作為介紹排灣族社會的切入角度，友人的第一個反應是，以前沒人這麼談過，一定是我個人對此議題特別敏感，所以作者的主觀成分濃。本文以我個人排灣名字賜名過程中不同的案例來談田野裡的關係建立，以及其中所蘊含的政治關係，希望至少部分說明這前後因由。這兩個案例所顯示的是從我本來對於排灣族沒有任何事先的理解，到後來我選擇以排灣族作為我長期田野地後，如何由我個人的經驗到建構我對排灣族認識的過程，特別是這前後認知上演變的過程中所產生的變化。

尾語

本文在我出國研究前未能完成，原也覺得如期交稿的希望渺茫，在出書集結最後階段，消息傳來，瑪家Tanulivaq家的Kina在久病後安息了。聽到消息雖然不驚訝（出國前曾去探望住院的她），但沒想到會走得這麼倉促，頓時往日的種種湧上心頭，有太多的「第一次排灣族經驗」是跟Kina家連在一起，第一個排灣族名字（經由她的認可），第一頓道地排灣族大餐（那年山社同好帶隊到北大武特地取道從瑪家下山來訪，Kina盛情款待，親自準備了tsinavu、avai、bangats〔蜂蛹〕及飛鼠湯，給疲憊的山友解頓），第一次在深山中的老石板屋度過（為了籌辦學校郊遊，我希望帶小朋友們返舊社尋根，於是決定先勘查到舊社的路段，在Kina關注的眼神下我與友人到舊社及Tsalisi探訪，還差一點兒就到了傳說中的發祥地Padain，雖然後來郊遊計畫因安全考量而取消，此行卻圓了我當時心中上山的小小夢想）。諸此種種，記憶猶新，在那時已種下了爾後從事排灣研究的種子而不自知。雖然當時能跟Kina談的並不多，她總是那麼地安靜慈祥，常能感受到她對子女的那種疼愛，特別是么女，惠英，待我也不薄。未能在守靈夜伴她走過，僅以此文紀念她。惠英在我到醫院探訪時說，Kina返老還童，往往語出驚人，幽默異常，與她平日的文靜大不同，我可以想像這點點滴滴也會是守靈夜的話題，大夥在談論與咀嚼她臨走前的詼諧，送她一程。

本文最後修訂於哈佛燕京學社，感謝20E室友楊聯芬（北京師範大學教授）撥空閱讀，指出許多贅字及用詞上的建議。更感謝兩位主編的用心與耐心（佩宜請助理協助將部分演講轉成文字稿），沒有他們的堅持，沒有本文的呈現。

顧坤惠
Kun-hui Ku

從哲學到人類學，有人說是從形而上到行而下，從抽象到具體，但多數時間是遊走其間，想像結合的可能性。拜台大登山社之賜，與原住民部落結緣，喜愛流浪的性格，注定了畢業後的第一份工作到離家最遠的屏東山區任教，此後誤打誤撞踏入人類學的領域，即便在求學研究過程中不斷流浪（或說在流浪中不斷學習），卻總是回到那個最初的「原」點。很少自稱人類學家，總覺得缺少那份在人群中悠遊自如的神態，喜愛冥想，覺得獨處有時成為反思自我與他者間關係的最佳方式。

現任教於國立清華大學人類學研究所，在舉步維艱的環境下，清大成立了「世界南島暨原住民族中心」（CWAIP, http://cwaip.web.nthu.edu.tw/files/40-1994-6295-1.php?Lang=zh-tw），以及同名的跨領域學分學程，算是漫長歲月中的一道曙光。

賦格曲三

無處不政治，無處不道德

佩宜說：

有人的地方就有政治，做決定就牽涉道德。許多研究論文看起來似乎是客觀無涉的，但田野工作從來都無法不碰觸政治和道德問題。有時候是外來的質疑，有時則是自我懷疑。本書許多文章都誠實地面對這些沒有簡單答案、也往往令人不太舒服的問題，這四篇文章更是直接討論政治和道德問題如何構成田野的每個腳印——從研究對象、研究課題、對現象的理解，到研究者自我的定位與反思，政治和道德抉擇無所不在。

宏仁說：

傳統的政治社會學奠基在韋伯的「支配類型」權力觀，認為某方擁有資源，並且對另一方施加力量，這就是政治。但自從傅柯的「權力是關係」觀點出現後，讓我們警覺到日常生活中的一些瑣事，都可能讓我們身陷兩難困境（也難怪有些配偶可以為了擠牙膏的形狀而吵架）。這四篇田野經驗，談論許多田野「戰術」，如何在眾多的微權力政治戰爭中不會粉身碎骨，全身而退。

你是我們的人嗎？

宏仁說：

會出現政治與道德的困境，許多情況是因為我們所處的田野地點裡，有它一定的秩序與社會運作，該地區的人們也總想知道，這些外來的研究者，可以擺在本地的哪個社會位置。所以才會出現「菜鳥女性研究者」、「亞洲白人」、「奇怪地坐在角落旁聽人是非者」、「幫另一個候選人拜票的人」，被研究者、對象，也一樣必須把我們擺入他們的社會體系中，才能知道如何與研究者互動、往來，雖然我們並不想要成為（也不是）他們所定義的那樣的角色。

宜君剛進入田野時，就是被台商定義為「菜鳥」、「沒大腦的女性」、「拿國科會的錢出來玩的學者」，她要如何扭轉這種刻板印象？原來「堅實的學術實力」是她的後盾，加上「教授」的職稱（也是一種權力武器），讓瞧不起她的台商漸漸把經營的內幕報出來。

但是坤惠的情形就不同了，剛開始進入田野時，她的身分角色是實習老師，好朋友給了她一個排灣族名字；但在另一個部落的朋友聽到這個名字時，「面露猶豫之色」，不知該如何反應，因為對方不知如何把這個名字放入當地的社會脈絡中。但即使有了當地的新名字，並不代表坤惠就是他們的一員，連最拿手、最不牽涉政治的排球運動都可以排除她的參與，這讓她體會到，原來社會位置是流動的，而非固定的。

佩宜說：

宜君談了進入田野、田野中和書寫田野三個階段的政治——嘿，總之田野從頭到尾非常政治。進入田野面對研究對象，常常必須進行權力遊戲——對台灣學者疑懼的華商、以及不同類型的台商打交道，都有很多的權力操作過程。而學術社群內的政治正確——社會學者「批判不義」的傳統，讓宜君做台商研究需要更多說服，但這樣的政治考量過程讓她能在資本家的角色外，也更深入探討到台商作為人、跨國的台灣人的一面。這樣的態度也延續到書寫策略上。

坤惠進入田野不久，就被問是否有排灣名字。命名是排灣族人與外人建立關係的方式，什麼人給予他人什麼名字與階級地位有莫大關聯，命名的政治就此與她結下不解之緣。在當地政治的操作中摸索自己該有什麼名字，後來成為她了解排灣族階序制度的重要面向。順道一提，有趣的是，本書中三位研究南島語族的研究者（坤惠、韻芳和佩宜）都遇到和名字有關的問題，但每個族群對名字的認知處理方式卻不相同。

宏仁說：

雅仲說，「策略無法脫離道德想像」，沒錯，中國傳統法家思想的「術」是以「勝利」為最高目標，也因此在道德性上一直被詬病。一進入田野，雅仲就被劈頭問：「究竟我的這些調查能為社區帶來什麼，到底有什麼值得參考的成果？」讓我們的田野研究者受內傷，為什麼？因為懷抱純粹道德理想的人類學者，並無法直接在（有時不道德的）策略上提供任何貢獻。在永康街社區運動裡的雅仲，每天要面臨「無聊瑣碎」的庶務工作，以及三人行的政治問題，加上以何種策略來推動工作，讓生性木訥的雅仲「緊張，乃至崩潰」。而這樣的個人經驗，不僅是觀察田野對象的變化而已，也改變了雅仲對於「人類學道德議題」、「人類學者角色」、「人類學研究議題」的種種看法，進而發展出他現在的知識體系。

危險的道德邊界

佩宜說：

像邵武和雅仲這樣比較涉入田野「事件」、運作的方式（有時稱為engaged anthropology），牽涉到的政治和道德反思密度就更高了。邵武面對的是九二一地震那劇烈的變動所引發的後續道德考量，雅仲的道德抉擇則發生在田野日常生活的的每一刻，要怎樣面對社區協會的工作伙伴、聽到派系臧否對方時要如何應對，都是當下的每一個道德抉擇。雅仲的田野充滿了微政治（micro-politics），包括辦公室政治，和後來的人際派系角力與里長選舉。這樣的田野性質，挑戰人類學家如何定位自己、如何做政治選擇，而無論如何選擇，都很可能影響她／他對當地的理解和研究。社區運動高道德要求的特色，產生高頻率的自我檢視，構成了研究的基調，和無可逃脫的困境（以及後來的成長）。

邵武是個「危險」的人類學家——他在研究中途遇到九二一地震，處於環境上、身體上的危險。然而更多時候他掙扎於道德的危險中。因為研究糾紛排解，一開始被認為是個專看「不正常」，無法被當地人輕易理解定位的危險分子。地震後面對的田野不是議題，而是「存在」的震撼問題，必須在如何定位自己時做道德抉擇。他放棄了原本旁觀調解委員會的角色，更直接涉入重建的工作中，這樣的探索帶有道德危險性，但同時也是對那樣的危險的一種探索。而後在論文書寫和敘述地震與重建時，又面臨了另外的道德危險——是否任何重述都簡化了九二一的多重意義，而重述又是否是揭開傷口撒鹽？

宏仁說：

角色、道德困境也發生在邵武的田野經驗。因為現實很複雜，經過研究者的「建構、分析」，必然把現實簡化為某些文字上的推理邏輯，那麼他作為研究者與當事人的雙重身分，是否會讓人有「爆料」的八卦感覺？還是有可能「選擇性地詮釋」此事件？其實每個田野研究者都有同樣的困擾：如何在混沌不明的現實中，以我們過去傳承的知識來描述一個田野的對象，而這樣的描述是否可能為真？宜君的某個朋友因為義憤填膺，而去爆料某個台商的不道德管理方式。但是在田野調查的倫理上，這應該嗎？還是如雅仲的文章一開始說的：道德抉擇是研究不可分割的一部分？

佩宜說：

田野工作者無法逃避內外的政治和道德檢視，也注定要正視自己的每個抉擇引發的後續效應——對當地的影響，對自己研究的影響，以及對自己的影響。涉入的程度不同，研究課題的差異，研究者者面臨的抉擇難度也不一樣。社區研究和engaged anthropology的困境在雅仲和邵武的文章中清楚呈現：雅仲認為人類學的理解受「研究者如何看待、面對甚至處理」這些過程所決定；邵武不得不在道德的危險界線上探索，建構、解構又重構自己的位置，他後來研究的轉向，常是這過程中一連串抉擇的結果。坤惠在取得排灣名字時不得不面對和學習其中政治周旋的種種，那些經驗建構了她對排灣族認識的重要軌跡。而宜君則透過自己的田野的探索與實踐，重新認識台灣和台灣人，也重新認識作為台灣人的自己。

第四部　田野和生命的協奏曲

經驗、情感與人類學的詮釋：我與花蓮 Truku 人

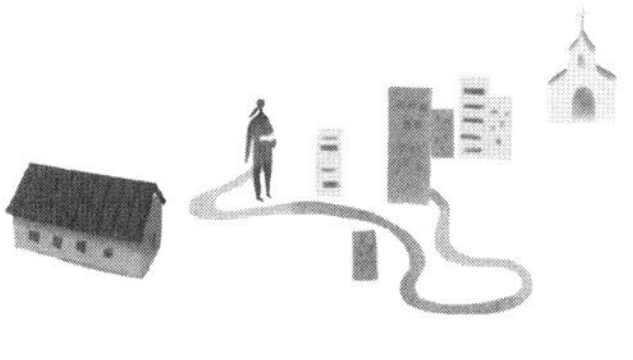

邱韻芳

——暨南國際大學東南亞學系人類學碩士班、原住民專班

好像每個人類學家在提起他的田野地和研究對象時，都必須給一個合理的學術理由。我當然也不例外。一直以來，我對台灣基督長老教會在台灣原住民社會文化變遷過程中所扮演的角色相當有興趣，而花蓮Truku人正是台灣「山地」原住民中最早接受長老教會信仰的一個族群。早在一九二四年，就有一位傳奇的Truku女子姬望（Ciwang）正式受洗成為基督徒，她不僅以五十八歲的高齡進入當時的淡水聖經書院就讀，還將福音傳入花蓮許多Truku部落，並且帶領這些第一代的Truku信徒躲過日本人的迫害……

除了上述檯面上的說法，選擇花蓮Truku人其實還有著很個人且無關學術的因由。和Truku人第一次的接觸是在碩士班三年級那一年。那時我在一個布農族部落蒐集碩士論文的資料，初次田野經驗帶來的挫折讓我對於自己是否適合走人類學這條路產生了懷疑。明明很欣賞布農族人的內斂，但自己怕生、不夠主動的性格對上這樣的族群特性，造成了田野時極大的困境，加上我所選擇的是一個相當保守的布農部落，在那樣的環境裡，外來者的一舉一動都格外受到注目，甚至引發議論。

就在情緒快要潰堤時，正好我的指導教授謝世忠老師來田野探望我，看到我的沮喪，便提議我跟著他到其近日做研究的一個Truku部落走走。也不知道為什麼，在初次見面的Truku人面前，我突然變得既開朗又健談，族人有些多又不會太多的熱情，像是一抹陽光霎時揮去我當時心中的陰霾。進入博士班就讀後，我開始蒐集、閱讀有關花蓮Truku人的資料，同時透過謝老師認識了文蘭教會的 Aki 牧師和 Kingi 師母。牧師的溫文幽默和師母的爽朗親切讓我留下很好的印象，而後便決定以文蘭村作為博士論文的田野地。

當時我在台大還有一門課沒有修畢，又正好申請到中研院民族所一筆學習田野語言的經費，思量之後寫了封信給 Aki 牧師，請他幫忙在台北找一位可以教 Truku 語入門的老師。就這樣，我認識了第一個「Truku」朋友——露子。露子和我年齡相仿，個頭也一樣嬌小，在立法院裡擔任泰雅族立委巴燕達魯的助理。她有個高大英挺的阿美族老公和一個已經念小學的兒子。為了配合露子的時間，我們一個禮拜兩次的課程，都是在她下班之後進行。

第一次上課，露子便慎重其事地說，她已經幫我想好了一個 Truku 名字——Labi，以後稱呼起來方便些。我有些意外，但還是很高興地接受了。由於是第一次教母語，露子事先都會儘量做足功課，碰到疑難處還不時會打電話回花蓮找救兵。不過，上了幾次課後我才知道，她之所以有些手忙腳亂的另一個原因是，露子並非真正的 Truku，而是 Toda。原來，我是在向 Toda 人學 Truku 話。

Toda、Truku 和另一個族群 Tkdaya 在過往學界的分類中被劃歸為「泰雅族」裡的「賽德克」亞族（因為他們對「人」的稱呼皆為 Sediq/Seejiq/Seediq）。三個群體之間的語言可以相互溝通，不過在一些詞彙和發音上有些許的差異。他們的原居地都在今日南投的仁愛鄉，大約三百年前，陸續有族人從南投越過中央山脈東遷，而後漸次擴散到今日花蓮的秀林鄉、萬榮鄉，與卓溪鄉。在南投，三個群體的人數大致相當，但在花蓮，Truku的人數遠遠超過其他兩個族群（占總人數百分之八十以上），加上彼此之間的通婚與生活上的來往相當頻繁，因此在與其他族群互動時，Toda人和Tkdaya人有時也會自稱為Truku。

進入田野

二〇〇〇年三月投下總統大選的選票後，我揹著行囊來到文蘭。文蘭村位於秀林鄉的最南端，包含了銅蘭、米亞灣、重光三個部落，其中村辦公室所在的銅蘭（Tmunan）是最大的一個聚落，也是我主要的田野地。來到銅蘭第一件事便是找住的地方。Kingi師母帶著我走進一間雜貨店，把我介紹給店裡的女主人Wina，並向她說明，因為研究的需要，我得在部落裡住上一年甚至更久的時間。Wina打量了我一眼，便很爽快地說，她兩個女兒都到台北念書了，二樓有空的房間可以讓我住。「那麼，租金要怎麼算呢？」我問。「不用啦，妳只要有空的時候順便幫我那個小兒子雅各看一下功課就好了。」

卸下行李後，我一個人在部落裡打轉，看見有人聚在屋前吃喝閒聊，便趨上前去自我介紹。幾乎沒有例外地，我都會被邀請加入圍坐的行列。他們很好奇怎麼會有一個女孩子單獨跑到部落說要長期住下來，不過，讓他們更驚訝的是，除了檳榔和香菸，請我吃什麼我都吃，而且還吃得津津有味。花蓮的 Truku 人常自嘲說，豬碰到 Truku 人最可憐，因為不論遇到好事、壞事都要殺豬。第一次在部落遇到殺豬時，族人試探性地拿著一盤剛從剖開的豬肚裡切下的生豬肝到我面前，我用手抓了塊放進嘴裡，脆脆的，口感頗佳。他們於是再遞給我泡在米酒裡的豬腦，我也一股腦喝了進去，滑滑潤潤的味道不壞，只是酒味重了些。不過相較之下，我最愛的還是 Truku 人特製的豬血湯，它的做法是把米飯，以及未凝固的豬血倒進豬骨頭、內臟等熬煮的高湯裡攪拌、調味，深紅色的熱湯香味四溢，每回我總忍不住要喝上好幾碗。

隨後的日子裡，我陸陸續續吃了山豬、飛鼠、山羊、山羌，其中味道最令人難忘的是綠色的飛鼠腸，有些苦苦、沙沙的，族人說那是中藥，吃了對身體很好。在各式各樣的山產料理中，我特別喜歡烤乾過的山肉拿來煮湯時散發的那股香味，以及 Miring 長老用手打去殼的玉米加上山產所熬煮成的濃粥（從來不知道玉米可以料理得這麼香甜有滋味）。雖然我並非因為取悅當地人而去品嚐這種種陌生的食物，但「很愛吃」這件事卻對我的田野產生了很大的助益。因著這些共食的經驗，我在族人心目中不再是個一般的 Klmukan（平地人），而是個很像原住民的 Klmukan，「ana manu uqun」（什麼都吃）成了他們介紹我給其他 Truku 人時最常提及的一個特點。除了「吃」之外，露子先前幫我取的 Truku 名字「Labi」也是拉近我和當地人距離的有力媒介。有了它，我不再是一個和部落毫無關聯的外來者。從他們認識我的第一天起，我就已經是Labi，一直到現在，就連牧師和師母也記不得我的中文名字，或許更貼近事實的說法是，族人對於我叫什麼中文名字根本一點興趣也沒有。

Truku的國語就是泰雅族

來到田野地之前，閱讀了近年來有關花蓮Truku人的一些論著，不少作者都提及族人往往會向外來的研究者強調自己不是「泰雅族」，而是「太魯閣族」，因此在論文中便以尊重族人自稱的觀點出發，使用「太魯閣人」這個稱謂。不過在銅蘭閒晃、吃吃喝喝一些日子後，我有不太一樣的發現，這裡的人都自稱Truku，偶爾會聽到「我們泰雅族」這個字眼，至於「太魯閣族」或「太魯閣人」這些詞彙，從不曾由他們的口中出現。一天，我去拜訪部落裡一位以製刀聞名的老人。他操著生澀的國語對我解釋：

> 這個番刀在泰雅族是很重要的，像過去結婚的時候，……

老人家解釋完刀的意涵後，我忍不住問道：

—你們Truku算是泰雅族嗎？

—對啊，我們是泰雅族，Truku的國語就是泰雅族。

老人回答的理所當然，並且露出一副你連我們是泰雅族都不知道，還要來研究我們的表情。

—可是有人說你們是太魯閣族而不是泰雅族。

—什麼太魯閣族，我不知道。

後來我才了解，正名運動雖然已經推展了相當長一段時間，但影響力仍侷限在菁英圈裡以及秀林鄉北部，尤其是太魯閣國家公園所在的富世村一帶。至於文蘭，大多數族人對正名一事毫無知悉，少數幾個聽過的人也都不太清楚其內涵，甚至有一個族人這樣表示：

「太魯閣族」，那是一些牧師發明出來的啦，我們以前沒有這樣說。

我心想，原來只是個知識分子一頭熱的運動。

不過在銅蘭待了一陣子後我卻又發現，事情也不是這麼簡單。族人口裡的「泰雅族」其實並不等同於學術文獻中所定義的「泰雅族」，他們所認知的「泰雅族」是以Truku為中心的，就像那位老人告訴我的：「Truku的國語就是泰雅族（Truku=泰雅）。至於那些自稱Tayal，外界所認為的典型「泰雅族」人，Truku人則另有一個母語的稱呼：Embgala，而他們所最熟悉的Embgala，就是人類學者李亦園所研究的南澳泰雅人。於是，我進一步追問：

那麼，南澳那邊的Embgala是什麼族呢？

對於這個問題，我得到以下幾種回答：

—喔，他們也算是泰雅族啦，不過我們兩邊的話不一樣。

—不太清楚ㄟ，好像也是泰雅族。

—就是Embgala啊，他們是什麼族，不知道耶。

我開始有點明白一些「Truku菁英之所以要「正名」的理由。

不過，不管是「泰雅族」或是「太魯閣族」，對於我在部落中和族人的溝通都不構成問題。

他們用母語自稱時毫無疑問地是Truku，我也同樣以「你們Truku如何如何」來與之對話。反倒是出了部落之外，該用什麼樣的「族名」來稱呼他們構成了些許的困擾。每回有朋友問我研究的是哪一族時，我通常這樣回答：「我研究的是花蓮的Truku。」聽到這個答案，絕大多數的人總是露出茫然的表情，臉上一副「台灣有這個族嗎？」的困惑。我只好再補上一句：「他們在學界裡一般被歸為是泰雅族的一個分支，不過，現在有些族人想要從泰雅分出來，自己成一個族。」

聽到「泰雅」，問的人大多會點點頭露出理解的表情，對於我後面的補充說明則沒有太大的興趣。不過這時卻輪到我的心裡有些不舒坦，總覺得好像扭曲了我田野地的族人。因為我知道雖然對銅蘭的朋友來說，Truku就是泰雅，但在絕大多數非Truku人的認知裡，「泰雅」當中卻沒有Truku的位置，提到泰雅，大家想到的是那些北部的泰雅人，很少人會提到花蓮有泰雅族。雖然只是簡短的對話，但這樣的經驗使得我對於Truku人想要正名的心情，又多了一些體會。因為，當他們告訴旁人自己是泰雅時，對方往往並無法真正理解，他們其實是Truku。

太魯閣或賽德克？

在一九九六年長老教會太魯閣中會所舉辦的「正名『太魯閣族』研討會」中，正名的議題首次浮上檯面。在這次會議裡，幾位Truku牧者大力抨擊過去政府與學界錯誤地把Truku人歸類為「泰雅族」，並提出正名為「太魯閣族」的主張。出乎他們意料的是，正名議題並未引來大社會太多關注，反倒是形成了族群菁英內部之間的爭議，進而衍生出「泰雅族」、「太魯閣族」，和「賽德克族」三派不同的主張。其中強烈反對脫離「泰雅」的是著有數種泰雅相關著作的Truku學者廖守臣，認為應以「賽德克」為族名的呼聲則主要來自南投，不過，在花蓮也獲得不少Toda、Tkdaya知識分子，以及部分Truku菁英的支持。一九九九年廖守臣去世之後，主張以「泰雅」為族名的陣營頓失重心，但另兩派之間的爭議仍舊無法獲得解決，正名運動就在這樣的僵局下漸漸地停擺。

二〇〇一年八月，人數僅有三百多人的邵族被官方承認為台灣原住民的第十族，帶給當初推動正名的Truku菁英相當大的刺激，使得正名的議題再度受到關注。雖然我研究的主題是宗教，但正名運動是長老教會所主導，因此也成為我觀察的項目之一。參與相關活動的過程中不免會被問及對正名的看法，對於這樣敏感的問題，我自然很小心地不去下價值判斷，更不會擺明去支持哪一方，但私底下當然還是有自己的一些觀點。在我看來，Truku和自稱

Tayal的「泰雅」之間的族群界線是很明確的。雙方在文化形貌上雖有相當的相似性，但並無同源的認知，即使長期被學界同歸為泰雅族，也並未因此形成一體感。至於花蓮的Truku和南投的「賽德克」則明顯的是同一來源，因此就「邏輯」而言，涵括了Truku、Toda、Tkdaya三個群體的「賽德克」一詞，似乎是比「太魯閣」（Truku的國語音譯）更合理的一個族稱。

隨著正名運動的重新推動，主張「賽德克」與「太魯閣」為族名的兩派陣營間的對抗也日益激烈。在不願放棄「太魯閣」這個名稱，又無法獲得南投方面認同的僵局下，一些花蓮的Truku菁英開始修正「太魯閣族」論述的內涵。他們表示，在老人的口述中，Toda和Tkdaya乃是從Truku人的起源地，亦即南投的Truku-Truwan分支出去的，因此以「太魯閣」來統稱三個群體有其合理性。如果南投方面和花蓮其他兩個語群認同「太魯閣族」並願意加入，他們非常歡迎，若這些群體有自己認定的族名，他們也表示尊重。相對地，各群體也應該尊重花蓮Truku人對自我族稱的堅持。

發展至此，花蓮的太魯閣族正名運動已經從原先的以脫離泰雅族為訴求，轉為強調花蓮經驗與南投經驗的不同，來支持Truku人脫離「賽德克」範疇，另以「太魯閣」作為族稱的合理性。在二〇〇一年年底所舉辦的「太魯閣事件一〇五周年紀念研討會」中，幾位Truku知識分子均以「花蓮的太魯閣事件」來與「南投的霧社事件」做對比，強調前者在戰爭的規模與激烈程度上皆超過後者，卻遠不如霧社事件受到大社會與學術界的重視。我坐在台下聽著這些慷慨激昂的陳述，突然覺得他們有些像這些年來力圖建構自身族群主體性與認同，以凸顯與中國之間差異的台灣人。自此，當再被問及有關Truku正名的看法，「中國vs.台灣」成了我用來分析南投賽德克與花蓮Truku關係時一個常用的類比。我說，就像獨立和統一的主張一樣，族群的認同乃是基於主觀的認知，無關對錯。一方面我們無法否認台灣和大陸的歷史淵源，但另一方面，經過了長時間的分隔，雙方在歷史記憶、生活經驗各方面都產生了相當的歧異。在這種既相似又相異的混沌中，無論獨立或統一都有充分的材料得以發展出支持其主觀認同的一套論述。

這樣的比喻不曾遭到反駁，我自己也認為相當客觀、合理。可是漸漸地我卻發現，「中國vs.台灣」與「賽德克vs.太魯閣」這個比喻的移入，使得我對正名運動的立場與觀感產生了微妙的化學變化。原先我是以一個置身事外，理性的他者（etic）角度，去看待「賽德克vs.太魯閣」之間的關聯，認定前者是較「合理」的族稱。然而，在「中國vs.台灣」這個二元框架中，我卻是一個局內人，有對這件事的「土著」觀點，其中負載了我自身的成長經驗與情感。在政治傾向上、情感上，我的認同始終是偏向台灣的，這樣的立場使得我對於太魯閣族正名產生了同理心，以至於不知不覺中卸下了理性，從一個更接近主位（emic）的角度去體會他們之所以堅持以「太魯閣」為族名的心情。我開始注意到，在花蓮，支持「賽德克」為族名的一方往往以學者的研究、客觀的歷史證據來支持其論述，而主張「太魯閣」的這方所訴諸的卻主要是認同、情感與自身的成長經驗；當主張「賽德克」之陣營的一名大將在台上慷慨激昂地陳述其意見時，前一句國語的「我們賽德克」，在下一句轉換成母語時卻不得不成為「Ita Truku」（Ita：我們），因為在花蓮的用語中，sediq/seejiq/seediq只意指「人」，而不像在南投同時也是Toda、Truku，以及Tkdaya三個群體共同的自我族稱。這些線索引導著我進一步去發掘原先沒有感受到的，正名的意識形態背後所潛藏之更深切的文化、情感與歷史等細緻的面向。

此時另一位人類學研究生的出現，讓我更清楚意識到研究者個人的經驗對於現象的詮釋所可能產生的影響。在進入人類學這個領域之前，我和這位研究生都曾從事與原住民相關的工作，在部落裡有過一面之緣。多年後在田野裡相遇，幾次交談後我發現，兩人看待Truku人正名的角度有著相當的差異，而這主要是源於我們各自不同的部落經驗。早在十多年前，他便因蒐集泰雅族紋面的素材走訪了全省各地的「泰雅」（包含Truku在內）部落，這樣的經歷使得他對「泰雅族」有著深厚的感情，也親身感受到被歸為「泰雅族」的各個群體間，的確存在許多文化的相似性。因此，他在面對太魯閣正名的議題時，始終將其放在整個「泰雅族」的架構下來考量。而我過去工作時所接觸的原住族群中並不包含泰雅，對泰雅的陌生，使得我看待正名時完全是以Truku為中心。

雖然在田野中已經預期到兩人日後在正名這個主題上會有相當不同的呈現，不過，當我看到他的論文時還是頗為震撼。除了對一些相同的材料我們有近乎相反的詮釋，他文中的一個結論也讓我覺得難以釋懷。他認為，那些力主「太魯閣族」正名的Truku菁英一連串同中求異的論點，徹底印證了「工具論」的主張，也就是說，在特定的目的與脈絡下，人們可以任意裁切、混合族群的傳統與文化，以形塑個人或族群的「新」認同。

我並不否認花蓮Truku人的正名訴求有政治動機在內，正名本來就是一個政治的行動，但它絕不僅僅只是為了利益，同時也包含了更多複雜的面向。對整體泰雅族的情感使得前述的那位研究者將目光聚焦在Truku人正名過程中對於政治利益的追求，而我卻因為自身的台灣認同傾向，被正名行動背後所蘊藏的「根本賦予情感」（primordial attachment）所吸引。我們都不可避免地在個人經驗的引導下，影響了詮釋時所採取的角度。

初遇賽德克

二〇〇四年一月十四日，就在我通過博士論文口試的前幾天，「太魯閣族」正式被政府認定為台灣第十二個原住民族。正名之後，再有人問起我所研究的對象時，我都會告訴他們，就是剛出爐的第十二族——「太魯閣族」，這時十之八九對方都會露出理解的表情。畢業半年之後，我因緣際會地來到了暨南大學人類學研究所任教，而學校所在的埔里就緊鄰著花蓮太魯閣人的原居地仁愛鄉，也就是當初強烈反對太魯閣族正名的賽德克人居所。

隔年的八月初，我住進了仁愛鄉的史努櫻部落，展開新的田野。史努櫻是 Toda 人的居住地，和我之前研究的花蓮 Truku 人不論是語言或文化上都十分相近，因此進入田野的過程相當順利，除了「名字」和「正名」這兩件事以外。原本以為這裡的人聽到我在花蓮所用的名字——Labi——會覺得親切，沒想到他們的反應卻是一臉困惑：

—Rabit（飛鼠）嗎？

—不是，是 Labi。

—我們這裡沒有這個名字，只有 Labay。

「那妳就改叫 Labay 好了。」他們說。可是我卻不願意。「Labay」在花蓮常被用來開玩笑，指稱「那些跑來跑去、不安於室的女人」，因此，我還是堅持我的名字是 Labi，不是 Labay。然而，要部落裡的人對一個陌生的名字產生認同顯然不是件容易的事，到了月底離開史努櫻時，當地人對我的稱謂仍沒有一個定論，從「邱教授」、「邱老師」、「Rabit」、「Labi」、「Labi 老師」、「Labay」到「蠟筆（Labi 的諧音）」，琳瑯滿目，而這多少也造成我在他們的心目中無法有個清晰的定位。

另一個讓我傷腦筋的課題則是正名。聽到我之前曾在花蓮的Truku部落做研究，一些當地的牧師、文史工作者第一個反應就是希望我從學者的立場，對太魯閣族正名一事提出看法。我總是委婉地說，族群認同是基於主觀的認知，外人很難置喙。有一、兩次我覺得對方似乎有可能接受，便試著向他解釋花蓮Truku人的立場和想法，但最後總是以尷尬收場。

住進史努櫻約一個星期後，我和部落裡的一位牧師一起前往鄰近的廬山溫泉，參加九十四年度的「原住民大專學生文化會議」。第一場的主題就是「太魯閣／賽德克歷史」，三位主講人分別是南投Toda、Truku，和Tkdaya三個群體的知識菁英，他們講述的重點雖有所差異，但皆不約而同地對「太魯閣族正名」一事毫不留情地加以撻伐。我不是不了解他們的感受，從南投的族群生態來說，「太魯閣」的確不是一個他們所能接受的族稱，再加上當初花蓮的正名訴求之所以成功，很大的原因是在選舉的考量下被政府所採納，如此缺乏程序正義的過程更讓這裡的人難以信服。可是，聽到他們言語中一些對花蓮Truku人的曲解，又讓我覺得坐立不安……

就在我矛盾混亂的思緒中，課程已經接近尾聲。這時一位來自花蓮的Truku女學生，怯生生地舉起了手，提出她的困惑：

我今天是帶著很期待的心情來，可是我聽到的都是一面倒，很反對太魯閣的正名……

很多點我聽了以後很難過，其中一個就是剛剛ＸＸ講的，太魯閣族正名有非常多的功利思想，可是我自己本身並沒有感受到有所謂的功利思想在裡面……既然族群的名稱只是符號，那你們為什麼這麼激烈地反對太魯閣族正名？

面對這個小女生的質疑，台上三位男性講者的回應雖和善，但仍絲毫不放鬆他們的立場，對著她一一指出太魯閣族正名的「謬誤」。眼睜睜看著那個小女生獨自迎戰三個男性長輩犀利的言詞，我開始心跳加速，血脈賁張，想要立刻舉手發言，幫她還有花蓮的Truku人說幾句公道話，但同時心裡另一個聲音卻叫自己冷靜下來不要衝動——這是屬於原住民自己族群內的事務，又是一個全原住民的場合，你不適合介入。還有，如果你發了言，是不是會影響你在南投剛剛要開始的田野……

終究，我還是忍住了內心澎湃，坐著沒有開口。是因為怯懦自私，還是理性自制？我想都有吧。

抱歉，我不是基督徒

因著個人經驗與田野經驗的意外交錯，引導我進一步去關注太魯閣人正名意識形態背後更複雜多重的面向，也使得這個議題成為我日後論文中一個重要的支線。不過在田野過程中，類似的情形並沒有發生在我博士論文的主要議題——宗教——之上，主要的原因在於，我本身並沒有宗教信仰。

打從一踏進銅蘭起，我便很積極地參與教會的各項活動，從星期三的家庭禮拜、星期五的禱告會，到星期天的主日禮拜，就怕錯過了什麼。看到我一天到晚在教會裡晃蕩，又老是跟在牧師、師母身邊問東問西的，部落裡的人往往理所當然地以為我是基督徒。不久，便有些人開始關心起我的信仰狀態：

—Labi，你回台北時都到哪個教會聚會？

—你爸爸媽媽也去做禮拜嗎？

面對這些好奇的探詢，我都會誠實地說明自己其實不是基督徒，之所以常參加教會的活動是為了想要多了解 Truku 人的信仰和宗教生活。

不是基督徒？

他們往往會露出些許疑惑和失望的神情，而後接著問：

—那麼家裡是拜拜的了？

—也不算是，我們家其實沒有宗教信仰，只有在爺爺奶奶的祭日時有簡單的祭祖，初一、十五都沒有拜，也不會到廟裡。

對於這樣的回答，許多族人都顯得難以理解，在他們的認知裡，人總要有一個宗教的歸屬，虔不虔誠另當別論，但是沒有任何的宗教信仰是一件奇怪的事。雖然在我自己的定位裡，我不是基督徒，但其實就形式而言，我可以算是。初中的時候，曾跟著一位老師去參加教會的聖誕節，很喜歡教友之間溫馨的互動，幾次聚會後便衝動地受了洗（還是要換上浴袍，整個人泡進池子的那一種）。真正成為其中的一分子之後卻發現，當周遭的教友們都很投入，熱誠地呼喊主名、向上帝禱告，並且不斷地以「阿們」、「哈利路亞」相互回應時，我卻始終開不了口，也無法融入他們的熱情。勉強參加了一陣子後，情況依舊如此，我於是越來越少到教會，最後完全不再接觸。

十幾年之後重新再跨進教會，卻是在原住民的部落裡，不再關乎信仰，而是為了研究的需要。曾經聽說有些學者在探索某個宗教的過程中受到感動而成為信徒，我也從不排斥有再

「改宗」的可能。只是，不知是否我太魯鈍，雖然投入許多時間參與族人的信仰生活，每回做禮拜時也都很專注地聽台上牧師的講道，卻總覺得在其中所感受到的人性遠多於神性，上帝的話語未曾真正進入我的心。

儘管對我非基督徒的身分有些許的遺憾，部落的人還是很寬大地歡迎我參加教會各項的儀式和活動，尤其是老人家看到我總是很開心，常拉著我的手讚許道：「Labi最認真了，每次到教會都看見妳。」要不就是點著頭說：「Labi常來做禮拜，這樣很好。」手中的溫暖常讓我心裡有些過意不去，覺得好像辜負了他們的期望和熱情。二〇〇二年六月，我收拾行囊準備離開田野，當我來到教會辭行時，牧師特別慎重其事地做了個臨別的禱告，祈求上帝讓我的論文能夠順利地完成。

當摯愛的人離去……

二〇〇三年年初，就在我和一大堆田野資料戰得天昏地暗的時候，一向身體不錯的爸爸突然被診斷出罹患了癌症。接下來是一串混亂的日子，陪著爸爸做各項檢查、化療，看著爸爸從好端端到日益消瘦、衰弱，然後突然病情惡化，沒有交代一句話就離開。儘管媽媽和我們四個姊妹都還無法接受爸爸已不在的事實，但眼前馬上就必須面對的是如何處理後事的問題。最簡單的做法是照著傳統的習俗來辦，可是「傳統」是什麼呢？我們姊妹對漢人喪葬習俗的了解都幾近於零，唯一確定的是，爸爸生前對所有的宗教儀式都沒有好感。可是，不依循所謂的傳統，那麼又該用什麼樣的方式來進行？

我覺得好荒謬，自己做的是宗教的研究，面對死亡——這該是宗教所管轄的領域——卻是完全地手足無措。突然好羨慕有信仰的人。我第一次真正體會到為什麼要有宗教，因為面對生命的無常，人是那麼地渺小無助；為什麼要有儀式，因為脆弱悲傷的心才能有所支撐，慌亂的腳步才能有所依循，而不至於像現在的我一般，哀傷像隨風飄零的柳絮，夾帶著被撕裂了的心，四處散逸……

在處理爸爸後事的過程中，我沒有和部落的人連絡，可是卻常常想起一些和部落相關的畫面。出殯前喪家每晚門前的火堆、熱騰騰的食物與守夜的人群，手持聖經指揮著長老入殮的牧師，青年們抬著沉重的棺木沿著大路走出部落的背影，棺木放進新挖的墓穴那一剎那時發出的清脆聲響，還有撒落在棺上的片片花瓣。這些當初沒有特別停駐在心頭的一幕幕影像，如今在回憶中似乎都有了更深沉的意義。

在博士論文裡，我用「拼貼式的宗教圖像」一詞來形容銅蘭Truku人對於死亡的處理，因為在他們的喪禮中，常常摻雜著各種不同來源的宗教元素。回想起爸爸後事的整個過程，我發現它更像是一場拼貼，而且是一場混亂又帶著荒謬的拼貼。在山上的靈堂守靈時，怕爸爸寂寞，我特地從家裡帶來他最喜歡的古典音樂和羅大佑的CD，親友卻好意地遞上唸經機，說只要插上電，就會有不間斷的誦經聲可以讓爸爸早日進入極樂世界。考慮到爸爸對宗教儀式的反感，我們決定請葬儀社將一些繁瑣的流程簡化，只留下最基本的程序，這樣的安排引發了爸爸一位好友的不滿，遂自掏腰包在一個頗具盛名的佛寺為爸爸立了一個牌位並舉行法事。為了不辜負這位朋友的好意，我們同意從這間佛寺請來一位道行高深的法師在出殯當天為爸爸誦經，沒料到他唸完一長串的經文後突然替爸爸皈依，還給了一個法號，當時我跪在地上，生氣得差點爬起來制止他，覺得這已經超出我和爸爸能容忍的範圍，可是事後聽媽媽說法師這個舉動讓一些長輩覺得很心安。

如果有一位人類學家來觀看我們處理爸爸後事的過程，大概也要皺眉吧。他會做出什麼樣的詮釋呢？我很想知道。雖然銅蘭 Truku 人常常在喪禮中混雜了不同來源的宗教元素，但主要的關注都是為了讓死者的 utux（靈魂）能好好地走，不留下遺憾和怨恨，因為他們相信，如果親人的 utux 有所抱憾，日後將給這個家庭帶來災禍。因著這樣的憂慮，有部落的天主教徒在親人意外身亡時，請當地的修女到山上去，在發生事故的懸崖邊憑她的想像進行天主教所沒有的招魂儀式。然而，爸爸的喪事之所以變成一場錯亂的拼貼，最根本的原因卻是我們完全不知道，當軀體已不存在，究竟剩下的是什麼？或會不會剩下什麼？因此儘管周圍有許多聲音，告訴我們該做這個、該做那個，但心裡唯一感到真實的只有失去爸爸的痛，那個痛驅使著我們不停地去揣度爸爸會喜歡什麼、不會喜歡什麼。

部落的喪禮

二〇〇四年年底的一個晚上，我在暨大的宿舍裡接到一通來自花蓮的電話。話筒的那端傳來一位Truku友人遙遠低沉的聲音，她說，村長的兒子，也就是我在銅蘭做田野時所住的那戶人家的獨子，前幾天傍晚騎摩托車出門，隔天凌晨被發現倒臥在路邊時，已經沒有氣息。「雅各嗎？你說的是Wina的兒子雅各嗎？你沒弄錯？」我不能相信我所聽到的。朋友說不會錯，她才剛剛從喪家回來。我沒有勇氣撥通雅各家的電話，於是打到文蘭教會給Aki牧師，他再次向我證實了這件事，並且說已經決定了出殯的日期，就在這個星期六。我告訴牧師，我會在星期五晚上回到部落，隔天送雅各一程。

星期五中午，從台北火車站坐上往花蓮的班車，如此熟悉的旅程，卻是從未有過的複雜心情。閉上眼想休息，卻滿腦子都是過往和雅各一家人相處的情景。Wina告訴我，剛結婚時，雅各的爸爸Tangkuy在林班工作不常回來，她為了貼補家用挪出了住家的一小塊空間賣點雜貨。後來生意越做越好，夫妻倆於是貸款加蓋了二樓，樓下作為店面，樓上則是住家。一回夜裡小偷潛進一樓取走了收銀機裡的錢，從此他們夫妻就睡在樓下後方的一個小房間顧店。

雅各的兩個姊姊陸續到台北念書後，二樓只剩下雅各一個人。

我住進Wina家那年，雅各才國小六年級，個頭還不及我，看到我總是很害羞地傻笑。Wina和Tangkuy很少上二樓來，樓上常常就只有我和他兩個人，大半的時間我在房裡整理田野資料，偶爾雅各會拿作業來問我。那年六月，我參加了雅各的畢業典禮，還特別買了個隨身聽作為畢業禮物（其實是藉此感謝他一家人對我的照顧），他很開心，那個暑假常看見他帶著耳機哼哼唱唱的。

進入國中後，雅各成為教會裡青年會的成員，從此除了在家裡會碰面外，也常在教會的各種活動中看到他的身影。二〇〇一年六月後，我田野的重心由銅蘭轉移到文蘭村的另一個部落——重光。不過每次回到銅蘭時，雅各家還是我固定的落腳處。活潑好動的他，愛打籃球，飛快地長高，不再是當初那個小男生。不變的是見到我時，他還是露出白白的門牙和那帶著稚氣的笑容：「拉皮（Labi），妳什麼時候來的？」

下了火車，換乘花蓮客運。車子載著我和我的記憶穿越花蓮市區，循著公路往鯉魚潭的方向前行。上回回銅蘭不過是三、四個月前的事，那時我帶了四十多本論文送給族人，也順道告訴他們我將要到暨南大學教書的消息。終於畢業了又找到工作，原以為部落的人會很為我開心，可是他們好像不是這麼想。尤其是婦女們看著我依然平坦的肚皮，忍不住搖搖頭說：「妳先生不是在花蓮這邊教書嗎？那妳現在又跑這麼遠，怎麼生小孩呢？」

要回台北的那天，Wina和牧師、師母到南部的教會募款不在家，Tangkuy於是請我到鯉魚潭畔一家新開的餐廳，說是慶祝我畢業。吃飯時他提及，雅各最近很讓人頭痛，上了高中後都不念書，一天到晚往外跑，有幾次根本沒回家睡覺。我安慰Tangkuy，這個年紀的男孩子總是貪玩些，再過些時候就會懂事了。沒想到，等不及過些時候……

行過蜿蜿蜒蜒的山路，客運車在漸沉的夜幕中越過木瓜溪，駛進銅蘭。還沒走到雅各家，遠遠地就望見塑膠布搭起的棚架，昏黃的燈光中瀰漫著食物的香味。雅各的姊姊雅文坐在入口的一個小桌前整理奠儀，看見我顯得很驚訝。我問，媽媽呢，她指指我的後方，我深呼吸了一口氣，轉身走上前去。

「師母有告訴我妳會過來，先坐下來吃點東西。」Wina正在泡茶，她一邊招呼我在一張大圓桌前坐下，一邊叫人再拿些烤肉，盛碗熱湯給我。看著她俐落幹練的舉止，我突然有種錯覺好像一切還是如往常般，什麼也沒有改變。那天在電話裡，我向牧師問起Wina。牧師說雅各在路旁被發現後，她像失了神一般，不吃不喝也不動，對身旁發生的事完全沒有反應，過了三天才突然清醒過來，開始起身打點一切，招呼上門的客人。

一會兒，Tangkuy不知道也從何處走出來，拉了張椅子，坐到我身旁。

——什麼時候來的？

──剛剛才到。

──這麼遠還特地過來。

我不知道該回答什麼，一句安慰的話也說不出口。Tangkuy是文蘭教會最年輕的長老，認真工作、不抽菸不喝酒，內斂淳厚的個性和Wina精明幹練的氣質很不相同，但兩人感情很好，是部落裡讓人稱羨的一對夫妻。他問我教書教得怎麼樣，我告訴他我們所上只有兩個老師四個學生，然後兩個人又陷入沉默。「妳坐一下，Labi，我去那邊看看。」Tangkuy起身離開，望著他沉靜的背影，心裡好不忍。

出殯的前一個晚上，通常也是喪家門口聚集最多人，食物最豐盛的一夜，烤肉、烤魚、糯米飯、炒青菜，各種飲料和一鍋鍋熱騰騰的湯是一定少不了的，有時還可以吃到珍貴的山產。記得幾年前我剛到銅蘭一個多月時，就碰到部落裡有人去世，當時看見喪家門前每晚「熱鬧」的景象，心裡一時不太能夠接受，有點分不清是在辦喜事還是喪事。老人說，以前沒有信基督教的時候，家裡有人去世，只有很近的親戚會來，其他人都躲得遠遠的。基督教來了以後，大家才變得有愛心，也不再害怕死亡會傳染，只要部落裡有人去世，不管是不是長老教會的信徒，大家都會到喪家來坐一坐，安慰家屬。

只是，親人去世已經夠難過了，還要招待客人，準備吃的、喝的，這樣不是增加喪家的負擔嗎？族人說，這樣才能趕走喪家的哀痛，讓他們不要那麼傷心，而且許多食物都是親戚、朋友送來，並且幫忙準備的。因此，從喪家門口聚集的人數多寡，以及食物的豐富與否，可以看出死者和這個家在部落裡的人際關係。我一邊吃著熱食，一邊和族人們聊著，聊當了幾個月老師的感想，聊大家對雅各的記憶和不捨，聊部落裡最近發生的種種新聞。一位婦女提起她多年前同樣因車禍而喪生的兒子，我也第一次和族人談到爸爸去世時的心情，在溫暖帶些淡淡哀傷的氣氛中，我感受到過去在同樣的場合裡所不曾察覺到的一種相濡以沫的情感。

夜深了，雅各家門口的人群漸漸散去，剩下約莫十來個人在火堆旁烤火。我問雅文樓上有地方可以睡嗎？她有些驚訝地回答，應該有，可是妳不怕嗎？我搖搖頭，心想，怕什麼？雅各有什麼好怕的？上了樓，躺在我過去習慣的大床上，似夢似醒間迷迷糊糊地想著：不知道雅各和爸爸會不會在天上相遇？大概不會吧，即使碰面交談也不會知道他們認識同一個人，因為爸爸不曉得我叫Labi，而雅各連我姓什麼都不知道……

隔天一早下樓來，看見一輛小卡車停在雅各家門前，幾個青年忙著從二樓把櫃子、書桌、衣服、腳踏車、溜冰鞋、滑板等搬出屋外，一一抬到車上去。

「這是要做什麼的？」我問正在指揮青年搬東西的Winchai。Winchai是文蘭教會新任的執事，也是上回Wina選村長時的得力助手，這些天來他一直在雅各家幫忙打點一切，已經有好幾晚沒有闔眼。

「這些都是雅各的，Tangkuy說要把雅各生前常用的、喜歡的東西都帶到墓地去燒給他。」

以前曾聽老人說，過去Truku人埋葬死者時，他生前所使用的農具或炊具等個人物品都要跟著丟棄，否則utux會托夢索討，後來生活環境改變，大家擁有的東西越來越多，這樣的習俗也就很難再實行。不過，我想Tangkuy燒東西給雅各不是擔心他來索討，而是希望雅各到了天堂後雖有上帝照顧，爸爸媽媽的愛仍然能夠陪伴在他身旁吧。

近九點鐘，牧師和長老們先後抵達，準備舉行入殮禮拜。長老們在葬儀社人員的協助下，把雅各的遺體從冰櫃移入棺木，然後蓋棺。緊接著是告別禮拜，除了例行的聖詩、祈禱和牧師的證道，文蘭教會青年會的成員特地為雅各獻詩，唱的是他生前最喜歡的詩歌。我一直努力地忍住淚，不過到了最後瞻仰遺容時，看見躺在棺木裡的雅各，淚水再也無法控制地奔流。

教會儀式之後進行的是公祭。我獨自站在後方的角落，看著議員、鄉長祕書、文蘭村的鄰長、雅各的高中老師及同學、小學的校長及老師一一到靈前鞠躬致意，心想，公祭是給外來的客人參加的，我應該不用去吧。想著想著，突然聽到牧師提到我：

> 今天在部落裡的儀式就到這邊結束，接下來要到墓地去。我代替家屬謝謝大家今天來送雅各。尤其有一位，她特別從南投趕過來，就是之前住在Wina家的Labi，她可以說是看著雅各長大的……

我趕緊擦乾淚，快步走上前去，雅文已經捧著雅各的照片準備要出發，師母遞了一把黑傘給我，囑咐我待會出了棚子後跟在雅文旁邊撐傘，不要讓雅各曬到太陽。哀樂聲起，文蘭社區聯會的青年們抬起棺木緩步走出，我和雅文跟隨在後。按照部落的習慣，隊伍要沿著大路步行，直到超過了文蘭派出所才上靈車，因為過了派出所就是出了銅蘭。跨出部落，靈車已在等待，看著社區聯會的成員將棺木擺放好後，我小心地護送雅文和雅各的照片上車，然後闔上傘，屈身進入靈車。

今天我不是研究者，不是人類學家，只是一個哀傷的死者親友……

個人經驗與人類學的詮釋

從馬凌諾斯基奠立了田野工作的典範開始，「從當地人觀點出發」成了人類學理解的最高指導原則。但就如同紀爾茲所說的，事實上，人類學家永遠不可能變成當地人，人類學家也沒有超乎常人的感知能力，可以讓他像當地人一樣地去思考、感受，和理解。

雖然如此，人類學家個人的一些生命體驗，卻可能使得他能夠與被研究者的經驗有所「連結」，而做出較「貼近」當事者觀點的詮釋。在一篇名為「傷痛和獵頭者的憤怒」（Grief and a Headhunter's Rage）的文章中，羅薩多（Renato Rosaldo）寫道，當菲律賓呂宋島的Ilongot人告訴他，是因為失去親人的傷痛（grief）所引發的憤怒（rage），促使他們去獵頭時，他始終不能接受這麼「簡單」的答案，一再地想要尋找更深層的文化意涵來解釋當地人獵頭的動機。直到十四年之後，羅薩多的妻子，也是他最好的田野伙伴蜜雪兒（Michelle Rosaldo）意外喪生，在親身經歷了失去最親密的人那種哀痛和憤怒後，他這才能真正體會到當初Ilongot人所說的話。

只是，沒有人會為了要理解苦難，而預先去儲備苦難（這樣代價未免也太大了）。再者，如同一個作家不可能枯坐在書桌前等待從天而降的靈感，人類學家也無法單憑這種可欲而不可求的經驗交會來建構對他者的知識。個人的生命經驗只是諸多可能激發人類學想像與理解的觸媒之一，更重要的是如何將它與其他田野中獲得的材料對話，進而編織出更細緻的詮釋。若僅僅是沉溺在自身經驗中，非但無法深化對他者的理解，反而可能因此限制了觀看的角度。

我所描述的兩個個人經驗，在我有關Truku人的知識建構中所扮演的角色並不相同。台灣認同與太魯閣正名的經驗類比發生在田野的過程之中，經過多次來回的琢磨、思辨與沉澱後，才成為論文中的一個章節。爸爸的離開卻是在我博士論文已經快要完成之際，雖然當時一些部落的畫面常會不經意地躍入心頭，但被沉重的哀傷所淹沒的我無心也無力去思索它的意義，真正有意識地將兩者做連結，其實是從寫作這篇文章時才開始。

雖然我的田野經驗都侷限在台灣這小小的島嶼，但往返於部落與城市間，常會有一種在不同時空中穿梭的錯覺。尤其是當自己的目光專注於尋找部落的文化特殊性時，有時不免忘了作為人，作為這塊土地的子民，我和族人其實有著許多可以共同分享、交流的經驗與情感。回想爸爸離開所帶給我的傷痛，我這才驚覺到自己過去在詮釋 Truku 人的宗教現象時，往往忽略了族人最直接的情感和內心的需求。但是，這樣的體認到目前為止還未真正轉化成我對 Truku 人信仰的詮釋，這中間顯然還有一條很長的路要走。

田野與生活，主觀與客觀，理性與情感，人類學家似乎總是在這兩端之間不停地游移，許多的矛盾、困惑皆源於此，但這也正是人類學最迷人的特質所在，至少我是這樣認為的。

二〇一八年後記

當年和大家一起構思這本書時，我還是個很菜的菜鳥老師，從台北來到埔里這個美麗幽靜的山城才不過半年。不太會教書，還不知如何以族人眼中「大學教授」的新身分和部落建立關係，面對教學與研究都有些手足無措的我，人生突然失去了節奏，甚至懷疑自己是否真的適合走人類學這條路。

在這樣一個跨進新田野地跨得很艱難的時刻，還要提筆書寫所謂的田野「技藝」，其實心裡很虛很慌張，卻要故做鎮靜，裝著若無其事地和大家討論田野的種種。然而，從南投暨大到新竹交大再到花蓮的海邊民宿，和大家一起的聚會漸漸地變成了一種心理治療，聽著大家各自不同色彩的精彩田野故事，激發我努力去回想博士論文田野過程裡值得書寫的「記憶」，試著從中找回初衷和力量。這才體會到做田野像談戀愛一樣，沒有標準的教戰手冊，愛的人不同，磨合的方式、激起的情感火花就不一樣；每個人的性格、氣質殊異，和「戀人」的距離、擁有的「戀愛技藝」也大不相同。當其他夥伴聽到我在田野吃生豬肝、飛鼠腸露出如此驚訝表情，戲稱我是最敢「茹毛飲血」的韻芳時，這才知道，對我來說非常輕而易舉、自然的事原來是一種「特殊技能」。

如今，十四年過去了，一路顛顛簸簸地走來，換了系所，接了我從前避之唯恐不及的行政，我依舊愛哭愛笑，還是無法抵擋部落的魅力，仍然擁有「什麼都吃」的技能，也還是對於田野有著不少困惑。然而，我比當年那個徬徨的自己勇敢很多，也堅定許多，即使越來越不務「正業」，不安份地到處趴趴走，做許多看似與學術沒有太大關聯的事，但是這並不讓我覺得自己遠離了人類學，反而是在不知不覺中讓它入心、入身、入魂。

人類學已經成為我視角與行動中不可分離的一部分。於是，人生處處是田野。

邱韻芳
Yun-fang Chiu

記得小時候，爸爸總愛把我們四姊妹比作「小婦人」故事中的四千金，而我就是那倔強又懷抱著作家夢的二女兒──喬，無聊煩悶時，和鄰居玩伴鬧彆扭時，只有童話書的異想世界能讓噙著淚的我忘記煩憂。高中時卻因作文老不受國文老師青睞而賭氣選擇了理組，進入數學系就讀。

22歲時終於受不了和數學的疏離，頭也不回地逃出台大數學研究所，一心只想尋找個可以傾注熱情的事物。轉考人類學研究所失利，反促成了和原住民部落的美麗相遇，自此深深被吸引無法自拔。博士班畢業後未能如願在花蓮找到教職，卻在隔著中央山脈的埔里以「偽單身」之姿開展了新天地；學生時期毫無社團經驗，卻在暨大創了原青社，每年和親愛的孩子們大張旗鼓地辦原民週；加入芭樂人類學共筆專欄，意外重拾年少寫作的夢想。2014年，待了十年的暨大人類所被併入東南亞學系，接下原住民學士專班主任的重責，身邊有了更多的部落孩子一起攜手擴展原勢力，並且繼續期待不按牌理出牌的美好人生。

田野意象與祖先的凝視

林秀幸
——交通大學客家文化學院人文社會學系

我企圖把這件事說出來，我，把它凍結了一次，捏成文字，讓它發聲（voicing），卻沒有徵詢過它的意見，讓它出來戰鬥，在這個到處發聲、紛擾的世界，不保證它將再度解體，回歸到生命之流。

我的思維像燭光一樣跳動，忽明忽暗的「過去」、紛亂的光束，在當下重逢，文體卻免不了要在電腦上面切割移植，這是必要的動作嗎？請不要責怪它亂無章法。

當我第一次踏上田野的旅途，腦中沒有任何人類學的基本知識，那個位於中台灣的小鎮，離我的家鄉不到二小時的車程，也是我從小偕母親進香旅途之一站，對它竟還是如此地陌生。那時，剛結束社會學的畢業論文——有關地方社區運動的崛起和運作的討論，卻對於埋藏在當代社區運動底下的另一層「田野」感到好奇，再加上國外生涯所加劇之台灣認同的驅力，回過頭來揭開母親面紗的渴望與熱切，促成我轉換跑道走上台灣傳統社區的田野之路。

不可知的幽深之處

博士論文研究的小鎮，政治味正濃，然而它在當代的政治關係和意涵卻不是我當時關心的了，我想知道報紙報導之外的台灣人是怎麼生活的，我們前幾代的人傳遞著怎樣的社會生活方式，對於這一切我是如此陌生，與其說是人類學的，不如說是社會學的，因為當時田野伙伴的建議來到這個彰化平原上的小鎮，據說以它的傳統宗教活動聞名。那是第一次深刻的田野經驗，講著泉州腔的海邊小鎮，數不清的廟宇，強勁的海風，晚上出去走一圈，就可以看到各種童乩的「演出」，街頭上隨時就有「儀式」發生，非常「舞蹈」式的儀式動作，南方味很濃的儀式音樂，對於我這個來自客家山鄉，只聽過北管只看過「九獻禮」的「乖學生」，這一切都令我好奇又害怕。我在認知上知道我和他們活在同一塊土地上（起碼中間沒有海的相隔），但是他們的歌聲、肢體、出神狀態如此令我害怕，難道他們除了表面和我一樣，裡面不一樣嗎？這些出神的、不出神的「演出」，在我們那裡的客家庄，通常被定義成「私人堂」的把戲，可是這裡的人卻幾乎可以集體出神，整社區的人認可這樣的「宗教形式」，子弟轎班唱的歌，似乎也在挑動你的出神欲望，我對我自己是否可以維持「正常」狀態似乎失去把握，他們的神咒帶著極濃的南方味音樂，有上天堂、也有下地府的，既可招神、也可招兵招將（這種「術」性，令我瞠目結舌），有個社區法師不斷地展示他的通神能力，儀式場合經常有人不預警地起乩，這些都加深我對自己理性控制的疑慮。我第一次將自己置於一個陌生又直接挑戰理性控制能力的環境，我小心謹慎，畢竟理性是安全最後的保障，下意識地選擇一個安全的位置（我後來才知道，當時我已經把自己放在邊緣的位置），第一次對「公共性」有這麼強烈的感受，因為「私密性」在當下幾乎等同於潛意識的溢出與理性的失控。我對那些童乩的表現、儀式音樂、「腳步」（舞步）保持著特定的距離，我無意當他們的「學童」，也無意取得他們對入門者的認可與信任，我只在乎他們如何服務公眾的面向。在我眼裡他們仍舊是陰性的面向，陰暗地、私密地，帶著失控的危險，不理性的、信口開河的、情感的、缺乏公信力的，我們總是很容易化約那些我們不明白的事物，恐懼更使得認知能力單一化。我注意到他們說，只有角頭的王爺廟才有跳童乩，媽祖婆的天后宮是不跳的，這樣的說法讓我安心不少，轉眼我又聽說，天后宮後面的漁民，經常到廟裡後殿的香爐看「明牌」，這又讓我對當地人於「公共性」、「神聖性」的認可能力感到遺憾，我一直不願意承認「認知」本來就是因人而異，任何一個社群的「整合」原本就是不完全的，但是在當地那種高度心理危機狀態，我一直無法去接受這點。

那個海邊的小鎮，是我第一個深入的田野，黃昏時街頭巷道裡的歌唱、鼓聲、火光，夜裡神壇前的童乩、桌頭與「武腳」三人之間的「拉扯搏鬥」，法師手裡帶著蛇頭的法索、口中唸著的符咒，在角頭間、巷道裡穿梭，盡是這些「奇幻的演出」，他們攪動內心無法控制的層面，對當時的我而言，反而到鬮港的龍山寺心理可以得到休息，那裡的佛教儀式是制式的、可預期的，那些喜歡談論神力的港口人，頂多在廟埕前遊蕩，在這裡他們無法形成公共行為，在這裡我可以安心地休息。

往明亮的高處行走

在那裡空間上的層次：角頭—闔港，和「我所感知的」心理狀態的層次：潛意識—意識、私密性—公共性、非理性—理性的對偶性是相符的，我從小的成長環境，那個出門見到人就得叫叔伯姨嬸的客家鄉村，我的陽光性格，我的社會學訓練、涂爾幹傳統，這一切都讓我對他們的帶著失控危險的私密性「停格」處理，我知道你在那裡，但是我不想進去，我原來的文化裡似乎沒有這些素養，我也不想冒著失去理性的危險「進入」。那一刻起，我對公共性的愛好簡直是倍增，我所有的神經集中在對界線的敏感：相對於家裡私人供奉的「人家佛」，角頭廟裡的神是「公家的」，但是卻等於闔港人眼裡的「他們的私的」，這群人的「公共性」，等於另外一群人的「私人性」。為了擺脫那些惱人的音樂、腳步、抖動，為了不違背我的「社會性」使命，同時還不必違背我習慣的性格，又是最安全的位置，我關注在他們群體的連結點，從這一群如何連到那一群，「小」如何連結到「大」，陰暗如何提升到陽光面。管他腳步左腳先還是右腳先，管他儀式用白雞還是黃雞，我只想知道「力學」的方向，「理性」的發生點，用社會學的用語：他們是如何「整合」的。

當我知道有一種儀式叫做「置天台」，它和「普渡」一樣可以發生在任何儀式場合，我簡直得到救贖，我終於找到「當地人」向上提升的拉力，我終於不必為了忠於當地人，而隨之向「失序」沉淪（別忘了，「失序」是社會學的洪水猛獸），我終於找到了他們的理性，啊！哈雷路亞。那是一種儀式，可以發生在「夜巡」、「代巡」、「拜斗」、「童乩業滿出禁」，所有具有公共性、向外連結性的儀式活動，都需要這麼一個儀式機制，他們在主要目的的儀式場合旁邊搭一個台子，上面書寫「上蒼」二字，即將要執行公共行動的主角：夜巡前的王爺替身、業滿出師即將服務公職的童乩、地方舉行祈福儀式之前等等，在他們角色與行動轉換之前，他們需要經過這個儀式，向「上蒼」稟報他們的任務，並且獲得上蒼的應允（以擲筊表示），並且有個接旨的手續，獲得「認可」，這些角色才有執行公共任務的權力，這個儀式出現在每一個「接榫」的位置，不管是往旁邊連結，還是往更大的社群連結，我找到我要的東西了，不管他們的角頭內共感的事實多麼奇幻，他們還是得經由一項儀式往外連結，得到更大群性的認可，我只關心這個連結的動作，這樣表示他們有感覺到其他人的存在，願意表現出搭配更大群性的誠意，為此而必須削弱原來的「特殊性」。至於他們角頭內的事實，就由他們角頭內去負擔吧，我都不用負擔判斷真假對錯的責任，我只要確定他們有往外溝通的能力。選擇這樣的關注點，不但得以擺脫面對他們的奇幻真實的負擔，也讓我掌握更大層面的架構，以及結群動力發展的方向。是的，我本來就不屬於他們，被包進去的感覺是危險的，被包進去了，然而你終究也不是他們的人，何況你就要走了，萬一出不來怎麼辦，我不需要做這種不切實際的承諾，我不知不覺地站在「接榫」的位置，當時完成的一篇論文名為「鹿港戴天台儀式的社會與宗教意義」，卻不知道自己不知不覺站在接榫的位置，遊走在樞紐之間，內心也告訴自己我站在旁觀者的立場所發現的事實與觀點，對當地人來說是有益的，因為他們自己有他們的「利益糾葛」，我犯不著捲進去，從外面觀看可以釐清他們做法的恰當性，外人的檢證得以矯正他們權力僵化的部分。到目前為止，我沒有完全否認我當時這樣的觀點，只是無形之中我規避了「裡面的肉」，只看到「外面的殼」，我變得理性、客觀、明亮，站在權力的那一方，等著下判斷，我一點也不徬徨，我站在高處，最好和上帝更接近一點，目標是讓自己更有道理。無形中將議題導向 social form, structure, interaction in the public area，也導向以男性為主而建構的社會公共空間，關注在公領域的建立和溝通方式。

這就好像我們接受一個陌生人的過程，通常我們先看到他的輪廓，是的，一個人（a human being or a being），我們先接受他是一個人的事實，從這一點先去同理一個「他者」，然後他的私密性才得以慢慢地向我們揭露。

結束完鹿港的田野，對公共性的追求也成了我人生的重要價值，與上進的目標，我不但在日常生活中實踐，也用相同的觀點觀看事物，一位好心的研究前輩收容了我做博士後研究，雖然仍舊是台灣漢人傳統社群的研究，但是田野地點換成新竹縣客家地區，這個機緣也埋下了回到我的家鄉所進行的田野經驗。雖然換了一個田野地點，但是我採用了相同的觀點進行觀察，客家地區的研究在當時仍舊背負著某項使命：區別事物是否為客家獨有，但是我似乎更在意他們是如何結群，如何進行人群互動，我仍舊還在外面觀看，畢竟他們說的海陸客話和我有距離，他們到處以家族結群的方式，也和我的家鄉大相逕庭，我仍舊不是「身在其中」，而用「公正理性」的觀點看待他們，並沒有因為我是客家人而有稍減，我認為在沒有任何情感包袱之下所知道的客家社會，會是更接近真實的。這一段時間我的價值、目標並沒有受到挑戰，活得很清醒。

兩種音色

同時有好幾件事物在我身上同時發生，我回到家鄉進行田野工作，我生了女兒，公與私在我的生活裡、工作上開始混淆。首先在家鄉的田野工作，追求公領域的結構與溝通形式，受到一些挑戰，因為父親和母親都活躍於廟務，一位是廟務委員，一位是鸞生，但是對我的詢問做完全不同的陳述，經常意見相左，父親和他的朋友們所代表的「公領域」派，是我熟悉與想要的資料，母親和他的朋友們所代表的「信仰」派卻又使我無法裝作聽不見，父親和他的朋友們是廟裡委員們，經常在家裡聊公共事務，從廟務到地方事務到國家事務，他們成了我的重要報導人，他們的歷史記憶，是「輪廓形」的，哪一年媽祖戲移到下宮舉辦，兩廟也開始個別進香，爐主的職責應該怎樣，廟裡義工的責任義務在哪裡等等，批評也是有的，廟裡哪一年開始發明一些儀式名目，增加了一些香油錢，某某人說夢到神明托夢，簡直胡說。家鄉父老的價值可以用一位長輩的話概括之：「神要敬、不要迷」，這句話大概把他們的基本態度闡釋得淋漓盡致，他們把廟務當地方公共事務來經營，這樣的做法基本上是很合乎我的涂爾幹訓練：「宗教的」是「社會的」。這些廟裡的委員們當時和另一批廟裡的鸞生經常為一些祭祀事務意見相左，父親是常務委員，母親和他的朋友們（其中不乏男性）則屬於鸞生團體，譬如父親他們反對動輒擲筊問卜，並且把這件事當成推卸責任，這卻是鸞生們比較喜歡的解決事務的方式，委員們認為舊例不撤，新例不設，是他們的指導原則，鸞生們把這些決斷交給神明，用擲筊來表示，也在和神明的溝通之中，獲得很大的信心和力量的來源，到底誰才是真正的信仰，我迷糊了，一方強調「理性」，一方是「偶遇」，一邊是「輪廓形」的敘述，很容易掌握，一邊是「雲霧形」，忽前忽後，當然他們也有重疊的時候，但是至少讓我完全領受了他們的「認知能力」的差異。如同父親和母親對日治時代的回憶，一邊是軍歌、輕便鐵、軍機雷達偵測、反對迷信、資優生、青年軍，另一邊是日式小點心的味道、學跳芭蕾舞、卡車載來的烏龍麵（戰時物資管制後沒有米，對國語家庭的糧食補充）以及那些大戶鄰居不長進的子弟對那些貧窮女子的欺壓，這些都讓我很難對日治時代的快樂指數下判斷。

回到家鄉，我的田野和我的生活、我的關係、我的記憶、我的事實交纏在一起，我的認知、視野獲得某種解放，因為我既無安全的疑慮又已經不完全屬於那裡了。事實上我也必須承認，原先鹿港的經驗，讓我多了一隻眼睛觀看家鄉。

一連串的家鄉田野事件解放了我的認知能力，但是這樣的能力的獲得竟然需要經過一個迂迴的轉折，從小難道母親、家鄉的人、事、物不曾釋放過這樣的符碼嗎？我們甚至是依靠它長大的，我們以它為營養、為安全感的來源——生活中的實體，然而正因為它就像氧氣一樣重要而平凡，反而感覺不到它的存在，就算它日漸稀微，它也不會自行標示它的存在與重要性。我先到了那個異地求學，感覺到脫離故土的漂泊感，缺乏重量的的生活，回過頭來企圖認識自己的土地，在那個海邊的小港，它的隱晦的語言，令我不安的私密性，才凸顯出社會生活幽微的另一面，我的感知能力得以啟發，並回過頭來重新認知那個從小哺育我的羊水。從此我必須交互運用兩種能力，來記錄田野資料，一邊是制度與原則，另一邊是忠誠度、承諾；一邊朝外唱出理性的高亢明亮，另一邊朝內低吟情感的綿延幽暗。這兩個「事實」同時出現在我的眼前，不管是日常生活或田野現場。

女兒的出生，改變了我的生活，她沒有任何理由地，她就在那兒，需要你的照顧、需要你的情感，瑣碎、失序，卻又真實，日子過得昏暗、精疲力盡卻又不能用理性精算。我發現我不再那麼理性與明亮，我變得糊塗、接受那種「無所為而為」的情感交流，她就在那兒，說明一切。我開始聽得到那些幽暗的聲音、那些渾濁的、瑣碎的。在日常生活裡，在田野現場，在交談裡、在建築裡、在花布被單上、在低音提琴、在內心。我過去將它停格的部分，突然在我內心蠢蠢欲動，我得面對它、承認它的存在。我突然發現，為什麼有王爺廟或關帝廟，一定也要有「萬善祠」，有些祭典莊嚴而肅穆，有些祭典伴隨著熱鬧的活動。祭典不僅形式相異，它的「語氣」竟也是如此不同。

田野現場從此出現了更多面向的風景與視野，二月初二伯公生日的場合，不但有正統的祝壽儀式：三獻禮，也還併有賽鬪雞的活動。男人忙著行祝壽儀式行三獻禮，往天上肅穆高亢的吟唱與祭酒儀式，女人們圍觀那些黃澄澄的鬪雞，交談飼養的過程，他們說雞沒鬪之前互相追逐、打架、互啄，經常遍體鱗傷，鬪過之後，牠就會安靜地待在那裡，等妳餵牠，「盡嘻勒」（客家話很有趣的意思），看牠一直長，就是很歡喜啦。「不管有沒有打等數（得名次），都是拿來敬奉神明的啦。」、「祝壽的麵線堆得好漂亮。」此時我發現我也已經是輪廓形的觀察者，我知道那裡放著一堆祝壽的祭品，我既無能欣賞那些鬪雞，也沒看到麵線如何堆疊得美麗。男人們高聲宣唱神明的功德，我的眼前突然出現交疊的「事實」，男人們眼神直視、恭敬奉酒，歌誦神明的功勞，女人們對那些雞嘖嘖稱奇，面露微笑，很是欣賞。男人們一回頭又論斤論兩，管起名次來了，過了一會兒「民代」出現頒獎給得名次的主人，記者的鎂光燈一直閃，最後廚房的女人們把菜端上來，委員、民代又都坐下來吃了一頓「伯公福」（伯公即土地公，伯公福即是祝壽儀式後的庄人共食）。母性、飼養與奉獻，男性、讚美神、權力、政治插花，這些並陳的事實在一個二十坪大的伯公廟，一個早上同時歡唱。

面對他、背對他與遺忘的選擇

暑假和女兒回到家鄉過鄉下的生活，是美好的經驗，我們一起去拜拜一起去看戲，發現各個廟前面戲台上經常演一種主題的戲，一對尋常夫妻，感情很好，後來男人不是上京趕考，就是偶然認識了公主或郡主，然後男的就那樣背叛了那個女人，然後是一連串的良心交戰，背叛的主題一再重複，只要一有角色出場，女兒就要問：「那是好人還是壞人？」女兒說：「壞人穿的衣服都很漂亮。」由於野台戲舞台和觀眾之間的距離，簡陋的道具、甚至錄音的旁白，讓人更加深戲的「典型」性的認知，這個不變的戲碼，圍繞在「背叛」拉扯出來的戲劇感，觀眾不僅認同那個鄉下的女人，也認同那個上京趕考的年輕人，甚至認同那個趨炎附勢的離鄉遊子，只是他不應該那樣遺忘那個鄉下沒有錢與勢的妻子。於是最近的戲台上有一個新的版本，鄉下女人多了個離散多年、飛黃騰達的將軍哥哥，他和皇室理論，要求有為青年同時擁有兩個妻子，他的妹妹還必須是當大的，因為成婚在先，然而皇帝不從，哥哥便說，你某某的天下也是我幫忙打的（意思是皇帝也要人抬轎，民主台灣的版本？），於是搬出包青天，並且揚言辭官回鄉，終於郡主落了下風，這個版本似乎獲得所有觀眾的認可——你可以暫時地背離，卻不可以遺忘。台下歐巴桑還幫腔說：「是嘛！要是我也嚥不下這口氣，這種官有什麼好當的？」

在我們的成長經驗裡，「會英文」意味著「好」，很多小朋友都急著在學英文。這個價值建立在，「會英文」表示有「向外溝通」的能力，一旦「朝外」，就意味著和「未可知」的資源「相遇」的可能，在「離心力」的作用下眼看著「餅」就可以做大了。跨國的「普遍性」開始有一種拉力，一種「擴張」的拉力，把人拉向「國際級」，越來越遠的地方。歸屬與背離，兩種認知，兩種音色、質感、速度，從此不斷地出現在田野、在我的感知中。

符碼有它的性質，模糊與明確，陰柔與陽剛，情感與理性。我開始懂得操縱符碼，同一個村莊，摸索不同的場合所該有的角色和掌握現場的符碼，到了一家豬肉店，你必須對它的豬肉感到好奇，你在釋放感官的符碼，在萬善祠旁看人分豬肉的樣子，你必須像個小孩在旁邊看到出神，以配合他們努力在操刀。在儀式現場最好像個圍觀民眾，不要引起注意。到了和委員們談話，我必須表現出理性的一面，這樣才有可能參與以男性為主的儒生階級社會。我們在捉摸角色、試探符碼，掌握得越好表示田野能力越強？也許我們在日常生活裡也有這種掌握，但是田野裡的表現顯得那麼操縱和外者的心裡，人工感越形明顯、翻轉的痛楚越形深刻。最後你不忘扮個優雅的姿勢向他們說再見，原來我的戲劇感來自於這樣的「跳接」和「扮演」，卻擺脫不了最後那輕挑的「再見」的手勢。

我的田野經驗不像「很人類學」的經驗，待在一個離開自己社會三千里遠的小村落，一待就是一年。所以我的「全然」（whole），不是建立在那個或這個村落，而是建立在來來回回的場景交錯間。尤其是就業之後，田野地就在學校附近，一下子是在當地的訪談，一下子又回到研究室在與學術界的朋友通電子郵件，在看電子報，回到學校聽演講，我的田野對象也在一面述說當年情景，或對祭典的情感，一面發表對當前政治的看法。This is my 'whole' that is constructed in running over the boundaries。如果我和我的田野對象維持這樣的速度的相遇，我只會聽到更多高亢的單音，來不及享受那些低沉的混音，馬上又翻轉到另一個「事實」去，「背離」得又快又準。

女人們習慣那些渾濁的、連續的、紛擾的、無目的的，男人們習慣那些理性單音的音調，女人們習慣朝內、歸屬，男人們懂得「背離」，並習慣朝外唱出鏗鏘明亮的聲音。我突然發現那種「背離」有時候是一種自由，有時候是一種痛楚，「歸屬」需要承諾、責任、背負重量的勇氣，然而「母性」的懷抱，仍舊具有窒息的疑慮。「朝外」可以溝通、連結、搭配秩序，然而有一去不回的誘惑、失去「重量」的可能。依稀記得費里尼一部電影《濃情威尼斯》（*Casanova*），男主角卡薩諾瓦（Casanova）年輕英俊、聰明絕頂、知識淵博，往來於歐洲貴族社交場合，無往不利，博得所有人的崇拜、愛戀，然而隨著年華老去，他失去了年輕與機鋒的光環，只能對著圖書館滿櫃熟悉的知識與書本咆哮，這時候他看見「母親」的幻影，因殘疾坐在轎上，緩緩離去，片尾時他望著母親遠離的身影，忘了回家的路。

然而當代理性教育、資本主義全力操縱背離守則，科技的語言快捷、便利、無遠弗屆，背離得要快、要準，切換的速度越來越快，來不及擁有那種連續的、雲霧的實體，「背離」的動作已然產生，生活中充滿了切割的線條，對「歸屬」的承諾卻越來越少。也許人們不知不覺已經習慣那種動作、那種語調、那種生活，不再覺得痛了。

二元對立的困境

那天父親帶著我走他以前童年走過的路，他當年從這裡趕牛趕到山的那一頭，因為要幫牛省力氣，故意規避那條曲折的路，折上山坡，經過平坦的瀝西坪，再下到「ba ha gia」(ba ha崎），為什麼叫「ba ha gia」，我們稱纏小腳的女人叫「ba ha ma」，據說以前這裡有個「ba ha ma」，在這裡做什麼？不知道了。這是父親給我的回答，幹麼凡事都要有答案呢？這時候父親的敘述非常「雲霧」，說的是他的童年。途中有一處，現在突然發現到一口溫泉，有財團來接洽，我心裡想，這一帶地方，對我和父親來說，是父親的童年的一部分，然而媒體會怎麼報導這一口新採的溫泉呢，地方經濟活動會怎麼改變這一塊「回憶」呢？經濟學家會如何分析客家地區新興的地方經濟型態呢？在同一個地方，兩種旅途，兩種認知，一邊是童年的回溯之旅，每一個點都發生故事，又好像什麼都沒發生，他的記憶就這樣印在那塊土地上，好像那麼厚又那麼輕，「印記」需要捺指紋的人，還需要那張紙，腳印要踩在土地上，他們曾經結合，他們安心地結為一體，他屬於它、它也屬於他，一個不可被剝奪的「事實」。另一邊是網路的管道，利器切割出經濟路線，鋪陳出越來越寬的「通路」。這塊土地它有多少事實，我們怎麼感知它，替它的未來做出怎樣的選擇。

我慢慢明白，為什麼我喜歡用手洗衣、洗碗，不喜歡洗衣機、洗碗機，喜歡散步，不喜歡跳韻律操，媽媽喜歡煮飯忙半天，消磨在廚房，不喜歡出去吃，圳溝唇的洗衣石那樣美麗，水和手勁和它結為一體，那塊石頭有祖母的印記，雖然她已去世多年，有其他整庄的婦女的印記，過去的、未來的。逐漸觀察，我們如何和身邊的事物產生一種關聯，香爐上面刻著某年某月整庄人奉獻的印記，路邊的一顆老樹就是大家的「伯公」，村裡人剪一塊紅布披在上面，是伯公的衣服，祂因此而神聖。竈神、石媼（石頭母神）、床公婆（床神），過去我只看到神聖性與公共性的連結，我沒有看到人與物、一種連結、安靜、歸屬。有一種記憶是身體的記憶，它是不說的，我們在逐漸遠離一種「事實」，令我們不安。

我越來越喜歡「土話」的口音，它帶給我愉悅、安心與實在感，那種低沉的喉音、身體的共鳴、和日常事物的接軌，那種「實在」感，它逆向操作於「制式」、「理性」、「結構」、「利害攸關」、「資源競爭」——所有將我帶離土地的拉力，「土話」它帶我回到「日常生活」的母體，雖然日後我卻又發現，母親的形象是相對而言的。

是的，面對那條界限，這邊是幽微的，那邊是明亮的，但是再下一條界限，原先明亮的，也出現幽暗，又推擠出另一條明亮的界限，世界不是一半幽暗、一半明亮，它不斷累積實體、不斷推擠出界限，像新摺曲地形，向遠處延伸。摺痕可以多深、多寬，或淺或密，但是依照現在的速度，這個「事實」不再摺曲，快速地出現切割的線條，淩亂地畫在我們的時空，形塑我們的事實，忍受那種創痛（traumatism），缺乏儀式的野蠻的「相遇」。

幽微的實體不再為了形塑出明亮的界限，它和明亮並存、並置，互相挑逗，錯亂我們的感知能力，形成一股獨特的魅力，玩弄所有的觀眾，例如，穿著性感的女政論家，節目大賣。「符碼」既然是「物」，當然可任由錯置，這是另一種背叛嗎？「男性」與「女性」是「象徵」不是「實物」。

一種二元對立的困境，自從我這樣認知事物，我的內心被兩股力量拔河著，過去曾經壓抑的感官，一副反擊的姿態，我越認知到它，它就越是張揚它的存在。然而這樣的認知難道不源於我所身處的當代社會的氛圍，也許我只看到了我能看到的。

當代，生活的一邊是切割、結構、權力、爭鬥，另一邊是感官的叛逃、流竄、挑釁、兩者捉對廝殺、疲憊不堪，我不知要向誰繳械。他們是邊際的兩邊，互相戰鬥與吞噬，又再啟動戰端……，一場暴力的遊戲。感官，順著結構流竄，權力有多單一，感官就有多乏味，當代的符碼似乎只是趨向暴力的同質性，這種二元對立，牢牢地掌握了我，這樣的困境令我喘不過氣，終究引導我回去故鄉。我花更多的時間回到家鄉「做田野」，畢竟在他鄉我無法承襲祖先的凝視、腳印和手記，超出感性與理性的那種連結，一種「神會」，我回來尋找一種東西，給自己的生命尋找出路。

「神會」祖先的凝視

我又再一次回到我的家鄉，在我們的主神關帝爺聖誕時觀看九獻禮，他們在廟裡創造了一個神聖空間，中間仍舊是主神，左邊是天、右邊是地，那些男子們（只有男子可行此禮，我暫時地釋懷這點，容或我對角色的分配可能有意見，但先搞清楚儀式再說）身穿藍長衫，奉酒、饌並獻跪拜禮，他們每一次行禮，都必須由一位「正通」在內先唱出行禮的項目，再由「傳喧」往外傳播，不管是「正通」或「東通」、「西通」（代表獻禮儀式中的一項職位，需要五十幾位男子扮演各種角色，但是現在已經簡化為一半人數）又再傳唱一遍，再由「正引」、「東引」、「西引」把行禮的「獻生」引到座前獻禮，引的過程必須保持一種吟唱的狀況，如「咦……」，整個儀式都由三組人馬，繞行於由三塊整合成一塊的神聖空間，中間用身體的行動、用吟唱來連結，沒有中斷，持續一個多小時，最後由兩位「迎神生」打涼扇、涼傘，他們從內堂搖涼扇、涼傘搖到廟外，送神，身段優美、莊嚴，縱然脫下長衫，他們仍舊是必須賣力為生活奮鬥的你、我、他，我頃刻之間深刻地意識到，身體只是容器，他可以傳達任何他要傳達的訊息和符碼，在儀式上，他們是神的祀奉者，他們將主人、天地之間的眾神，連結溝通了一次，連結的符碼可以清澈如金石聲，身段可以優美而莊嚴，他們既唱給神聽，也唱給我們觀禮的人聽，象徵比我原先想的複雜得多，不是我原先的二分法，他們創造一個主神、天、地眾神的空間，鼓勵我們連結成一個既遠又近的整合體，這之間連結的符碼，雖連續、卻清澈。同樣是連結的訊息，它可以那麼質地柔暗，卻也可以這麼清澈明亮，我打破了我原先的想法，難道不也是一直想解開我當時內心深處的壓力。

人、物之間必有關係、脈絡，然而我們有多重的感知，就像祖先初來此地，登上高地見到那座山，呼它：「鷂婆山」（客家話稱老鷹為「鷂婆」）。視覺告訴他它的形，但是他呼出那個名是「命名」、是「感官」，也是「神會」，後世的我們，也這樣呼它，呼出的同時，也是和祖先的神會，超出理性和感性的對立。

中元普渡，這個我看過多次的儀式，又再度一年一次在家鄉展開，這個儀式可大可小，可在任何場合進行，不管大廟小廟，還是溪邊、橋頭，這是一個敬奉孤魂的祭典，規模大的請鸞生念經說法，請道士登座施甘露水與變食（以「法」把食物變多），他們誦經給「鬼」聽，也給「人」聽，和鬼也和人和解，用水和手印傳達訊息，也許那些看不見的「懂了」，我們這些看得見的也看到了，也許我們也懂了，有些食物看不見，但是可以飽足，一小杯水可以使「眾生」解渴，相較於當代傳媒裡的訊息，這些古老儀式理的象徵與符碼，面對面卻又悠遠，建構我們多層次的感知能力。客家人在中元節照例要殺大豬，大部分由一個團體共同奉獻一隻豬，這些團體世代交替，由老祖父開始入會，傳給子孫，他們提早籌措養豬事宜，普渡前一天，評大豬（比賽重量）是高潮，不管得不得名次，大豬被屠宰後要經過裝扮，頭上插上金花，綁上紅布，當然還有更多的行頭，牠不再是一般的肉，祂是神豬，這樣的神性還可往前追溯到牠在豬仔時被指定為神豬開始，神豬被供奉在廟埕上，祂有單獨的香爐，自成一格，有些還得搭配一團八音吹奏，大家照例圍觀讚嘆，祭過之後，會員必須分豬肉，大家比較不計較地接受被分到的那一塊，拿回家烹煮後，家裡照例會每人分一塊，稱讚牠的滋味。

傳聞達利的妻子在遠遊之前，捨不得離開她心愛的兔子，便把牠煮來吃了，這個傳聞是意圖加強她本來就不甚美好的形象。有些部落裡有吃死去親人的肉的習慣，聖餐禮的麵包是耶穌的肉，我們把豬插上金花、綁上紅布，祂便變成神豬，不再是一般的肉，這些事務之間應該有一些差別，尤其是最前者和後者之間。前者被暗示是一個吞噬的過程，後者的肉被象徵化。小時候聽說某家的老婆婆，不敢吃沒有祭過的肉，覺得很野蠻，最近聽說的版本是，有人不吃祭過的肉，因為不像食物，我們對「食物」的感知在轉變當中。

我們認了一棵樹當伯公，不能直接就拜它，你必須幫它戴上金花、披上紅布，它脫離了樹的感官性質，祂被神化（文字裡的它、他、她、祂、牠！），在祭拜的當刻你不認為它是一般的樹，那是一種「神會」，不黏膩的連結，既非理性也非感性，我第一次對宗教性有超出「社會性」的感受，也超出distinctive and integrative的二元對立。生物學上告訴我們食物鏈與生態系的道理，每一種東西都被相互依存或供作食物，但是「神會」教會我們暫時脫離那種吞噬感，讓我們安靜片刻，然而當代社會卻不斷地提醒你如何大口吞噬。

法國人叫一種修辭學做euphemism，不只存在於文字，也存在於很多事件，譬如說在法文裡，所有的ph都發f，而且這些ph還保留不少，但是問法國人願不願意改掉這些ph，大部分都說不願意。不是應該更直接去面對f就是f的事實嗎？但是對不起f就是不等於f，當時很欣賞法國人此舉，這時候又深化了對這個事件的感受。

總是無法待在上班的城裡太久，在那裡我的感知能力被推向兩極，量化計算我的出版，所有的事物都要明確地「發聲」，否則沒有「能見度」，開會、到seven-eleven繳各種款，到提款機前轉帳，另一邊是和家人相處的時段稀薄到只能一面相聚、一面購物（如果你正好有家人是購物狂），琳瑯滿目的商品，它們只是挑逗你如何占有它，一個互相吞噬的遊戲，打開電視充斥各種衝突、災難和各種身材，看起來很多，事實上很少，你和它們的關係，快速黏在一起，又快速斷了（快閃族是極致代表），單調而貧乏。

我已經不是為了工作到田野地走走，我去尋回已經快失去的感知能力，活生生的閹雞，你摸得到牠的體溫，飼主們談論飼養時有趣的過程，第二天牠被供上供桌，戴上金花紅布，牠成了牲儀，牠解除了肉的性質，成為你向神明敬奉的誠意，成為大家觀賞的景觀，不一會兒牠到了餐桌上，成了眾親好友共食的食物，大家讚不絕口，感覺到年底豐收的氣息。我更愛回到家鄉，我可以走祖先走過的路，沿用祖先的凝視，呼出同樣的語，和所有的事物交會，但相互尊重，連結的感覺，有時清澈、有時悠遠、有時溫暖、有時冷冽，說那些「無關緊要」的話，一種留白的「有」。我在當代迷途，在田野找回可能的「我」。

然而卻有一個命定的道德困境令人不安，鄉親們「替我」延續了那裡的生活，他們的全部，卻是你的「部分」，而且那個「部分」有可能越縮越小，像小叮噹的縮小燈，濃縮到一杯espresso咖啡的分量，再被互相品嚐，一個無法解決的道德困境，除非大家說好不要再拓展領土到外太空。

當地人用毛筆花了一早上抄寫的儀式程序和行事曆，媽媽們幾天來精雕細琢的供品，父老們帶著驕傲揮毫的感謝狀，我拿出相機，只花了幾秒鐘，就將它們全部囊括入袋，成為我論述的佐證和參考。「機器」是切割的利器，簡化「事實」的能手，吞噬的口袋，還有——權力的象徵。我和鄉親們站在不同的時空架構的座標上，他們活，我將他們凝結成「影像」與「文字」，不論之後我是否帶著回饋的心理從事研究，結構上的不同（我不願意說不平等，因為無法確定誰在上面誰在下面），所引起的道德負擔伴隨著整個田野過程。當這個崇尚機器權力的時代，人手一部攝影機（不知道會從數位飆升到什麼技術？），不知道還有誰願意「活」給別人拍，「活」給別人詮釋。當年在那個人人稱為「文化」「藝術」之都念書時，當你隨意在一個咖啡座坐下來，卻不時聽到有關藝術、學術的討論時，內心卻升起一股莫名的惆悵與焦慮，我似乎活在一個「代理人」的城市。我們在生產知識，當「事實」被做成一本一本的書和報告時，我們如何看待那些架上的東西，透過它我們回歸想像所由來之的「事實」，還是它們僅僅成為一本書、一篇報告，當代生活上脈絡的殘缺，阻止我們對它延伸想像。

聆聽來自部落的音樂，上一代人喜歡唱合唱，那個「我」在各種「層次」、「大小」變化，低吟、連結、攸遠、高亢、提醒、協調、和解……，音色多變；這一代人喜歡獨唱，好像帶有同樣的曲調，似曾相識，然而吶喊、幽怨、抵抗、感官，鐵漢與柔情是當代的「明星搭檔」，複製在眾多事件，電腦裡的遊戲，迪士尼的動畫，趨向快速暴力與色彩斑斕；哀怨的歌手訴說的是柔情的反面。

我仍舊喜歡結構，只是對它多了更多體會，它可折疊、重複、創造、重組，互相流動不失主體，其間的象徵，音色多變，說它該說的，做它該做的。

> 田野在田野地點嗎？你只是在努力找尋自己，當下的現實的驅迫力，催促不斷調整建構那個「我」，透過「他者」，我們找尋力量、啟示、參考、對話者，然而田野果真是「他者」？早已分不清是他還是我？同時我們也已同理了對方。

後記

據說，田野經驗越來越不受重視。是的，當代的氛圍是個快速收割與決戰的「暴力美學」（借用一個不太同意的名詞）？田野經驗漫長、尷尬的磨合期、互相之間「沒有勝算把握」的交往，協調、容量、自我質疑，受騙、傷害也是田野過程隨時的威脅，「面對面」似乎是當代人的「最怕」不是「最愛」，網路虛擬不也說明這點？然而田野除了是特殊的知識建構的途徑，它還是什麼呢？或許它也是一項「反當代」文字化的溝通方式，它企圖維持一種「接觸」——面對面，隨之而來的要求：耐心、重新面對、不輕易說再見的戀情。我曾經有一種感覺，如果我只會「念書」而失去做田野的技能時，真是令我恐慌。

林秀幸
Hsiu-hsin Lin

不大遵守學科界限，小時候喜歡數學，念過物理系。大學時炙熱的青春氣息卻導向「同理」「人」是什麼、「社會」是什麼的疑問。畢業後到法國念「社會學」，接觸到從「物理」到「藝術」的「象徵論」，體會到一條「認識」人與社會的途徑。不大同意趨於「簡化」的「認識論」——「田野」因此成為最佳途徑。認同的驅力結合學術工作，田野成為媒介。不只是認識「人」，也在來來回回中嘗試「認識」「我」(各種層次的「我」)。不僅於思辨，也在經驗。不僅在當代的人，也在藏匿於象徵網絡中的「人」的意象。博士論文之後，研究導向宗教與儀式的偏好，喜歡古老的東西，來辯證當代，或讓當代更清晰。自比於「手工藝」的研究者，目前任教於交大客家學院。本文獻給田野地的鄉親，他們幫助我成為有脈絡的人 。

賦格曲四

田野與生命的親近性

宏仁用大調唱說：

社會學者韋伯在談論研究方法時有句名言是：「你要研究凱撒，不必要變成凱撒。」對於歷史研究的人來講，根本不可能回到過去的場景，即使是當代的社會學研究，也不可能到事件發生的現場去做研究。所以研究「異文化」社會時，我們不必要變成當地人（也不可能變成當地人）才能進行研究。

但是研究對象跟個人的生命歷程關係，沒有那種「選擇的親近性」（selective affinity）嗎？可能有，但我們都不自知，而韻芳與秀幸經過深刻自我反省後的田野經驗，清楚點出了這樣的關係：某個研究對象，其實多少都在召喚著我們內心深處的某個念頭，也希望透過研究過程而更清晰內心的想法，更希望可以獲得共鳴。

佩宜以小調吟道：

田野中研究者感受的衝擊，除了前面提過的文化包袱、階級位置、研究無可避免的政治和倫理道德衡量之外，其實還有更私密的，連結個人認同與情感經驗的層次。韻芳和秀幸的文章都談到田野經驗和個人生命歷程的交會，可以怎樣共振，甚至一起轉調。如果個人生命歷程是一連串音符旋律織成的曲子，每段田野就像是中途加進來的另一個聲部，一開始有點平行，但慢慢地田野出現的motif漸漸交融進主旋律，甚至成為另一個樂章的主旋律的要素。

宏仁用大調唱說：

韻芳的故事中，提到有另外一位研究生跟他的研究題目接近，而他們兩人使用相同的田野材料時，竟然有幾近完全相反的詮釋，「看到他的論文時還是頗為震撼」，這是因為兩人「研究功力高下」的問題？還是如韻芳說的：「兩人看待太魯閣人正名的角度有著相當的差異，而這主要是源於我們各自不同的部落經驗。」我們個人的生命經驗讓我們容易用此「同理心」來詮釋我們看到的現象跟資料，就如韻芳想起那位人類學者羅薩多描寫獵人頭的原因：「在親身經歷了失去最親密的人那種哀痛和憤怒後，他這才能真正體會到當初Ilongot人所說的話。」而經歷過母親過世的我，閱讀到韻芳父親去世的那段文字時，「我能真正體會她的話」。

佩宜以小調吟道：

韻芳之所以會去研究花蓮的太魯閣人，除了學術興趣，很重要的原因之一就是情感的共鳴。面對太魯閣族正名的運動時，聽到了「賽德克 vs.太魯閣」的 motif，在自身認同的成長經驗的旋律中，找到「中國 vs.台灣」的調子可以對位，而漸漸能聽懂太魯閣人唱的歌（而不只是吃山產料理而已，雖然那部分讓我嘆為觀止）。但是當她轉到南投賽德克的田野地後，卻面臨要如何面對另一個調子的困境。在父親以及田野熟人過世的衝擊與傷痛中，韻芳的生命歷程出現了重要的變奏，而這樣的變奏讓她發現過往在研究太魯閣的宗教現象時沒有聽到的聲音。

逃離明亮的社會學？

宏仁用大調唱說：

社會學者愛里亞斯（Norbert Elias）說，人類的文明進化，是仰賴人類的理性自我控制程度；社會學是一門層次較高的學科，因為它排除了個人情感因素，以客觀理性系統的方式來觀察世界。聽在社會學者耳中，很是受用。但……為何一個好好的社會學者，卻急著要逃離社會學的控制呢？經過法國那種想像的「浪漫、隱晦」學術洗禮的秀幸，剖析她個人內心的情感與學術追尋轉折，耐人尋味。

我是社會學訓練背景下的「標準化產品」，所以會問出那種白痴問題：「社會裡面的人，都有一個社會地位，如果用一分來代表最低的，用十分來代表最高的，你給自己幾分？」標準、量化、可測量，這是社會學研究的基本概念與要求。任何不可測量的感情、沒邏輯性的事件、隱晦幽暗的隱喻，都背離明亮、陽光下檢視的社會學，要成為一名「優秀的」社會學者，這些「不可告人」的事情最好離遠一點。

大一社會學的課程，我常問學生：科學跟宗教有何差別？幾乎每年回答都一樣：科學可以驗證，觀察—實驗—驗證—結果。反問一個問題：那你可否感受到「愛情」的存在？看不到摸不著無法實驗與驗證，那它到底存在否？而秀幸這篇田野經驗，可說對於理性主義下社會學傳統的另類反省：人類的非理性經驗要如何處理？

佩宜以小調吟道：

秀幸的文章也讓我們看到研究者個人經驗和田野的旋律如何漸次交融，但與韻芳的手法相較，卻是光譜的兩端。韻芳的文章娓娓道來，有如抒情曲，而秀幸的文章則像一部充滿隱喻、多義和跳接的新浪潮法國電影。在這裡面，田野場景有好幾個，而作者進入了某次田野中，受到當地獨特味道的迷惑，她畏懼也抗拒著自己覺得是不理性、感官的層面，想辦法只看到原先學科訓練的那套理性的、公共的、旁觀的系統。然而田野裡聽到的兩個聲部畢竟無法假裝只有一個，況且自己內心也有一半隱然的回音被壓抑著，隨著她回到家鄉做田野，報導人包括自己的父母，無法再假裝客觀，以及女兒的出生，讓新手母親學習了面對生活失序和兒童素樸而直接的情感表達，另一種音色才真正被正視而釋放。面對宗教，她看到了不只是社會連結和儀式形式，也包括不同性別的參與和感知。當兩種音色慢慢平衡共存，研究者理解的儀式就不光是看得到問得到的表象形式，也包括心領神會的祖先的凝視。這個轉變不是直線式的，主客也不是界線清晰的，因此文章表現手法也試著讓讀者一起體會多種顏色的混亂和交錯的過程。

離開田野之後呢？

宏仁用大調唱說：

田野調查研究裡面有個重要課題：如何離開？例如佩宜會把她使用的某些東西留給田野調查的社區，由大家共同使用；宜君會幫忙台商帶一些心驚膽戰的東西回台灣。但是像秀幸或雅仲的田野地點就是他們的生活地，如何離開？而不像離開故鄉到異地研究般，只要扮演特定的角色，秀幸在其田野地點同時要扮演：研究者、女兒、母親、姊妹、鄰居、客家人、大學教授等多重角色，即使離開田野地，除了少了「研究者」，不會改變她的其他角色。她的研究內容、知識建構，跟這些角色的互動息息相關，而也只有她「親自用手」把這個過程「洗出來」，我們才能真正理解人類社會的多種面向。

離開田野後，我們可能會更容易沉澱發生過的某些事情，就如秀幸說的：「我已經不是為了工作到田野地走走，我去尋回已經快失去的感知能力。」原來田野經驗的作用力，在離開田野後還是源源不絕。

佩宜以小調吟道：

這樣的田野經驗過程，就像韻芳說的，不是用自溺的生命經驗去做研究，而是在學術思考和理性辯證之外，以情感作為貼近當地人觀點的途徑。在田野中聆聽多重的旋律，對映自己內心的聲音，反覆對話咀嚼，隨著生命之流，慢慢沉澱累積和開啟。有時候，那是個短暫的交會，但意義卻是在之後好些時候才明白；有時候（尤其是秀幸那種回老家做田野的情況），田野和生活合一，不再有清晰的界線。這本書裡面很多文章都提及了類似的體驗——看似上了車，離開田野，卻不會就聽不到田野裡織進來的聲音。田野沒有清楚的休止符，當田野與生命有如此深刻的交感後，邵武文章最後引的〈Hotel California〉歌詞也貼切地表達了這般無盡的迴盪：「You can check out any time you like, but you can never leave!」

左岸|人類學 284

田野的技藝

自我、研究與知識建構

主　　編　郭佩宜、王宏仁
作　　者　林開忠、張雯勤、郭佩宜、王宏仁、趙綺芳、莊雅仲、
　　　　　容邵武、龔宜君、顧坤惠、邱韻芳、林秀幸（依文章順序排列）

總 編 輯　黃秀如
責任編輯　孫德齡
企畫行銷　蔡竣宇
校　　對　張彤華
插畫繪製　王妤璇
封面設計　日央設計
電腦排版　宸遠彩藝

社　　長　郭重興
發行人暨出版總監　曾大福
出　　版　左岸文化／遠足文化事業股份有限公司
發　　行　遠足文化事業股份有限公司
　　　　　23141新北市新店區民權路108-2號9樓
電　　話　02-2218-1417
傳　　真　02-2218-8057
客服專線　0800-221-029
E-Mail　rivegauche2002@gmail.com
左岸臉書　https://www.facebook.com/RiveGauchePublishingHouse/
團購專線　讀書共和國業務部　02-22181417分機1124、1135

法律顧問　華洋法律事務所　蘇文生律師
印　　刷　成陽印刷股份有限公司
初　　版　2019年01月
初版四刷　2022年12月
定　　價　400元
ISBN　978-986-5727-84-0

國家圖書館出版品預行編目資料

田野的技藝：自我、研究與知識建構
郭佩宜、王宏仁主編
初版 -- 新北市：左岸文化出版；遠足文化發行, 2019.01
384面；14.8×21公分. -- (人類學；284)
ISBN 978-986-5727-84-0(平裝)

1. 文化人類學　2.研究方法　3.田野工作

541.3031　　107021820